エピソード記述を読む

鯨岡 峻

東京大学出版会

Case Descriptions as a Methodology
for Participant Researchers
Takashi KUJIRAOKA
University of Tokyo Press, 2012
ISBN 978-4-13-012106-4

エピソード記述を読む――目　次

第1章 保育の現場とエピソード記述 ……1

はじめに …… 2
(1)保育現場に立ち還って思うこと・2／(2)エピソード記述の拡がり：エピソードを書くことの保育者にとっての意味・4／(3)保育者のエピソード記述を読むことから得られたいくつかの気づき・10

第1節　保育の場への還帰 …… 13
(1)保育の場に再び戻るまで・13／(2)保育の現場に還帰してみると……・14／(3)「発達」の考えが子どもの生活世界を疎外している——現場への強い危機感・15／(4)子どもを主体として育てる保育への転換を目指して・16／(5)転換への抵抗・17／(6)エピソード記述による転換の兆し・19

第2節　保育者がエピソードを書きたいと思うとき …… 20
(1)書くことへの当初の抵抗とその乗り越え・21／(2)保育者が子どもの新しい一面に出会うとき・22

第3節　書き手の「声」が聴こえるという問題 …… 37
(1)書き手の「声」が聴こえる・37／(2)失われていた「声」を取り戻す——これまでの保育記録の問題点・39／(3)研究者が自分の「声」を取り戻すこと・44／(4)書き手の「声」の復権は，一人称の記述の立場の復権を意味する・46／(5)一人称の記述の復権は，そのときの力動感を記述することや間主観的に分かることの問題に通じる・48

第4節　なぜ〈背景〉が重要なのか
　　　——事象の個別具体性，主体の固有性の再認識 …… 49
(1)〈背景〉が欠かせないことの意味を再考する・49／(2)読み手は取り上げられた個別具体の事象の中に深く降りていくことを通して，そのエピソードにさまざまな意味を読みとる・52／(3)〈背景〉の共有は了解可能性に通じる・53／(4)個別具体性，文脈依存性，固有性こそ，質的研究の要件である・56／(5)当事主体の固有性という問題・57／(6)生活世界への還帰・59

第2章 エピソード記述から読み手に何が読み取れるか……61

第1節 読み手はエピソード記述をどのように読むか……62
(1)書き手は自分の心が揺れ動いたその体験を描こうとする・62／(2)書き手の意図が読み手に了解されるための条件・63／(3)読み手が書き手の意図を超えてその〈エピソード〉のメタ意味を読みとる場合・64／(4)書き手の意図を了解することと，読み手にとっての意味を掘り下げること・69

第2節 人の生きざまが及ぼすインパクト ……75
(1)心揺さぶられる体験から新たな気づきが得られるという問題・75／(2)普段の生活の中でふと気づかれるもの・76／(3)非日常的な出来事の中で，いろいろに見えてくるもの・77／(4)「現象学的還元」・80／(5)「生きられる還元」・82／(6)認識の枠組みから共に生きる枠組みへ・86

第3節 いくつかのエピソード記述を読む ……87
(1)言語聴覚士の臨床経験から・88／(2)終末期医療の現場から・94／(3)慢性腎疾患の患者とその家族の世界・99／(4)或る自閉症児の母の異次元へのワープ・103

第4節 4つのエピソードを振り返って ……108
(1)了解可能性の意味・108／(2)一人称の経験をあるがままに書くという問題・111／(3)「共に生きる」間柄にあるからこそ，個の体験は周囲に開かれ，周囲に了解される・112／(4)共感と同情の問題・113

第3章 エピソード記述からみた愛着・甘えの問題
——関係発達論からのアタッチメント研究批判……115

はじめに……116

第1節　愛着対象の問題への私自身のアプローチ …………………118

　(1)精神分析学からの影響・118／(2)私と妻の乳児院研究・119

第2節　ボウルビイのアタッチメント理論と愛着の
　　　　類型研究 ……………………………………………………123

　(1)初期の孤児研究や施設児研究・123／(2)愛着行動という視点から SSP へ・125／(3)内的作業モデルという考え方の登場・129／(4)成人の愛着パタンへの関心(AAI)・130

第3節　関係発達論にとって「愛着する」「甘える」
　　　　とはどのような現象を指すか ……………………………132

　(1)「甘える」という事象・133／(2)愛着問題を考えるための前提となる関係発達論の考え・138／(3)本節での議論の整理・144

第4節　保育の場における「愛着する」「甘える」という
　　　　事象 ……………………………………………………………148

第5節　養育の場，保育の場に現れる愛着や甘えの問題 …………165

　(1)分離の問題・165／(2)母の存在の意味，保育者の存在の意味・167

第6節　アタッチメント研究は虐待問題を射程に
　　　　含められるか …………………………………………………170

　(1)この事例の背景・171／(2)家族構成と生活状況・172／(3)T子の再現遊び・173／(4)関係発達論の立場からのこの事例へのコメントと，アタッチメント理論の問題・178

第4章　間主観的現象の理解とエピソード記述

　　　　　人が人をわかるということを如何に記述するか …………181

第1節　間主観性という用語を巡って …………………………………182

第2節　間主観的現象とは何か …………………………………………184

第3節　間主観的現象の基底にある力動感と，その感得・表出の同型性 ……………186

(1)「力動感」とは何か・187／(2)事象に沁み通っている力動感・189／(3)人の心情(情動)の表出・感得に沁み通っている力動感・190／(4)力動感は交叉様相的に感得・表出される・190

第4節　人と人が間主観的に(間身体的に)通じ合えるための条件 ………………192

(1)二者身体のあいだに呼応的，同期的関係が生起するとき・192／(2)情動は二者のあいだで相互に浸透し，感染する・194

第5節　行動科学の枠組みの中で理解される間主観的現象 ………………196

(1)間身体的，間情動的な呼応性，同期性としての第1次主観性・197／(2)「意図の理解」――行動からの推論として・198／(3)当事主体の力動感の感得に基づく「意図の理解」――推論によらない直接的理解・200

第6節　当事主体の体験において生じる間主観的現象 ………………202

(1)研究者の体験として「間主観的に分かる」こと・202／(2)他者の経験した間主観的体験を一人の読み手として了解できること・205

第7節　いくつかのエピソード記述に現れた間主観的現象 ………………211

(1)エピソード1：「せんせー，まっとったんだよ」・211／(2)エピソード2：「つばしても，すき？」・215／(3)エピソード3：「キライなら　キスするな」・221／(4)エピソード4：「わかってる」・227

第8節　「言分け」と間主観的現象の認識論の問題 ………………231

(1)言分けること・232／(2)一人称の体験の記述という問題・235

第9節　ある人が「間主観的に分かる」ことを分かること ………………237

(1)「間主観的に分かる」の構造と基底要因・237／(2)普段の対人関係において「分かる」ことと，それに基づく対応の是非・238／(3)エピソード記述において，「間主観的に分かったこと」が描かれる・239／(4)読み手にとって，書き手の「間主観的に分かる」が「分かる」とき・240／(5)「間主観的に分かる」を職場内で吟味することの意味・241

第5章 エピソード記述のこれから
―― インタビュー研究と事例研究に向けて ……………243

第1節 これまでを振り返って ……………244
(1)第1章のまとめ・244／(2)第2章のまとめ・246／(3)第3章のまとめ・247／(4)第4章のまとめ・248

第2節 固有性という観点からインタビュー研究の問題を考える ……………251
(1)私の院生のインタビュー資料から・251／(2)インタビュー資料が提示されるまで・257／(3)インタビュアー，インタビュイーの固有性の問題・259／(4)インタビュー資料を読み手はどのように読むか・261／(5)インタビュー研究の難しさ・262

第3節 固有性という観点から語り合い研究の問題を考える ……………264
(1)Wさんの語り合いの資料から・264／(2)私からのコメント・271

第4節 発達障碍の事例をエピソードで描く ……………275
(1)時間経過の中で複数のエピソードを繋ぎ合わせる場合・275／(2)複数のエピソード記述を横断的に配置して一つの事例を多面的にみる・276／(3)事例の背景・277／(4)私からのコメント・285

注 ……………295

あとがき　305

参考文献　307
索　　引　313
執筆協力者一覧　317

第1章・保育の現場とエピソード記述

はじめに

(1) 保育現場に立ち還って思うこと

京都大学で定年を迎える少し前から，私は再び保育の世界に深く入り込むようになりました．京都大学に戻る以前の島根大学時代にも，私は保育の場をフィールドにして，保育のこと，子どもたちの育ちのことを考えてきていましたから，およそ十余年のブランクを経て自分のフィールドに立ち還ったことになります．

しばらくぶりに保育の生活世界に立ち還ってみると，いろいろな場面に深い危機感を覚えずにはおれませんでした．それは，私のそれまでに書いた一連の関係発達論関係の著書(1998, 2006, 2011a)や保育関連で書いた著書(2001, 2004, 2009a, 2010a)の中で述べてきた現状の保育への危機感とも少し違う，頭の中で組み立てた理論的な観点からというより，むしろ目の前で起こっている現実の出来事から直接迫ってくる危機感というべきものでした．

私が島根にいたおよそ二十数年前の当時は，保育者がいちいち指示を出して子どもを集団として動かす保育者主導の保育が主流を成していましたが，この保育のあり方について，保育者たちの中にも疑問を投げかける人たちが現れ始めていました．当時，ようやく保育の場に入ることに抵抗感がなくなって，そこをフィールドにし始めた私にも，保育のその問題点がかなり気になっていました．そこでこの保育の動向を何とかしたいと思い，ある町内の保育者たち全員といろいろ話し合いました．「発達の目安」を実現するために，また集団を束ねて動かすために保育があるのではないこと，さらに「発達」という観点で子どもを見てしまうと一面的にしか子どもが見えなくなることなどを熱っぽく議論していたと思います．そして，子どもたちが，「これで遊んでいい？」「こうしてもいい？」と大人の了承を求めないと遊べないような現状を何とか塗り替え，一人ひとりが主体的に活動に取り組める保育，大人の指示や強い規制の下で汲々として過ごすのではなく，子どもたちがその子らしく過ごせる保育をと考えました．当時はこれを「もっと自由感のある保育」と名づけていたと思います．一町内ではありましたが，何ヵ所かある保育所において，そのような

主旨の保育改革が取り組まれ，それが一定程度かたちをなし，子どもたち一人ひとりの主体としての育ちに変化が表れてきて，環境を変え，保育者の姿勢を変えると，このように子どもたちは変わるのだと改革の手応えを感じ始めた頃，私は島根を離れ，京都大学に戻ったのでした．

そうしておよそ十余年のブランクをおいて京都市の保育現場に戻って見ると，かつて島根において保育者たちとともに取り組んだ保育改革が何だったのか，そこでの議論や実践は一体何だったのかと思いたくなるほど，目の前に繰り広げられる保育の風景は，かつて島根で直面し，そこで問題性を感じ，試行錯誤を繰り返して乗り越えてきたはずの旧態依然たる保育そのものでした．大人からの圧力を感じてなのか，何かしら冴えない表情の子どもたち，仕方なく一斉に活動しているように見える子どもたちが多数目につきました．子ども一人ひとりの存在のありように，その子らしい生き生きした様子が感じられないのです．言えば，聞き分けがよく，集団として統制が取れているように見えますが，それは子ども自身がそうしたいと思ってそうしているというよりも，むしろ大人の強い働きかけの下に「させられて」そうしている感じが否めませんでした．

また，二十年前に問題にした「発達」の考えは見直されるどころか，むしろ保育の場にも家庭の場にもより深く入り込んでいるのを強く感じさせられました．本来「発達」という考えは，子どもたちの育ちの結果を捉えたものであったはずです．ところが保育者も保護者も，「発達の目安」を目標に置いて，その目標実現のために子どもに何かをさせようとし，子どもは「発達の目安」を実現するために何かをしなければならないという，まったくの逆立ちした現象がかつてなく広範囲に広がっている現実がありました(鯨岡，2011a)．つまり，「発達」の考えが独り歩きして，20年前以上に，子育てや保育のありようを強く歪めているように思われたのです．子どもたちの生活世界を描き出そうとして生まれたはずの発達という学知が，むしろ学知に沿うかたちに子どもの育ちを歪め，ひいては生活世界を歪めるという，まさに学知による生活世界の疎外が露わになっているのを目の当たりにした気分でした．

そういう場面にたびたび直面する中で，その生活世界の疎外の問題こそ，私の研究の「初心」であったことが思い返されました．私はちょうど四半世紀前に『心理の現象学』(鯨岡，1986a)という処女作を著しましたが，そこでの問題

意識は，現象学の始祖であるフッサールが晩年の論考をまとめた『ヨーロッパ諸学の危機と超越論的現象学』(Husserl, 1938[1954]/1995)において，学知が素朴な生活世界を歪めている現実を鋭く批判し，素朴な本来の生活世界を奪還することが現象学の目指すところだと述べていたことに触発されたものでした．「学知による素朴な生活世界の疎外と，そこからの脱却」というテーマこそ，私の四十余年の研究を一貫して導いてきた「初心」だったといえます．そのことが目の前の現実によって再度はっきりと突き付けられた感じがしたのです．

こうした現状に対して，私はこのままではいけないという強い危機感を覚えるようになり，一方では保育者主導の「させる保育」，「頑張らせて褒める保育」，「保護者に見せる保育」を批判するかたちで，「子どもを主体として育てる保育」を掲げ，これの実践に向けて京都市の保育改革に取り組み，またそのような観点から，全国の保育界に向けて，私の主張をいろいろなかたちで提言するようになりました[注1]．それはまた，私のこれまでの研究において，子どもの暮らす生活世界と切り結ぶその切り結び方が，私の中でまだまだ不十分だったのではないかという反省の上に立ったものだったといえます．

(2) エピソード記述の拡がり：エピソードを書くことの保育者にとっての意味

他方で，『エピソード記述入門』(2005a)が出版される前後から，本来は私の「関係発達論」の方法論として提示したはずのエピソード記述[注2]が，保育の皆さんの関心の的になり，それが保育の世界に急速に浸透していくようになりました．それは一つには，保育者が日々の自分の保育場面をエピソードに書くことによって，また書いたエピソードを保育者同士で読み合わせることを通して，自分の保育を見直すことができるようになったからだと思います．保育を見直して保育の質を高める必要はつとに語られてきたわけですが，それを実行する上で，おそらくエピソード記述を書いてそれをみなで吟味しあうというのは，もっとも実り多い，また保育の質を高める主旨に最もよく合致した取り組みであると保育者自身に納得できたからではないでしょうか．

エピソード記述はエピソードの単なる記録とは違って，あくまでもその場面を体験した人がその体験を描くことです．そこには必ず「私は○○と思った」「私は○○と感じた」というような一人称の記述が入ります．ですから従来の

誰が書いても一緒のような「客観的な記録」とは趣を異にします．そしてエピソード記述は，書き手の心が揺さぶられたことが中心に来ます．感動したり，嬉しくなったり，あるいは嫌な感じになったり，ショックを受けたりといった出来事がエピソード記述を書く出発点なのです．ですから保育者が自分の保育を描くとはいっても，単に「今日は○○のことがありました」というような従来の経過記録とは性格がまったく異なっています．実際，保育の場には保育者が心動かされる出来事が日々，無数に生起しています．それを描くことを通して，子ども一人ひとりの心の動きが分かり，自分の対応が自分に見えてきて，保育の振り返りに繋がるのです．それは「こういう事実があった」ことを提示しながら，自分の思いを読み手である保育仲間に伝える試みであったからこそ，保育者に自分の日々の保育を手ごたえをもって描いたという実感が得られたのではないでしょうか．

　この間の事情を分かり易く説明するために，ここで一つの具体例を引いておきましょう．これは平成23年3月11日に起こった東日本大震災のときのエピソードです．これは岩手県，宮城県の県境に近い秋田県の横手市の民間保育園の若い主任の方が書いたエピソードで，その保育園で行われたエピソード記述の勉強会に私が出かけた折に，その場で発表されたものです．

大震災の日のエピソード：『せんせい，だいじょうぶだよ』　　　T保育士

〈背景〉

　Mちゃんは現在2歳児クラスの女の子（震災時2歳1ヵ月）で，父・母との3人暮らしの一人っ子．母は看護師をしているため夜勤もある．そのため登園・降園とも送迎が父親であったり，母親とゆっくり登園して夕方父親が迎えに来るという日もあったり，いろいろである．自分の気持ちを言葉で表せるようになった1歳児クラス後半から，夕方になって他の子どものお迎えが来ると，「Mちゃんもパパくる？」「Mちゃんは？」と私に聞いてくることが多くなった．その度に私は「Mちゃんのパパ，今お仕事がんばっているから，終わったら必ず迎えに来てくれるよ」「Mちゃんに会いたかったーって言いながらパパ来るねぇ」などと話をしていた．するとMちゃんはこくりと頷いて私の膝の上に座ってくる．私は現在，主任の立場で，必要があるときには保育に入る．

〈エピソード〉

　平成23年3月11日（金），今までに体験したことのない大きな地震が東日本・東北地方を襲った．地震の起きた14時46分，私は乳児クラスで保育をしていた．突然の大きな揺れに手足が震え，子どもたちの人数を数える自分の声も指もがたがたと震えているのを覚えている．大きな横揺れが続き，揺れがおさまってから園の回廊に園児全員が避難した．全員の無事を確認し，揺れも収まったため，再び室内に戻った．

　2階の保育室には乳児室と1歳児室があり，通常は夕方の時間までそれぞれのクラスで過ごしていたが，その日は余震の心配もあり，1歳児室に乳児クラスの子ども・職員も集まり，一緒に保育をすることにした．

　万一，棚や物が倒れても大丈夫な部屋の真ん中に集まり，心配そうな表情の職員をよそに，子どもたちはままごとで人形を寝かしつける真似をしたり，ブロックで大きな家や車を作ったりしていた．

　15時過ぎ，大きな余震がきた．横揺れに揺れていて，貧血を起こした時のような気分さえした．「また揺れているよー！」と大きな声で隣の部屋にいる職員にも聞こえるように言い，私たち職員は子どもたちをもっと狭い範囲に集め，私は他の職員に人数確認をするよう話をした．

　その時，立ち膝をしている私の胸にMちゃんが抱きついてきた．ぎゅっと私のトレーナーを握り，顔をうずめていた．小さな手で力いっぱい何かを伝えているのが分かった．私はMちゃんを抱きしめて「怖いね．でも大丈夫だよ．先生がMちゃんもみんなのことも守るからね」「先生がいるからね」と繰り返し話した．

　少しすると余震の中，Mちゃんは顔をあげて，しっかり私の目を見て，小さな手を私の手に伸ばし，さっきと同じくらいの強い力でぎゅっと握ってきた．

〈考察〉

　「怖いね．でも大丈夫だよ．先生がMちゃんもみんなのことも守るからね」「先生がいるからね」と話した時，私の手は自分でもよく分かるほどがたがたと震えていた．自分で自分自身に「大丈夫」と言い聞かせているようなところもあったのかもしれない．顔をあげて私の手を握ったMちゃんの力に，またその目の力に驚いた．Mちゃんが私に「せんせい，だいじょうぶだよ」と言ってくれている気がした．混乱する頭の中とは対照的に，何だかとても心強い気持ちになり，泣きそうになった．

第1章 保育の現場とエピソード記述

〈私からのコメント〉

　これを読むと，あの大震災当日，それまでに経験したことの無い大きな揺れが長時間に亘って続くというその恐ろしい出来事を，午睡の終わった1歳児室で一人の主任保育士がどのように体験したかが緊迫感をもって伝わってきます．そしてまた，子どもたちの安全を守り，子どもたちの不安な気持ちを抱え，なおかつ職場の全体の動きにも気を配らなければならないという，主任の役割を果たそうとするこの書き手の大きな覚悟と気構えが伝わってきます．しかも，子どもを抱える側であるはずの自分が，子どもの目の力に励まされ，大人である自分が抱えてもらうような不思議な関係が一瞬生まれたという，その生々しい体験の記述が，この場面の想像を絶する恐怖をかえって際立たせてくれます．

　まず，「手足が震え」，「声や指もがたがた震え」という表現に，その瞬間の揺れの恐怖が読み手である私にも伝わってきます．また職員たちの子どもたちを集合させるその対応の様子にもその場の緊迫感が伝わってきます．そしてしばらくして起こった余震のときに，Mちゃんが書き手に抱きついてきます．「ぎゅっと私のトレーナーを握り，顔をうずめていた．小さな手で力いっぱい何かを伝えているのが分かった」という一人称の記述に，Mちゃんのただならぬ様子とそれを受け止める書き手の必死な様子が同時に伝わってきます．そのMちゃんの様子に自分も内心恐怖を感じながらも，「怖いね，でも大丈夫だよ」としっかり抱きしめる対応こそ，保育の原点，子どもを育てることの原点でなくて何でしょう．そのMちゃんが書き手の目をしっかり見て，さらに書き手の手を力いっぱい握ってきます．そして〈考察〉を読むと，このMちゃんの目の力に「せんせい，だいじょうぶだよ」とMちゃんが言っているかのように感じ，自分が励まされたことが分かります．

　ここにはまず，保育者に愛着する子どもとそれを受け止める保育者の対応という問題が表れています．本書の第3章では，これまでのアタッチメント研究を批判するかたちで，保育者の描く愛着や甘えのエピソードをいくつか紹介しますが，このエピソードは，まさに従来のアタッチメント研究のアカデミックな議論を吹き飛ばしてしまうような，「愛着する―される」という愛着現象の本質を鮮やかに描き出してくれています．

また，Mちゃんの目の力に「だいじょうぶ」とMちゃんが言っているかのように感じ取るところは，本書の第4章で議論する「間主観的に分かる」という問題にも繋がる部分です．それはまた，保育者がよく「子どもから元気をもらう」と述べることの端的な例でもあるでしょう．学知の立場はこれを保育者の解釈にすぎないとか，Mちゃんが実際にそう思っていたという証拠がないではないかと水を差しますが，証拠云々の議論を抜きに，この箇所はインパクトをもって読み手に迫ってきます．それはむしろ「生活世界的真実」だといってもよいのではないでしょうか（読み手がなぜこの場面をそのように了解できるのかについても，第4章では考えてみたいと思っています）．

　この度の大震災に心を痛めた本書の読者も，いまのこのエピソード記述に思うところがいろいろとあったに違いありません．それほどこのエピソードには訴えるものがあります．揺れの恐怖もさることながら，危機の中でも「子どもを抱えて守る」という子育てや保育の原点，そういってよければ，太古から営々として続いてきた子育ての原点がここにあるといっても過言ではありません[注3]．保育は，世間からよく誤解されているように，単に身辺のお世話やむずかりをなだめたりすることではなく，このエピソードのように子どもの思いを分かってそれを受け止め，存在を喜び，その子が保育の場でその子らしくいられるように心を砕く大変な営みなのです．それ保幼小連携だ，やれ学びの連続性だと，世間では保育を巡ってさまざまに騒ぎ立てていますが[注4]，そんな議論が馬鹿馬鹿しく思えるほど，この短いエピソードには保育の本質が詰まっているように私には思われ，素直に感動し，深い感慨を抱きました．

　この若い主任保育士さんには，自分にもMちゃんと同じ歳格好の幼い子どもがおり，かなり離れた所から車で通勤していて，我が子を地元の保育園に預けてこの仕事に就いていると聞きました．そのような背景を知ってこのエピソードを読み直すと，Mちゃんがしがみついてくる様子や，自分を見上げるMちゃんのまなざしの力に，もしかしたら我が子を重ねて見ていたかもしれませんし，我が子を案ずる気持ちも同時に動いていたかもしれません．そんなことを考えてみると，保育者もまたそのように自分自身の生活を抱えながら，目の前の子どもを抱え，保育の場全体の様子を視野に入れ，今何をすべきなのかを考え，一瞬は我が子を想い，そしてまた子どもから元気をもらって，必死にそ

の時とその場を生き抜く主体なのだということが分かります.

　さて，一つの感動的なエピソード記述を紹介しながら，保育の場の営みの一端を示してみましたが，自分の体験したことをこのように保育者がエピソードに書くことは，その体験を自分ひとりの体験に閉じてしまわずに，他者にその体験を伝え，他者にそれを理解してもらい，その体験を他者と共有する可能性を持つものであることが分かります．そのことが，多くの保育者にこのエピソード記述の試みが受け入れられてきた大きな理由だろうと思います.

　いずれにせよ，保育者が自分の保育の経験をエピソードに書くということは，単に従来の記録とは少し違うタイプの記録を書くなどということではありません．つまり，エピソード記述がここまで保育の世界に拡がりを見せるようになった裏には，これまで黒衣に徹してきた保育者が，「私は」という一人称の記述をそのエピソードに盛り込むことによって，自分もまた保育の場で一人の主体として生きているのだということを自覚する契機となり得た，ということが大きかったように思えるのです.

　事実，研修の当初，エピソードを書くことにためらいを見せた多くの保育者たちも，いったんエピソード記述の主旨（自分の心揺さぶられた体験を描くのだという主旨）をしっかり理解してから書いてみると，たいていは書くことに意欲的になり，「書くことで，自分がこういう保育をしているのだということが改めて自分に見えてきて驚いた」とか，「子どもの育ちに自分の保育がこんなに責任があるのだと気づいてよかった」などと述べて，総じて保育に前向きの姿勢を示すようになります．上に示した大震災のエピソード記述などは，その典型的な例だと言えるでしょう.

　こうした保育者のことばは，自分も保育の場の主体なのだということを確認できた喜びでもあると思いますが，それを裏返せば，これまで保育者は自分もまた子どもと同じように保育の場の主体であることを，少なくともその記録の中では十分に自覚できなかったことを意味します．そうしてみると，保育者のエピソード記述は，書き手である保育者がこれまでの記録の中では見失われていた「自分も保育の場の主体である」という意味を奪回し，そこから保育を見直すことに繋がる契機となるものだということに今更ながら気づきます．これ

は『エピソード記述入門』を書いた時点では気づくことのできなかったこと，私がエピソード記述の研修にここ数年，深く関わることを通して初めて気づくことのできたことだったと言えます．この点については後段の第2章で改めて触れます．

(3) 保育者のエピソード記述を読むことから得られたいくつかの気づき

　エピソード記述が全国的に拡がりを持ってきたことに加えて，保育者の描く多数のエピソード記述を読むことを通して，単に保育の世界の広さや奥行きが見えてきたと言うにとどまらず，保育者が何を喜び，何に勇気づけられて保育に向かうのか，どうしてこの場面をエピソードに描きたいと思うことになったのかに関して，私なりに見えてきたことがありました．

1) 目に見えない子どもの心の動きが描き出される

　その一つは，目に見えない子どもの心の動きを捉えた部分が，何よりも保育のエピソード記述のポイントになるということです．子どもの気持ちが摑めた場面，子どもに自分の思いが通じた場面，子どもの心と自分の心が繋がった場面や途切れた場面は，それこそが保育の基底をかたちづくる重要な場面です．しかもそこは，保育者が自分の身体を通して感じ取ってこそ把握できる部分で，誰の目にも見えるものではありません．ですからその見えない部分は客観的には描きようのない部分，そこは当事主体である保育者にしか描き得ない部分です．「私は○○さんの思いをこう感じ取った」と一人称で描くしか，○○さんの思いを描きようがないのです．先の大震災のエピソードで，「Mちゃんが私に『せんせい，だいじょうぶだよ』と言ってくれている気がした」という記述にそのことが端的に現れています．

2) 保育者も保育の場の主体である

　しかしながら，見えない部分をそのように描き出すとき，保育者は自分がその見えない部分を感じ取る主体として，さらにそれを記述する主体として浮上してきます．そしてそのように自分が主体であると気づくからこそ，未来の大人である子どもを一個の主体として受け止めようという姿勢が保育者の中に生

まれてくるのです．つまり，保育者が自ら保育の場で主体として生きることに喜びを感じるようになると，翻って，子どもたちに何かをさせて発達を促すという「させる」保育の姿勢が見直され，むしろ子どもたち一人ひとりを主体として受け止め，主体として育てようという新しい保育姿勢が生まれてくるということです．先の大震災のエピソードでも書き手が一個の主体としていろいろなことを感じ，またその感じたことに従って振る舞っている様子が読み手にはしっかり伝わってきます．

3) 子どもの内面の「なる」に出会える喜び

　もう一つは，多くの保育者が日々の保育の中で喜びを感じ，元気をそこからもらうのは，何といっても一人ひとりの子どもについて，何らかの「発見」があるからだということへの気づきです．日頃，保育者は自分が何かをさせたから子どもはこうなったというような因果の関係で物事を考える傾向にありますが，実際の子どもの変化は，そのように保育者の直接的対応の結果であるとは限りません．子どもは未来の大人になることに向けて，時々刻々変容していきます．そこには「あれができた，これができた」も含まれますが，それだけではなく，ある日，ふと思いがけないかたちで，新しい心の動き，新しい心の面の「なる」[注5]への動きを見せてくれることが含まれます．その意味では，日々の保育は子どもにその心の面の「なる」に向かう機会を与え，また保育者がその心の面の「なる」にしばしば出会う機会のある営みだといってもよいでしょう．そして，子どもの内面の「なる」に出会えることが保育者には何より嬉しい事であるらしいのです．

4) 内面の「なる」に出会える喜びは，疎外された保育の打破に通じる

　そうした保育者の日々の発見，つまりそれこそが保育者の喜びの源泉になり，エピソードを書こうと思い立つ契機の一つとなる子どもの内面の「なる」への変化が，私にはこれこそが子どもの真の発達ではないかと思えるようになってきました．そして従来の能力発達の考えによって疎外された今の生活世界の桎梏は，そのような意味での心の面の「なる」を喜ぶ保育者の見方によってこそ打ち破ることができるのではないか，ひいては発達についての本来の見方に立

ち還ることができるのではないかと思われてきました．これについては後に具体例をあげて説明したいと思います．

5) 保育者がエピソード記述に取り組むことで自ら保育を振り返ることができる

さらに，保育者がエピソード記述に取り組み，書いたエピソード記述を職員間で読み合わせることが職場に定着すると，間違いなく保育の振り返りが一歩も二歩も前に進むということにも気づきました．「保育の質の向上」はつとに叫ばれますが，それを実現する上でもっとも有効な方法は，保育者自身によるエピソード記述と，職場でそれを読み合わせることだといっても過言ではないと思います．それは当該園の「保育の質の向上」だけでなく，まずもって自分自身の「保育の質の向上」をもたらすものであり，さらには自分の保育者アイデンティティを自覚することにも通じるものなのです．

6) エピソード記述と読み手の了解可能性という問題に踏み込むことができる

最後にもう一つ，エピソード記述という個別具体の出来事を取り上げる試みが，いかにして読み手の了解可能性に繋がるのかという，エピソード記述の方法論の根幹に関わる問題は『エピソード記述入門』でも僅かに触れましたが，保育者の書いた多数のエピソード記述を読むことを通して，この問題をさらに掘り下げることができると確信をもてるようになりました．このことはこの第1章の末尾と第2章で再度詳しく取り上げますが，この問題を煮詰めていけば，なぜ私が質的研究を目指すのかも，よりよく説明できるのではないかと思われてきましたし，他の質的研究と私の質的研究の異同に関しても言及できるのではないかと思われてきました．

このように，私が保育の生活世界に立ち還ることによって，またエピソード記述が保育の世界に浸透していくのにつれて，見えてきたこと，気づかされたことがいくつかありました．この第1章では，上に簡単にスケッチしたことをもう少し詳しく述べて，その後に本書の概要を示してみたいと思います．

第1節　保育の場への還帰

(1) 保育の場に再び戻るまで

　1998年に私は『両義性の発達心理学』を著しました．両義性は私の主張する関係発達論の基本的な柱の一つですが，この本の第3章「保育の場の両義性」は，保育の営みの中に含まれる両義性を保育場面の数々のエピソードを交えながら描き出す内容になっています．これは私が京都大学に戻る前の島根大学時代に，保育の場に関与観察者として入り込み，子どもたちと保育者が関わる場面をエピソードに描いてきたものに基づいています．その試みが珍しかったからなのか，両義性という概念が目新しかったからなのかは分かりませんが，この本は図らずも保育学会から学会賞（文献賞）を戴くことになりました．

　おそらくそのことがきっかけで，今世紀に入った頃から，急に保育関係の方々から講演に招かれる機会や保育の場に招かれる機会が増え，また保育所保育指針の改定に関連して，全国私立保育園連盟から提言をまとめるのを依頼されたことも手伝って，同連盟の機関誌である『保育通信』に書く機会がしばしば与えられるようになり，保育の営みをエピソードに描くことを含め，私の保育についての考えや発達についての考えを，広く保育の世界に伝えることができるようになりました．

　このようにして，私は定年を迎える少し前ごろから，保育の世界に深く関わるようになり，保育についての私の基本的な考え方を妻との共著のかたちで著し（『保育を支える発達心理学』(2001)，『よく分かる保育心理学』(2004)，など），保育関係の方々に読んでもらうようになりました．こうした保育実践と深く結びついた私の問題関心が，「関係発達論」の理論を練り上げることに繋がり，主体概念を整理する機会にもなって，『ひとがひとをわかるということ』(2006)を著すことになりました．また，方法論に関しても，実践的な関心から，従来の観察に重点を置いた捉え方から関与することにも目を向けるようになり，それまでの方法論のさらなる検討を促す結果になって，『エピソード記述入門』を著すことができたのでした．

(2) 保育の現場へ還帰してみると……

そのような経過の中で定年を迎えることになった私は，中京大学に職を得る一方，京都市営保育所の保育に関与することになり，京都市内の各保育所を巡回し，階層別の保育士研修を引き受けるようになって，保育の場にこれまで以上に深く関わることになりました．それに加えて，全国の保育の場を訪れる機会や研修に関わる機会が増え，保育の全国的な動向にも次第に関心が向くようになってきました．

京都市営保育所に関わるようになる前の，保育所保育指針の改定に向けて「提言」をまとめる時点で[注6]，すでに私は我が国の保育の動向に深い危機感を覚えていました．二十年前に島根大学時代に直面し，乗り越えたはずの保育者主導の保育が，今なお我が国の保育の基本的動向になっていることに業を煮やしていたからです．保育者主導の強い「させる」保育，保育者の願いに強引に引き込む「褒めて育てる」保育，そして保護者に迎合した「保護者に見せる」保育が目に余りました．そのことについては，『保育通信』に何度か書いて保育関係者に私の危機感を訴えてきました．

他方で，その『保育通信』にエピソード記述とは何か，何のために保育の場にエピソード記述が必要なのかを連載したことが機縁になって[注7]，先にも触れたように，保育者が自分の保育の営みをエピソードに書いて保育を振り返るという動きが，北は北海道から南は沖縄まで全国に拡がり，その研修の場において，エピソードを書くこと，エピソードを読むことの実地演習に私や妻が直接関わる機会が増えてきました．そしてこのエピソード記述が保育の場に次第に定着していくと，それが保育の見直しにも繋がることが見えてきました．これは私ばかりではなく，エピソード記述の研修の場に臨んだ保育の皆さんも同じ思いだったと思います．

このように，一方では京都市営保育所の保育にこれまでにないかたちで深く関わったことから見えてきたこと，またそれ以外の保育の場に足を運ぶ機会があったことから見えてきたことがあり，他方では保育者の書いたエピソードを多数読む経験から見えてきたことがありました．この両者は微妙に絡み合いながら，保育のあるべきかたちについての，また発達の考え方についての新しい気づきを私に与え，さらには私のこれまでの理論や方法論にも新しい視点を付

け加えるきっかけを与えてくれました．以下，これについて述べてみたいと思います．

(3)「発達」の考えが子どもの生活世界を疎外している
―― 現場への強い危機感

　保育の現場に戻って私が強く抱くようになった危機感は，学知が導いた「発達」という考えが，保育の場にも，家庭の場にも隅々まで沁み通り，発達の目安に沿って子どもの育ちを見，またそれを目標に子どもの育ちを考えるようになった，現在の我が国の文化動向から来ています．それはまさに学知によって生活世界が疎外された状況に他なりません．『心理の現象学』(1986a)において批判を向け，還元を目指したはずの学知によって疎外された生活世界が，願わしいかたちに還元されるどころか，むしろ発達の考え方が簡単には突き崩せないほどにさらにもっと強固になって人々の思考の中に入り込み，子育てや保育・教育の営みを強く枠づけるまでになっている現実に唖然たる思いを禁じえませんでした．子どものあるがままの育ちの結果を示したはずの発達という考えが，まるで発達のために子どもの生活があるかのような逆立ちした状況にあるのです．しかも学知はそのことに警鐘を鳴らすどころか，むしろそのような学知を身に付けた人を専門性のある人とみなし，「発達を踏まえた保育」，「発達を踏まえた教育」の横行を助長するばかりです．そしてその疎外された状況は日々の暮らしの中では自明なものになってしまっていて，多くの人はそれが疎外態であることにすら気づきません．このように，発達の考え方によって疎外された現実の生活世界が大きく私の前に立ちはだかっているように感じられ，何とも言いようのない焦燥感に苛まれました．

　最近書いた本の中でも述べたように(『保育・主体として育てる営み』(2010a)，『子どもは育てられて育つ』(2011a))，「発達」という考え方は，もともと，子どもの年齢に応じた成長変化の中でも，身体面や知恵の面，つまり，目に見え，測定可能な面について，その一般的(平均的)な成長事実の結果から導かれた考え方でした．「ある年齢になれば，平均的な子どもは大体このようなことができるようになる」というのがそこから導かれた分かりやすい発達の見方です．世間の保護者や多くの保育者が考える子どもの「発達」は，このように最初か

ら，各年齢に応じた平均的能力についての里程標を参照軸にして，それと実際の子どもの育ちとを比較し，それによって安心したり不安になったりというような子どもの見方だったと言えます．その里程標は，その知見の導き方からして，ある年齢について多数の子どもの成長の結果を集積して平均化したものです．その結果を年齢ごとに並べて繋ぎ合わせたものが保育所保育指針に示されている「発達の目安」に他なりません．

　ところが，そうした目安はあくまで多数の子どもの育ちを平均化して得られた「結果」だったはずなのに，いつの間にかそれが子どもの発達の「目標」に置き換えられ，こうして保育者にとっても保護者にとっても，その目標の達成に向けて保育や子育てを考えるようになり，「させる」「頑張らせる」「褒める」ことが育てることの中身だと錯覚するようになっていったのでした．そうなるとますます，大人の思い通りに子どもを動かそうとする子育てや保育に傾斜していくことになります．

　さらに，発達の目安を目標にさまざまに子どもに働きかけるようになった保育者や保護者は，当然ながら，発達の階段をどこまで登ったかでその働きかけの効果を測ろうとします．そうなると，その発達の階段を早く高く登った子どもが将来幸せになるという考えが導かれるのは当然で，こうして早い発達が求められ，そのためには何をさせるかというように発想され，結果として，目に見える姿ばかりを追い求め，結局は子どももいろいろな思いをもった一人の主体であるという現実に大人の目が向かなくなってしまう結果を招いたのでした．

　要するに，発達という考えが家庭や保育の世界に浸透することによって，素朴な生活世界が疎外され，ひいては「子どもは育てられて育つ」ということ自体が疎外されるようになったのです．

(4) 子どもを主体として育てる保育への転換を目指して

　さて，上記のような平均的な能力発達の考えに引きずられた保育や子育ての現状を見てまず私が考えたのは，発達の目安を目標にした「させる」保育からいかに脱却するか，そしていかに子ども一人ひとりの心に目を向けた保育に転換するか，それゆえに，「できる，できない」の能力面だけを見る発達の見方から，心の面にも目を向けた発達の見方にいかに転換するかでした．というの

も，目に見えない子どもの心の動きを保育者が摑み，それを受け止め，その上で保育者の願いを子どもに伝えていくことこそ，本来の保育，あるいは本来の子育てのかたちであると私には思われたからです．それはまた，発達という学知に沿って保育を考える現場のあり方に疑問符を打ち，子どもを発達に向けて追い立てる保育の現状から脱却して，子ども一人ひとりを一個の主体として育てるという当たり前の考え方に回帰することを意味しました．これは，アカデミックな学知の立場を踏み越えて，我が国の現在の保育の動向を実際に変えようという，能動的実践に私自身が一歩踏み出したことを意味します注8)．

　先にも触れたように，私が現状に危機感を覚えて保育の場に深く広くコミットするようになった時期は，『ひとがひとをわかるということ』(2006)を出版した時期と重なります．この本の中で私は，主体注9)という概念を，「私は私」と言える心と，「私は私たち」と言える心の両義的な二面の心からなるものと捉え，また子どもという存在をいまの「ある」姿でありながら，未来の「なる」姿を志向する両義的な存在であると捉えるようになりました．そのこともあって，保育の転換を目指す試みは，まずは保育者が子どもの心の動きを摑むところ，それを受け止めるところ，そして自分の願いを子どもに返すところを丁寧にエピソードに描き，それを保育者間で読み合わせて，それまでの発達に視点を置いた「させる」保育の問題点を保育者同士でいかに議論して自覚するか，というかたちで進められることになりました．

(5) 転換への抵抗

　ところが，この転換の試みはしばしば強い抵抗に遭遇しました．私の目から見れば，今の保育の現場は，本来の素朴な生活世界から学知に覆われた疎外された生活世界へと変貌してしまっています．ですから，それを還元して，素朴な育てる営みを回復しなければというのは，私にとっては自明な進むべき道でしたが，しかし多くの保育者にとっては，発達の考えが沁み通った現在の生活世界こそが，自明な世界，疑いようのない世界です．保育者の中には，力を付けようと頑張らせることがどうしていけないのか，なぜ発達を目指していろいろなことをさせることがそれほど悪い事なのか，保護者はあれもできるように，これもできるようにと求めているではないか，心を育てるなどと悠長なことを

言っていると，周りから取り残されてしまうのではないかと，率直な疑問を呈する人もいます．保護者も同様です．

　もちろん，子どもを育てる上で，何かをさせたり，何かを促したり，何かを誘ったり，何かを教えたりすることは当然に必要なことです．しかし，子どもを育てるということは今の子育てや保育のように，大人が一方的に子どもを引きまわすような営みだったのでしょうか．保育の場の2歳児たちが保育者の指示にみな揃って従うような姿が，「聞き分けの良い子」「社会性が身に付いた子」として歓迎されるような状況が本来の保育の姿なのでしょうか．あるいは，2歳にも満たない子どもが，午前中いっぱい，家の外に出ることもなく幼児教育教材と向き合い，母の指示に従ってそれと取り組むという姿，さらには，週のほとんどを幼児塾に通って，周りの子どもにそれを自慢する子どもの姿が，果たして子ども本来の姿なのでしょうか．

　しかし，これまで「させる」保育に馴染んできたベテランの保育者ほど，それを還元して子どもの心の動きを摑む保育に切り替えることに抵抗を示します．講義や講演などを聴いて，頭の中ではその通りだと思っても，いざ保育の場面になると，それまでやってきた保育のかたちがしっかり根を張っており，それを簡単には突き崩せないのです．しかも，保育に影響を及ぼすさまざまな学知も，これまではそのような保育を推進してきた側ですから，それを覆そうとすることは，学問の枠組みを変え，世間の常識を変えるという，途方もない試みだと認めざるを得ません．子ども一人ひとりの心に目を向ければ，私の危機感をなるほどと思えても，周りを見渡せば，社会の大きな動向はむしろ逆の流れを示していて，それなのになぜ自分は保育を変えなければならないのか，というかたちで還元への抵抗が生まれてくるのは，ある意味では当然のことなのかもしれません．

　しかしながら，現象学の教えるところによれば，そのような還元への抵抗こそ，逆に私たちが疎外された生活世界にどっぷりとつかり，疎外されていることさえ自覚できないかたちで生きていることの証左だといえます．『心理の現象学』でも取り上げていますが，精神医学のブランケンブルク（Blankenburg, 1971/1978）によれば，還元への抵抗を分析することによって，私たちが如何に生活世界に根をおろしているかが明らかになるといいます．ですから，保育者

たちの示すさまざまな抵抗は，まさに発達の考え方によって疎外された今の生活世界の現状を逆に如実に示すものだといってもよいものです．疎外された状況は単に子どもにのみ現れているのではありません．保育者自身，保育の場で自らが主体として生きることを疎外されています．まるで発達の階段を登らせることが保育であるかのように思いなし，そのために，子どもを追い立て，できることが増えれば喜び，増えなければ嘆くという姿は，日々子どもと共にいるときに味わえるはずの育てることの本来の喜びから遠ざけられた，疎外された姿に他なりません．しかし，保育者はそのことに気づかないまま，自分の思い通りにならないのは，気になる子どもたちがいるせいだと思いなして，それが疎外されていることの帰結だというふうには考えません．

(6) エピソード記述による転換の兆し

このように随所で保育者の抵抗にあいながらも，しかし全体としてみれば，ここ4, 5年のあいだに保育の状況は少しずつ願わしい方向に変化してきたように見えます．疎外された状況がいかに強固であっても，やはり保育者や保護者は子どもに直接接し，そこで子どもの心の悲鳴を聴く機会がしばしばあり，保育の枠組みのもつ問題点がおのずとその接面に露わになってくるからです．また，自分自身が保育の中で楽しさややり甲斐を感じないままにやってきたことが，この転換を目指す動きの中で次第に自覚されるようになってきたことも，この保育の見直しに前向きに取り組むようになった大きな理由でしょう．

しかし，手前味噌になるのを懼れずにいえば，何よりも自分の保育をエピソードに描く試みが，子どもの心に目を向け，またそこで保育をしている自分自身に目を向ける機会になり，そこでの体験を描くことが，子どもが主体であるばかりでなく，自分も主体としてその場を生きているのだというかたちで自分を取り戻す機会になったことが大きかったと思います．後にも見るように，エピソードを書くということは，自分の体験を書くということです．それは保育者である自分を黒衣にする従来の記録のあり方とは正反対の態度で，「私」を主語に立てて自分から見た世界を描き出すことです．自分はそこにいて保育を動かしている主体であるのに，従来の記録では自分が消し去られてしまっています．しかし，エピソードを書いてみれば，自分がそこにいて，子どものさま

ざまな思いに気づき，それを受け止め，感じ，考え，悩み，喜ぶ主体であることが前面にでてきます．そのことによって，子ども一人ひとりの姿が浮き彫りになり，また自分が子ども一人ひとりの成長に深く関わっていることが実感されます．そうしたことが，結局は「いろいろ悩むこともあったけれども，やはり保育の仕事に就いてよかった，自分の仕事にプライドをもつことができた」と多くの保育者が語ることになる理由なのだと思います．

このように，定年を前後する頃から保育の場に深く関わるようになってみると，発達という考え方による疎外された生活世界が露わに見え，それを還元しようとするとさまざまな抵抗に遭うという現実があるなかで，しかし，保育を転換し，本来の生活世界を取り戻す方向に向けた変化の兆しも僅かばかり見えてきました．そしてその中から得られたさまざまな気づきが，私の理論や方法論をもう少し整理してみようという思いを掻き立て，本書を準備することになったのでした．

第2節　保育者がエピソードを書きたいと思うとき

保育の皆さんが私の主張する「エピソード記述」を本格的に学ぼうとし始めたのは，2006年の5月だったと記憶します．鹿児島市私立保育園協会の当時の会長さんが，市内60ヵ園ほどの民間保育園の主任さんたちを一堂に集め，一泊二日の厳しいスケジュールの中で，兎に角エピソード記述について研修をしようと呼びかけたことが最初でした．受講する主任さんたちは，これからどういう研修になるのか見当もつかず，講義する私の方も，何から始めたらよいのか戸惑うという，まさに手探りからの出発でした．

しかし，当初の心配をよそに，研修からはかなりの手ごたえが返ってきて，研修が同じ年度内に数回繰り返されたこともあって，参加者の理解が目に見えて深まりました．当初は何をどのように書けばよいかまったく五里霧中だった主任さんたちも，自分の身の回りに起こった出来事や，自分の心が揺さぶられた出来事をエピソードに書くようになり，書いてみると，改めて自分の保育が良くも悪くも自分に見え，そこから保育を振り返って，保育をどのように持っていったらよいのかを自ら考えるようになりました．

講義をし，保育の皆さんの書いたエピソードを読む私の側も，まったく新しい経験だったので当初は戸惑いましたが，次第にそこからさまざまな気づきが得られるようになり，その後，他の場所で同種の研修会が持たれるたびに，少しずつ研修の進め方のコツが摑め，保育の皆さんにとっての研修の意義が明らかになってきました．

(1) 書くことへの当初の抵抗とその乗り越え

多くの場合，研修に初めて臨んだ保育の皆さんは，たいてい「私は書くのが苦手です」とか，「私には書けそうにありません」とか，書くことに抵抗を示します．確かに，これまでの経過記録や活動の記録，あるいは保育日誌とは書き方がまるで違うので，抵抗感があるのでしょうし，しかもエピソード記述はそれまでの「させる」保育を見直して，主体としての心を育てる保育に転換するためにするのだという私の主張が，俄かには同意できないということもあるのでしょう．研修の開始の時点では，みな一様に硬い表情です．

しかしその抵抗はまさに，これまでの自分の保育実践や記録の仕方を支えてきた保育学が強固な陣地を形作っていて，それに守られてやってきたのだということを端的に示すものでもありました．

書くことへのこの抵抗が打ち破られるのは，強引に書かせることによってではありません．講義を通してまず保育者が自分の保育を振り返る足場が作られ，一人の子どもの心の動きを描いた具体的なエピソードによって保育者の主体としての心が揺さぶられ，保育者の中に子どもの心の動きを感じる心が甦るときだといってよいでしょう．エピソード記述は「〇〇のことがあった」という事実経過の報告ではなく，あくまで書き手の心が何らかのかたちで動かされたときの，その場面を描くことです．そして，何であれ，そのような心動かされた場面を描いてみると，保育の皆さんにはそれがこれまでにはない新しい経験であると受け止められ，急に自分の経験を書くことの面白さに気づき，「こういうことなら書きたいことはたくさんある」というかたちで，これまでの書くことへの抵抗が嘘のように，書くことに意欲的になることがしばしば見られるのです．

およそ1年の研修を通して，保育の皆さんが自分の実践の中で経験した心揺

さぶられる場面は実に多岐に亘っていることが分かってきました．そうしたエピソード記述研修の最初の頃に書かれた素朴なエピソードを多数収録したのが『保育のためのエピソード記述入門』(鯨岡・鯨岡，2007a)です．外部から眺める限りでは，集団を全体として動かしてデイリープログラムをこなしているだけに見えた保育のその裏側で，保育者は一人ひとりが主体としてその場を生きながら，さまざまな思いを抱えて保育の営みに従事していることが，そのエピソード記述から見えてきました．

　研修の当初は，「子どものこんな姿が可愛かった」「こんな子どもの姿に感動した」といった素朴なエピソードが数多く見られましたが，研修が進むにつれて，これまでの保育を反省し，子どもの目に見えない心の動きを摑むところ，子どもの思いを受け止めるところを描くことができるようになってきました．そこを無視してきたことが「させる」保育に繋がってきたのですが，保育の転換を目指す私の強い意向が受講者に伝わるのにつれて，子どもの思いを受け止めることができた場面，受け止めきれずに自分の思いで子どもを動かしてしまった場面など，これまでよりも深い次元で自分の心が揺さぶられた場面を描くことが多くなってきました．

(2) 保育者が子どもの新しい一面に出会うとき

　そのようにして保育の皆さんの書くエピソード記述が全国的な拡がりを見せる中で，私が目を通すエピソード記述の数もうなぎ上りに増え，そこからいろいろなことを考えさせられるようになりました．

　一つは，いま我が国で進行している家庭の子育てや保育の現状が，保育者の書くエピソード記述を通して，それまで以上にはっきりと見えるものになってきたということがあります．裏返せば，これまで保育の営みがこれほど丁寧に描き出されてこなかったがゆえに，保育の奥行きもその拡がりも一般の人には見えるものになってこなかったのだといえます．例えば『エピソード記述で保育を描く』(鯨岡・鯨岡，2009a)に収録されている多数のエピソードを読むだけでも，一般の人は「保育はこのような大変な営みなのだ」ということに改めて気づくのではないでしょうか．しかし，今言いたいのはそのことではありません．

　抵抗を乗り越えて保育者がエピソードを書いてみたいと思うようになるのは，

もちろん，こんな可愛い子どもの姿に出会えたとか，こんなことに感動した，保護者とのやりとりで傷ついた，等々，保育者の心が揺さぶられるときであることはいうまでもありません．

　ところがそのような保育者の心が揺さぶられる出来事の一つに，子どもの新しい一面を見る思いがしたときの喜びを取り上げたエピソード記述があります．それは単にそれまでできなかったことができるようになったことの喜びというのではなく(実際には，排泄ができるようになった，泣かずに母と別れられるようになったというような，いわゆる「できるようになったこと」の喜びを取り上げる保育者が多いのは事実ですが)，むしろ子どもが自分の置かれた状況を読み，自分なりに折り合いをつけて一歩前に出るというような，子どもの心が「なる」に向かって変容する瞬間に出会えたときの喜びです．それは保育者が子どもを主体として受け止めようとして関わっているからこそ気づくことのできる瞬間でもあるでしょう．そしてそのような出会いの喜びが得られるときこそ，実は真の意味で子どもが主体として育つ瞬間なのではないか，さらにいえば，それこそ発達の考えによって疎外された保育の現状を乗り越える積極的な契機になるのではないか，という気づきが私の中に生まれてきました．話を分かりやすくするために，ここでまず若い保育者たちの描いた二つの素朴なエピソードを紹介し，それに沿いながら今の主旨を解説してみたいと思います．その後に，ベテランの保育者が描いたもう一つのエピソード記述を取り上げ，この心の面の「なる」への変容が，できることが増えるときのような手放しの喜びではなく，もっと深く捻じれた両義的な意味をもつものであることに触れてみたいと思います．

エピソード1：「心の進級」　　　　　　　　　　　　　　　　　　K保育士

〈背景〉

　Kくん(2歳1ヵ月男児)は，0歳から入所し，0歳クラスの時は人見知りが激しかったが，当時，担任が4～5名いる中でもF保育士だけには慣れ親しみ，F保育士の後を付いて回る日々が続いた．1歳児クラスに進級すると，クラスと担任が変わったことになかなか納得がいかない様子で，Kくんはよく涙を流していた．毎朝，「嫌，嫌」と言いながらの登園．母親から離れた後は何とかクラスに入るのだが，

すぐに0歳児クラスの方に向かい，そこにはいないF保育士を涙顔で探す日々が1ヵ月以上続いた．F保育士が4月から5歳児クラスの担任になったことで，Kくんが F保育士と過ごせる機会は減ったが，園庭や園内で会えた時は，"やっと会えた"という喜びから涙を流しながらF保育士に抱きつき，離れなくなることもしばしばあった．その時のF保育士は，Kくんを優しく抱きしめるものの，自分のクラスのこともあるので離れなければならない．それでも時には担任と連携を取り，Kくんを5歳児クラスに連れて行ってくれることもあった．F保育士と過ごすときのKくんは，とても穏やかな表情や笑顔で楽しそうにおしゃべりしていた．私を含めた1歳児クラスの担任は，KくんとF保育士のような信頼関係に近付いていきたいと，Kくんの気持ちを汲み取り，受け止める日々が続いた．そんなある日，Kくんの中に変化が見られた3つの出来事があった．

エピソード1)「大好きなボール」

Kくんが進級して2ヵ月がたった．未だに登園時には涙を流している．いつものように私はKくんをテラスや園庭に抱っこして連れていって気分転換に努めた．他のクラスの子ども達が園庭で伸び伸びと遊んでいたので，「ほら，○○くんは雲梯を上手に渡っているね」「○○ちゃんは泥団子をいっぱい作っているよ」など，Kくんの興味が広がるような言葉をどんどん掛けていった．周りの子ども達の遊ぶ姿を一緒に見ていたKくんは，涙が次第に止まり，「あ，ほら」とすべり台を指さししたり，「ボーリュ(ボール)，ボーリュ」とボールをほしがったりしたので，私はKくんを地面に降ろして，そこにあったボールを渡した．落ち着き始めたKくんは，両手に抱えたボールを嬉しそうに「ほら」と私に見せてくれた．Kくんが笑ってくれたことが嬉しく，心が弾むような思いで「Kくんの好きなボールがあって良かったね．キック，キック」と言葉を掛けながら，ボールを蹴る素振りを見せた．Kくんは，私の真似をしてボールを蹴りながら園庭中を回りはじめた．この時，F保育士は室内におり，園庭からは姿が見えない事もあって，KくんはF保育士を探す事もなく，好きなボールあそびに夢中になっていた．私は，Kくんが落ち着いて遊んでいる姿にホッと胸を撫で下ろした．

エピソード2)「0歳の頃を思い出して……」

しばらくして4人乗りのベビーカーを見つけたKくんは，すぐにボールを手離し，ベビーカーの空いている席を指さしながら私を呼んだ．このベビーカーは0歳児クラスが利用しており，そういえばKくんも0歳の時にはよく乗って，F保育士と園庭中を回っていたなぁ……と幼い頃のKくんの姿が思い出された．そんな

ことを思い出しながら「赤ちゃんが乗っているね〜，Kくんも赤ちゃんの時に乗っていたよね〜」と言葉を掛けると，Kくんは空いている席に手を置いて「うん」「うん」と話を聞いていた．ベビーカーに乗っている赤ちゃんを羨ましそうに眺めていたので，そんな姿から"Kくんもベビーカーに乗りたいんだな"と思い，「乗ってみる？」と尋ねた．Kくんは少し照れくさそうにうつむいたが「うん」と素直に応えた．1歳児クラスになり，ベビーカーを卒業したKくんであったが，私が抱き上げると，この乗り慣れた馴染みのあるベビーカーにすんなりと座った．目の前に座っている赤ちゃんを見て，優しく手を握ったり，頭を撫でたりし始めた．少しお兄ちゃん気分を味わいながらKくんの表情はすっかり安心している様であった．そんなKくんを見ていると，"0歳の頃と比べてずいぶんと体が大きくなったなぁ"と成長を感じた．「Kくんが座ると赤ちゃんとベビーカーが小さく見えるよ．大きくなったんだね」と話をすると，また照れくさそうに「うん」と応えた．ベビーカーに乗り，落ち着いているKくんを傍で見守りながら，F保育士の様な存在に少しは近付けたかな……と思いながら穏やかな時を過ごした．

エピソード3)「飛行機，バイバイ，F先生，バイバイ」

そんな時間が少し過ぎた頃，Kくんは何か思いたったかの様に一人でベビーカーを降りてくる．降りると私に「抱っこ，抱っこ」と慌てた様子で両手を広げて来た．Kくんの急な行動に"F保育士の所に行きたくなったのかな？"と気持ちが焦ったが，Kくんは空を指さしながら抱っこを求めてくる．空を見上げるとどこからか「ブ〜ン」という飛行機の飛ぶ音が聞こえてきた．飛行機の音に反応する姿から，飛行機を見付けたいのだ分かった．私はKくんを抱き上げると青空を眺め，「飛行機の音が聞こえるね．どこを飛んでいるのかな？」と話をして，Kくんと2人で飛行機を探した．Kくんも「こーき（飛行機），こーき」と言いながら，空を見渡している．飛行機雲を辿り，高い所を飛んで小さく見える飛行機を見付けた私は，とっさに「あ，いた．Kくん，ほら飛行機が飛んでいるよ」と指さした．Kくんも飛行機を見付け「うわ〜，こーき，こーき，バイバーイ」と大喜びで飛行機が見えなくなるまで手を振った．その後昼食時間となりKくんと入室しようとすると丁度，室内から出て来たF保育士と会った．私はKくんがF保育士から離れなくなるのではないかという心配があったが，飛行機を見つけた喜びをきっとF保育士に伝えたいだろうと思い，「飛行機見たよって言っておいでよ」とKくんに伝えた．迷わずF保育士の所へ向かい「こーき，いた」と嬉しそうに伝えるKくん．私もF保育士に園庭でいろいろなことを求めてきたKくんの成長ぶりや，笑顔で過ごせたKくんの姿を伝えたいと思い，午前中の出来事を知らせることにした．F保育

士に「飛行機見たんだ～，良かったね～」と言葉を掛けられ，得意気に「うん，うん」と応えるKくん．続けてF保育士が「Kくん，給食だから，ご飯食べておいでよ」と言葉を掛けると，Kくんは「はーい」と返事をして，F保育士に「ばいばーい」と手を振って満足した表情で一人で入室していった．

〈考察〉

　この日は，Kくんと過ごす中で，Kくんが担任である私にいろいろ求めてきたこと，F保育士の言葉掛けにより一人で入室したことに，Kくんが初めて進級を受け入れられたと実感ができてとても嬉しかった．4月初めのKくんの様子をみると，進級するということは，新しい環境で部屋も担任も変わり，泣きじゃくる新入園児に圧倒され，進級した在園児も不安な気持ちになっていたのだと思う．Kくんの不安な気持ちは，登園時のぐずる姿やF保育士を求める姿から十分に伝わってきたので，F保育士と連携をとって少しでも落ち着けるように一緒に過ごしてもらうこともあった．そのことがきっかけでKくんも無理なく進級を受け入れることができたのではと思った．新しい環境の中，私たちも子どもの今の気持ちを受け止めてあげたい，気持ちに寄り添いたいという思いで関わっていたが，子どももまた，私たち保育士の思いを受け止めてくれているんだなと感じた．日々の関わりの中で，お互いが思いを受け止めたり，受け止められたりしていくその積み重ねが，信頼関係へとつながっていくのだと思う．これからも，いろいろな場面でKくんやクラスの子ども達の思いをしっかりと受け止めていきたい．

〈私からのコメント〉

　0歳児クラスから1歳児クラスに進級したKくんが，周りにいろいろな興味を広げていく中で，それまで信頼を寄せていた元担任のF先生を「卒業」していく様子が3つのエピソードで示されています．元担任のF先生がいいというKくんの気持ちを受け止め，無理に引き離そうとせずに，自然にKくんの気持ちが周りの出来事に向かうように，丁寧に言葉をかけて対応しているのがよく分かります．

　保育の現状から言えば，子どもたちの誰もがクラス替えや進級という課題を乗り越えるのだから，Kくんにも乗り越えさせなければならない，早くクラス全体の流れに乗せよう，そのために，元担任と顔を合わせないような工夫をして，早く自分とのあいだに信頼関係をつくろう，というような保育者主導の保

育が目に付きます．保育者間で読み合わせられるエピソード記述にしばしばみられるように，低年齢の子どもの担当が変わるとき，子どもの落ち着かない気持ちが取り上げられることはもちろんですが，新しい担任としてのプライド，前担任への嫉妬など，保育者の側にも複雑な感情が動いて，クラス替え後のしばらくは，お互いに落ち着かない日々になることが多いようです．そんな中で，このように子どもの気持ちに寄り添って，小さい子どもが自分なりに状況を読み，自分なりに考えて新しい環境に折り合いをつけようとする姿を支えるという保育の姿勢はとても貴重です．これを書いた保育者がこのエピソードに「心の進級」と名付けたのは，まさにKくんの心の育ちを喜ぶ気持ちが表れているように思われました．

　こういう年齢だからこうさせてという発達をベースにした対応ではなく，子どもの今の思いを丁寧に受け止めていると（私はこれを**「子どもの〈ある〉を受け止めること」**と呼び，それが「養護の働き」の中核にあるものだと主張しています），子どもの心にいつしか変化が生まれてきます．この事例で言えば，前担任のF先生がいいという思いがあったけれども，新しい担任のK先生と一緒に遊んだり，気にかけてもらったりしているうちに，子どもに次第に新しい状況が読めてきて，自分の中で折り合いがつき，自分から新しい状況を受け入れ，そこに積極的に関わっていくような変化が生まれてくるということです（私はこれを**「子どもの〈なる〉に向かう芽」**と呼んできました）[注10]．要するに，子どもの「ある」を大人がしっかり受け止めていると，子どもの「なる」への芽が芽吹いてくるということですが，そのことがこの3つの小エピソードで裏書されている感じです．Kくんの思いをしっかり受け止めていれば，Kくんも保育者の思いを受け止めてくれるようになると信じ，またKくんとの信頼関係も築いていけるだろうと考えて保育しているからこそ，このような展開が生まれたのでしょう．

　こうした実践ができる背景には，一つの保育園の中で職員同士が同じように「子どもの心を育てる」という共通の目標をもって連携を図っていることも見逃せません．ゆったりと落ち着いたこういう保育が，これまで述べてきた「させる」保育の対極にあるものであることは言うまでもありません．

　しかしながら，子どもの思いを受け止めていればすぐさまこのような展開に

なるかといえば，そうとばかりもいえません．「ある」を丁寧に受け止めて対応しているつもりでも，前担任がいいとずっと泣き続ける子どももいます．いつ子どもの内部で折り合いをつけてくれるかは，完全に見通すことはできません．逆に，だからこそこのような展開になって，子どもの内部に何かの変化を感じ取ることができたとき，保育者にはそれが嬉しく，ほっとしたり，内心「やった！」という気持ちが湧き起こったりして，このエピソードは是非書き留めて自分の保育の記録として残しておきたいと思うようになるのでしょう．

　もう一つのエピソードを見てみます．

エピソード2：「どうしたらいいんかなぁ」　　　　　　　　　　S保育士

〈背景〉

　私は今年度，幼児クラスに日毎に入るフリーを担当している．4歳児「コアラ組」は19人中，男の子が6人しかいない．小さい頃から一緒に遊んではケンカをし，また仲直りをして遊ぶというように，ずっと一緒に過ごしてきた友達同士である．

　以前は，自分の思い通りにならないとすぐ手が出ていたSくんも，ひっかいたり，蹴ったりする前に心のブレーキがきくようになってきた．すぐかっとなって怒ってしまう所はまだあるが，自分の気持ちを言葉でも言えるようになってきた．Yくんは，Sくんが作る積み木やカプラにいつも憧れを持っていて，一緒に遊んだりマネッコを楽しんだりしている．男児の中で一番月齢が低く，少し幼いところがある．

　私はその日，コアラ組(2人担任)のクラスに一日入っていた．クラスの担任が早出だったので，夕方は私一人で子どもたちと過ごした．子どもたちは，好きな遊びを友達数名と楽しみ，ビー玉ころがし，カプラ，ビーズ，ぬり絵と4コーナー程に分かれて遊んでいた．私は，お迎えの保護者に今日の様子を伝えたり，「ぬり絵の紙はどこ？」「先生，折り紙ちょうだい」などの子どもの声に慌しく応じていた．そのときのエピソードである．

〈エピソード〉

　Yくんの「寄せてよ！」という今にも泣き出しそうな声が部屋に響いた．Yくんの視線の先には，ビー玉ころがしをして遊んでいるSくんがいる．Sくんは珍しく，こつこつ遊ぶことの多いAくんと仲良く遊んでいた．Aくんはビー玉をころがす

レールを上手に作れるので，Ｓくんは喜び，集中してよく遊んでいた．そのレールをうらやましく思ったＹくんが「寄せて」とやってきたのである．

　Ｙくんに対し，Ａくんは寄せてもいいよという態度だったが，Ｓくんは寄せたくなかったようだ．ＳくんはＹくんの「寄せて」が聞こえているのに，それに答えなかったので，Ｙくんの声はどんどん大きくなっていった．私が側まで行くと，Ｓくんは困った顔で「寄せたくない」とぽそっと言った．私がその訳を問うと「……だって，Ｙくん寄ったら壊すやろ？　今日だけは二人で遊びたいねん」と話した．今まで何度も一緒に遊んできて，Ｙくんが遊びに寄ったら壊れてしまうことが予想出来たのだろう．Ｓくんの気持ちがひしひしと伝わってきた．けれど，Ｙくんは「寄せて，寄せて」の一点張りである．

　とうとう困ったＳくんは泣き始めた．泣きながら，「Ｙくんは壊すから寄せたくないねん．今日だけは，二人で遊ばせてよ！」と，Ｙくんに訴える．困ったＹくんも大きな声で泣きはじめ，二人の泣き声が響いた．Ｓくんは自分の思いが通らないと，大きな声で泣いて思いを通すようなところがある．お互いに思いが通らないので，二人の泣き声はどんどん大きくなっていく．

　その間にも，次々と保護者のお迎えがあり，まわりの子どもも保護者もまたＳくんが泣いているといった表情を浮かべている．私は，正直，早くこの問題を解決したいと焦りもあった．しかし，どうしたらよいのか本当に困ってしまった．

　いつもは，叩いたり蹴ったりして気持ちを表現するＳくんが，今日はきちんと自分の思いを言葉で表現している．そして，Ｙくんが遊んでいるうちに壊してしまうかもしれないから嫌だ，というその気持ちも十分理解できる．また，Ｙくんの楽しそうな遊びに寄せて欲しい，壊そうとは思っていないのに，頭ごなしに壊すから嫌だといわれてしまって傷ついた気持ちもよくわかる．

　私が大人のルールで「寄せてあげなさい」と言ったり，あるいは，「今日だけは，ＡくんとＳくん二人で遊ばしてあげて」とＹくんに話したりすることも出来たけど，二人の思いが分かる分，勝手な大人のルールを押し付けられないな，という思いが強くなっていった．

　大声で泣いている二人に対し，「困ったなぁ．先生はＡくんと二人だけで遊びたいＳくんの気持ちも分かるし，寄せて欲しいＹくんの気持ちもわかる．そやし，どうしたらいいんかなぁ？　二人はどうしたらいいと思う？」と私の正直な気持ちをぶつけてみた．すると，二人はすーっと泣きやんだ．そして，Ｓくんは側から離れて行った．

　それからＳくんは自分の大好きなカブトムシをじーっと見つめていた．自分の気持ちを整理しているのだろう．私は「Ｓくんの気持ち分かるよ，どうしたらいい

か思いついたら先生に教えてね」と声をかけ，Sくんの側から離れた．

しばらくすると，SくんがYくんの側にきて「ごめんね，寄せてあげる」といい，3人で遊び始めた．

〈考察〉

Sくんは，自分の思いを主張したあと，Yくんの思いにも耳を傾け一緒に遊ぶということになった．今回のエピソードは私の心が揺れたエピソードである．後で私は，二人に対して満足のいく解決策を出すことが出来ず，二人の役には立ててなかったなという，何だか不甲斐ない気持ちになった．

私がどうしたら良かったのかはわからないけれど，二人の正直な思いが分かる分，早く解決させたいという私の勝手なルールではいけないなとそのときは強く思った．そして子どもの答えを待とうと考えた．子ども一人ひとり，いろんな思いや考えがあるから，それを受け止めて「こうしてみたら？」と言える場面もあるけど，難しいケースもある．保育士という仕事は常にその時々の判断を迫られている．臨機応変に機転を利かせて決めていかないといけない時もあるけど，一人ひとりの思いを聞きつつ，こちらの思いも伝え，一緒に考える時もあってもいいのかなと思った．

〈私からのコメント〉

エピソードからは，4歳の子ども同士の思いと思いのぶつかり合いと，そのあいだに挟まる保育者の思いの絡み具合が実によく読み手に伝わってきます．Aくんと二人だけで遊びたいというSくんの気持ちも，一緒に寄せてほしいと思うYくんの気持ちも，先生にはよく分かります．それぞれの言い分がそれなりに分かるので，保育者としては困って，「どうしたらいいかなぁ」と思わずつぶやいてしまいますが，結果的に，それが子どもたちに自分で考えさせる「間」を与えることになり，Sくんが考えた挙句にYくんが遊びに入ってもいいと思えるようになって，何とかその場が収まり，保育者としてほっとすることになったのでした．

このような子ども同士のトラブルの場面で，いま多くの保育の場では，このエピソードとは対照的に，保育者が主導してそのトラブルを早く収めようとする対応が目につきます．例えば，Sくんに対して，「そんな意地わる言わないで，Yくんも仲間に入れてあげてよ」とすぐさま促したり，それが駄目だとわかれば，「仕方がないからYくんは今日は先生と遊ぼうか」と直ぐに提案した

りと，すぐさま対応策を提示して何とか早くトラブルを収めてしまおうとする傾向です．そこには，「みんな仲良く」という願いや，「トラブルはいけない」という願いが潜み，早くその願いが実現されることが子どもの発達を推し進めることになるという思い込みが，そのような対応を導いています．こうして，大人が主導して「お互いに譲らせる」「トラブルを避ける」「仲良く遊ぶように導く」というように，保育者の教育的な働きかけが前面に出て，「させる」保育のかたちが生まれてくるのです．

これに対して上に紹介したエピソード記述では，保育者は研修で学んだ「受け止める」ことが大事という考えを念頭におき，それを実践しようとしました．しかし，それぞれの子どもの思いを受け止めてはみたものの，その先どうしてやればよいかよく分からなくて，本当に途方に暮れた模様です．そこで思わず「どうしたらいいんかなぁ」とつぶやいてしまいますが，それがＳくんに考えるきっかけと「間」を与え，Ｓくんはしばらく考えた後に，Ｙくんを遊びに入れることに気持ちを切り替えたのでした．

ここでのＳくんの譲歩は，ただ先生に言われて譲ったのではなく，自分の思い，Ｙくんの思い，そして先生の困った気持ち，の三つを自分の中で受け止め，考え直して（私はこのように周囲のことを考えられるようになることを主体の**「私は私たち」の面**と呼び，どうしてもこうでなければいやだという主体の**「私は私」の面**と対比させて，その両面がバランスされた状態こそ主体であることの要件であると考えています）注11)，Ｓくんが「私は私たち」に向かって一歩踏み出したことのように私には見えます．

ここでの保育者は，自分が子どもたちの思いを受け止めて対応したことが，結果的にトラブルが収まることに繋がってホッとしたという思いでこのエピソードを書いたのだと思います．しかしよく考えてみると，前のエピソードのＫくんと同様に，Ｓくんの「Ｙくんを寄せてあげる」という態度の変化をここであらかじめ完全に予測することはできません．むしろＳくんはすぐに手が出てすぐに泣いてしまう子どもと保育者に受け止められていたのですから，ここでＳくんがＹくんに譲ったことは，保育者にしてみれば思いもかけなかったことで，それゆえになおさら嬉しかったのだと思います．

保育者は日々の子どもへの関わりの積み重ねの中で，「この子はこんな子ど

もだ」というイメージをかたちづくり，それを基に，さまざまな場面での対応を紡ぎだしています．それと同時に，こうなってほしいというさまざまな期待も抱いています．それが「ある」を受け止める働きや，「なる」の芽が芽吹いていけるような誘い導く対応に繋がっています．

　そのような働きかけや対応の中で，たいていの場合子どもは，それまでの保育者のイメージの中にはなかった，その子の新しい面を見せてくれるようになります．それは子どもが自分で考えて，自分で状況を切り開いていくような面，「主体として育つ」という表現がぴったりするような心の新しい変容を告げる面です．エピソード1のKくんのエピソードも，エピソード2のSくんのエピソードもそのような場面だったのではないでしょうか．ここでは保育者の子どもの思いを受け止め，自分の思いを返す自然な関わりが，子どもが「なる」に向かう機会を与え，つまりは子どもが発達する機会を与えています．だからこそ，そこに現れた変化を保育者はSくんという子どもについての「新しい発見」だと意識し，それが保育者の喜びや元気の源になるのだと思うのです．ここで保育者が子どもに何かの力をつけようとしてこのような関わりをしているのではないことを確認しておきましょう．

　翻って考えれば，大人はまさにこうした子どもの内側から生まれてきた「なる」を素直に喜ぶこと，そして「何かができるようになる」ことを安易に目標にしないことが大事なのではないでしょうか．かつての素朴な子育てや素朴な保育にあっては，強い「させる」構えで子どもに対するのではなく，子どもの存在を素直に喜び，子どもの思いを受け止める「養護の働き」を子どもに丁寧に振り向けていました．それが子どもに自信と自己肯定感を育み，またそれが子どもの物事に取り組む意欲に繋がって，結果として何らかの内面の「なる」への変化が思いがけないかたちで現れ，それが子どもの成長する姿と捉えられていたのだと思うのです．そうして考えれば，子どもの成長は，身体面，能力面など，従来の発達の物差しで測ることのできる面ばかりでなく，従来の発達の物差しで十分に捉えられてこなかった心の面にも表れてくると考えられるはずです[注12]．

　逆に，今見たような一見何でもない，ちょっとした子どもの心の変容を「新しい発見」として喜ぶことは，従来の「できる，できない」の発達の見方によ

って覆い尽くされていたかに見える保育の営みの中に，僅かな裂け目やほころびを見出す意味を持ち，そこから発達の考えによって疎外された現状を突き崩して，本来の子どもの育ちを捉えることに向けて今の保育を考え直す契機にもなるものだと言えるのではないでしょうか．

　実際，先のエピソード1のKくんの「心の進級」は，あれができる，これができるという以上に，Kくんという一人の主体の内面の「なる」への変容を告げるものだと思います．またエピソード2で言えば，いつもは泣いてすぐ手の出るSくんが，今日は自分で考えて，「私は私たち」なのだという心の育ちに向かって一歩踏み出した場面だと言えます．これこそ，Sくんの主体としての心の育ちを紛れもなく示すものです．またYくんにしても，そのようにSくんから譲ってもらう経験のなかで，友だちの大切なものは壊さないようにしようと自分なりに考え，Yくんもまた「私は私たち」に向かって一歩を踏み出す意義深い一日になった可能性さえあると思います．

　そうしてみると，保育者がエピソードを書いてみたいと思う場面の一つは，一人ひとりの子どもの内面の「なる」について，何か「新しい発見」「新しい気づき」があったときだといえるでしょうし，その発見は，単にできることが増えたということではなく，主体としての心に表れた変容を捉えたものだといえると思います．そして，それをエピソードとして取り上げて，子どもの主体としての育ちを喜べるようになるということは，翻ってそれまでの発達の考えを再考することにも繋がり，それゆえに，保育の見直しにも繋がる重要な契機になると思われるのです．

　さて，これまでは心の面の「なる」が保育者の喜びになり，それゆえにそれをエピソードに取り上げることになるのだと考察してきました．しかし，「なる」への変化，つまり心の面の発達は単純に喜んで終わりといえるような中身ではなく，心の面の発達は常に両義的な意味を持つものだということを忘れてはなりません．その意味で，もう一つ保育者の書いたエピソードを提示しておきたいと思います．

エピソード3：「おねえちゃん」　　　　　　　　　　　　　　　　U保育士

〈背景〉
　年中児N子（4歳11ヵ月）は，父・母・弟（2歳10ヵ月）の4人家族．弟も2歳児クラスに通っている．おっとりとしていてマイペース．急かされたり，友達に注意されたり，苦手なことに直面すると，不安でいっぱいになり，自分の中で気持ちをコントロールできずに，突然何事かと思うほどの泣き方で「わぁ～～ん！」と泣き続けることが多い子である．年少児の頃は，異年齢クラスで共に生活していた年長児のD男が何かとN子を気にかけてくれて可愛がり，不安になった時は寄り添ってくれ，本児も「Dちゃん，Dちゃん」と慕っていた．
　そんなN子だったが，年中組になりお部屋に新しく年少児を迎えると，いままでと様子が変わってきた．たどたどしく話す年少児U君のことが気になるようで「U君，U君！」と世話を焼きたがる姿が見られるようになり，U君に慕ってもらえることが嬉しい様子．それが本児の自信にも繋がってきたのか，大泣きしたり，長泣きしたりすることがあまり見られなくなった．12月の発表会の練習では，同じ役の子が欠席だったため一人で台詞を話さなくてはいけなくなった時も，心配する私を横目に，堂々としており，びっくりさせられた．年下の子からも慕われ，保育者にも認められながら「N子も成長したな～」と思ってお正月休みに入った．
　ところが新年を迎えてみると，N子の様子が変わっていた．母の話によると，朝食までは元気だけれども出かける時間になると「保育園行きたくない」と泣くようになったといい，また園では友達と遊ばなくなり，常に保育者の傍にいて保育者と一緒に遊ぶようになって，保育者が離れたり活動と活動の合間（食事の準備等）になったりすると，「おかあさ～ん」と突然泣きだしたりする，といったような不安定な姿が見られるようになった．母の話によると，N子はお正月中，大好きなおばあちゃんにべったりで，保育園が始まる頃になると「N子，保育園に行ったら泣くから！」と自分で宣言していたとのこと．『今は，N子との関わりを最優先にしよう』と心に決めて過ごすうちに，私から離れる時間が少しずつ増え，今では，ニコニコ笑顔で登園してくるようになった．少し前は同年齢の女児との遊びが盛んに見られていたが，最近は年少児のU君（3歳11ヵ月）やY子（3歳10ヵ月）と遊ぶ姿が見られている．この日，U君はお休みで朝からずっとY子と遊んでいた．

〈エピソード〉
　おやつの時間が始まり，お昼寝から起きて着替えの済んだ子から，ふれあいルームへおやつを食べに行く．N子とY子はいつもすぐには行かず，終わり頃に保育

者に声を掛けられて食べに行くことが多い．この時も殆どの子ども達が食べに行っている保育室で，ゆったりと二人でカードゲームを楽しんでいた．坊主めくりにかるた，絵合わせゲーム，等．かるたではＮ子がたどたどしく読み，二人で探している．「どちらが沢山取れるか」は関係がなく，読み札のカードが何処にあるかを「二人で協力して見つけること」を楽しんでいるようだった．お昼寝後のゆったりした時間・空間の中で，そんな二人の姿がとても微笑ましいなと思って，私は近くで他児の着替えの手伝いをしながら見ていた．すると二人が一緒に坊主めくりをしようと誘ってきたので，「これ終わったら，おやつ行こうね」と約束して始める．遊んでいるとＮ子が「おしっこしたくなった！　おねえちゃん，トイレ行ってくるから，まっててね！」とＹ子に伝え走って行った．

　私は，「おねえちゃん」という言葉を聞いた瞬間，『あっ！　いつものＮちゃんに戻った！』と感じて嬉しかった．私は何だかウキウキした気分になって，隣のＹ子に「おねえちゃん？」と，わざと驚いて聞き返すような感じで，でも微笑みながら言葉掛けると，Ｙ子もにんま〜りと笑いながら体をくねらせ，「おねえちゃんやってぇ〜」と言い，『変なの〜』といわんばかりの感じだった．でも，その一言がとても嬉しそうなのが伝わってきて，お互いにそれぞれの嬉しさを味わうようにクスクスと顔を見合わせて笑った．

　〈考察〉

　毎日意欲的に園生活を送っていた頃，よくＵ君やＹ子の世話をしながら年下の子どもには「おねえちゃん」と言っていたのに，新年が明けると何処か不安定で，保育者を心の支えとして生活している時は自分のことで精一杯という感じだった．反対に年長児の女児がＮ子のことを心配して優しく声を掛けてくれたり，体をそっと支えてくれたりしていて，そんなときＮ子は「Ｎ子……Ｎ子……」と自分のことを名前で言っていた．なので，「おねえちゃん」とＮ子の口から自然に出た時は，『あぁ，いつものＮ子ちゃんだ！　年下の子を思える心の余裕が出てきたんだ』と私は単純に喜んだ．

　この時は，「いつものＮ子に戻った」と思ったが，この場面を連絡帳に書いて返した翌日，母親から「弟と遊ぶ時に，いつもお姉ちゃんの番ね〜とか声を掛けているので，ついお姉ちゃん！と言ってしまったのかも……」と記入されていた．『そうだよな〜家でもお姉ちゃんやってるんだよな〜』と考えると，Ｎ子が「おねえちゃん」と言った一言がとても重く感じられるようになった．そして「年下児のお世話をしてくれるＮ子ちゃん（＝いつものＮ子ちゃん）」ばかり見ていたんではないだろうかと反省した．正月明けにＮ子が不安定になった時には，『今は，Ｎ子を最

優先に』と心に決め，よく二人で坊主めくりをしたり向かい合って遊んだりしたが，それまではこんな関わりがなかったなあと振り返る．N子が年少の頃はあんなに泣いてばっかりだったのに，年中になり年少児を迎えてお姉さんらしくなってきたことばかりに目がいっていたように思う．異年齢保育の中で年上の子が年下の子を可愛がらなければいけないと子どもが思ってしまうような，そんな保育にならないよう努めてきていたつもりだったが，今回のN子の姿から改めて自分の保育の振り返りが出来た．年上の子が自然と小さい子を可愛い，愛おしいと思い世話を焼こうとする姿を認めながらも，その子自身も愛しいと思われているんだよということをスキンシップを図りながら伝えていきたいと思う．

　N子のように，年少児の時には年長児に支えられ，年中児になると今度は自分が年下の子を可愛いと世話を焼きたがり，また，家庭ではお姉ちゃんだがクラスでは年長児が自分が寂しい時に心配して寄り添ってくれるというように，幼児期は色々な年齢の子ども達や大人と関わりながらコミュニケーションの力を育てる時代だと思う．大きくなりたい自分，でも自信がない自分に葛藤しながらも，身近に生活を共にする友達や大人との縦や横の関わりが子ども達を育てていくのだろうと思う．「おねえちゃん」の言葉の中には，大きくなった喜びや頼られることの嬉しさを感じる面と，「おねえちゃん」になろうとして頑張ったり我慢したりしている面の両面があることを気にとめながら，保育していきたいと改めて思う．

〈私からのコメント〉

　自分を「N子」と呼ぶときと，「おねえちゃん」と呼ぶときの，ちょっとした違いから，自分のことで精一杯の不安定な状態と，周りを気遣う余裕のある状態との違いに気づくというのは，日頃から子どもの思いを丁寧に受け止めて関わっている保育者ならではのものだと思います．泣いて気遣ってもらうだけの状態から，自分を「おねえちゃん」と呼んで年下の子どもを気遣うところに，確かにN子ちゃんの心の面の「なる」があるのですが，それが手放しで喜べるようなものかといえば，〈考察〉にあるように，「頼られることの嬉しさを感じる面と，おねえちゃんになろうと頑張ったり我慢したりしている面の両面がある」というように，両面の捻じれた思いがその裏にあることを認めないわけにはいきません．そのことへの気づきこそ，心の面の「なる」の本質を告げているように思います．つまり，能力面の「なる」は手放しで喜ばしいといっても通用すると思いますが，心の面の「なる」はたいてい，いまのような両義的

な二面を持っていて，主体の「私は私」の心と「私は私たち」の心の二つが捩じれながら複雑に練り上げられていくかたちになるのが一般的です[注13]．しかし，そういう心の育ちを経てはじめて，子どもは次第に「大人になる」ことへと近づいていくのです．

「おねえちゃん」という一言の表現の裏側に一人の子どもの複雑な思いがあること，そしてそれに分け入ろうと思えば，その家族関係や保育園での友達関係など，その子を取り巻く対人関係に踏み込まなければならないことが，このエピソードからよくわかると思います．ここでは文脈が違うので詳しく触れませんが，異年齢保育に関しても，この保育者の〈考察〉は大変優れたものであると思います．

こういうエピソードを読むと，このような心の面の「なる」こそが子どもの発達だという思いを禁じ得ません[注14]．そしてそこから，先にも述べたように，従来の目に見える「できる」ことの集積として発達を見る見方を超えて，従来とはまったく違った子どもの発達を描き出していけるかもしれないと思われてきます．

第3節　書き手の「声」が聴こえるという問題

保育者のエピソード記述を読むことから見えてきたもう一つの重要な私の気づきは，書き手である保育者の「声」が聴こえるという経験でした．

(1) 書き手の「声」が聴こえる

保育の皆さんの描く多数のエピソード記述を読むと，実にさまざまな声や音が聴こえてくることに気づきます．子どもたちの声，保護者の声，同僚の声はもちろん，さらには保育の場のざわめきや静まり返った様子さえも聴こえてくる感じがあります．それぞれのエピソード記述に盛り込まれたそれらの声や喧騒や静謐は，そのエピソードに登場する人物が，いまどのような状況下で，どのように生きているか，また保育がどのように営まれているかを生き生きと告げてくれます．そしてエピソードに書き込まれた声や音は，文字面が示す意味を超えて，その場の力動感を読み手である私に生き生きと伝えてくれます．

しかし何よりも印象的なのは，そのエピソード記述から書き手の「声」が聴こえてくるように感じられることです．もちろん，その「声」は書き手の肉声そのものではありません．一群の綴られた文字の奥から聴こえてくる「声」，そういってよければその書き手の人柄といってもよいような「声」，つまり主体としての「声」です．それは保育の場で，子どもたちに関わる中で生まれた書き手の喜び，満足，辛さ，悲しみ，不満など，まさに悲喜こもごもの保育者の生にまつわる多声的な「声」でもあります．もしもこうしてエピソードに書き出されなければ，その保育の営みも，そこで生きている保育者の思いも，時間の流れの中で跡形もなく消し去られてしまっていたはずです．そこのところで，このように一旦エピソードに書き出されてみると，読み手にはその保育の営みが目に見えるかのようであり，また保育者のさまざまな思いが「声」となって聴こえてくる感じがするのです．

　このように保育者たちの「声」がエピソード記述から聴こえてきたことから改めて思うことは，これまで保育の営みについて，その保育の経過や活動の経過を示す記録は多数なされてきたにもかかわらず，そこから保育者の「声」が聴こえてくることはほとんどなかったということです．事実，これまで保育の世界では，「記録は客観的でなければならない」という主旨の下，保育者が黒衣になったまま，「誰が書いてもこのように」というスタイルで記録を書くことを保育者に求めてきていました．「客観的な記録でなければならない」という考えは教育の世界でも看護の世界でも介護の世界でも同様のようで，そこには「客観科学」の側からの強い影響があったことはいうまでもありません．

　ところがエピソードを書くことを通して，保育者たちの多くは，その保育の場で自分がいろいろな思いで子どもに関わっていること，そしてその思いを抱えて自分がそこで主体として生きていることを実感したようでした．それというのも，エピソード記述は何よりもその出来事を経験した当事主体である保育者が，その経験をあるがままに描くことであり，それゆえそこには自分の一人称の記述が盛り込まれることになるからです．「子どもたちを集団として動かしているだけと錯覚していたけれども，自分の関わりが結局は子ども一人ひとりを主体として育てることに繋がっていたのだということを，エピソードを書いてみて改めて気づいた」と述べる保育者が多数いました．そしてそのように

述べる保育者は一様に，保育の仕事に従事していることの責任と生き甲斐を感じたようでした．つまり保育者はエピソードを書くことを通して，これまでの保育記録や保育日誌と，エピソード記述とは大きく異なるものであることを実感し，そこからまたこれまでの記録の不十分さに気がついたようでした．

いま保育の現場は，さまざまな保護者ニーズに応える必要もあって，途方もなく厳しい現状に晒されています．それにもかかわらず，保育者たちはエピソードを書くことを通して自分の保育に前向きの姿勢を示すようになり，保育者アイデンティティを確認するようになりました．エピソードを書くことは，それまで失われていた自分の主体としての「声」を取り戻し，自分もまたいろいろな思いを抱いて保育の仕事に従事している一人の人間であることを確かめる契機になったのだと思います．

(2) 失われていた「声」を取り戻す——これまでの保育記録の問題点

「関与観察とエピソード記述」という私の方法論は，元来，私自身が自分の研究を素朴に展開していく際にとっていた手続きを振り返り，それを自覚的に捉え直す形でまとめられたものです．『エピソード記述入門』の序章には実践の立場の人たちのことを念頭においた記述も目立ちますが，全体としてみれば，学生や院生の指導上に必要であるという意識が強く，力点は院生や研究者が自分の経験した場面を如何に描くかというところに置かれていました．ですから，エピソード記述を読み手として読むところ，書き手の「声」を聴くところに力点が置かれていたわけでは必ずしもありません．

ところが，上に述べたように，保育現場にエピソード記述が浸透し，私自身，多数のそれを読んでみたとき，そこから書き手である保育者の「声」が聴こえてくる思いがし，また保育者が自分の「声」を取り戻す喜びを，研修の場で保育者自身の肉声を通して聴くことができました．確かに『エピソード記述入門』でも読むことの大切さには僅かばかり触れています．しかしながら，保育の皆さんの多数のエピソード記述を読むまで，私はエピソード記述に保育者自身が自分の「声」を取り戻す意味があることに，正直言って気づいていませんでした．

これまでの「客観的な記録」を書かなければという思いの中で，保育者たち

は自分自身を黒衣にし，自分の実践者としての生を消し去り，向こう側の子どもたちの姿だけを描いて，結果的に自分の「声」を失ってきたのでした．

そのことに気づいてみれば，あらためてこれまでの保育の記録の仕方が問題になり，それをリードしてきた客観科学としての心理学や保育学の観察や記録の問題が浮上してきます注15）．そこでまず，そのことを確認する意味で，保育の場のもっとも基本的な保育記録（つまり「客観的な記録」）である保育の経過記録と，保育者が自分の保育場面を描いたエピソードとの違いを具体的に見てみましょう．そこから，従来の客観的な記録では自分の「声」が失われてしまう事情，エピソードを書くことを通して自分の「声」が取り戻される事情が分かるはずです．そして，事象を客観的に（客観主義的に）書くことと，そこでの自分の体験を忠実に描くこととの違いが浮き彫りになるはずです．以下は『保育のためのエピソード記述入門』（鯨岡・鯨岡，2007a）で取り上げた経過記録です．

1）保育の場における経過記録

「〇月×日．今日は，お集まりの後に，はと組さん（3歳児クラス）は全員で〇〇公園にお散歩．3人の保育士が引率．途中，コンビニの角の交差点のところでUくんが散歩の犬に手を出しかけて吼えられ泣いたが，それ以外は何事もなく公園に到着．全員公園の固定遊具で遊ぶ．Sちゃんが初めてブランコの立ち漕ぎに挑戦して保育士みんなで拍手．NちゃんとAちゃんはあづまやのところで二匹のカマキリが戦っているのを見つけ，その近辺にいた子どもがみな集まってその戦いの成り行きを見守った．今日は暑かったので，早めに水分補給をして，帰路に着く．帰り道，Nくんが他所の家の垣根の葉っぱに黄アゲハの幼虫を見つけたので，もうじきこれがチョウチョウになるよと説明した．11時20分に園に帰り着き，すぐに昼食の準備に取り掛かった．……」

保育の営みを描き出すとき，そこでの出来事の客観的な経過を無視することはもちろんできません．ですから「出来事を客観的に描かなければ」という主旨そのものが間違っているわけではありません．しかし多くの保育者は，そしてまた養成校の指導者も，客観的に描かなければならないのだから，記録は「誰が見てもこう書くはず」という書き方にしなければならないと考えたようでした．そのように考えてしまったために，保育の営みのもっとも重要な部分，

つまり子どもの心の動きを自分がこのように捉えたという部分や，そこで自分が考えたことや思ったことなどは，主観的なものであるから記録に盛り込んではならないと考え，起こった出来事をできるだけ客観的に，淡々と時系列に沿ってできるだけ遺漏なく書くことが大切だと考えることになったのでした．

　上の経過記録は，書き手がその日の午前中に起こったことをできるだけ客観的に時系列に添って書こうとしたものです．なるほどそこには，自分の目の前で起こった出来事を記す部分も僅かながら含まれてきています．例えば，「Nくんが黄アゲハの幼虫を見つけたので，もうじきこれがチョウチョウになるよと説明した」というような部分です．しかし，それ以外は，「誰にとってもそこで起こったのはこういうことだった」というように客観的な記録にとどめようとする姿勢が強く，自分がそこで経験したことをそのまま書くという姿勢はそこにはうかがえません．

　ですから，集団全体の動きや子どもたちの行動は描かれていますが，書き手である保育者は黒衣のままで，そのためにそこからは書き手の「声」がほとんど聞こえてきません．それが淡々とした書き方を生み，「誰が書いてもこう書く」という性格をこの記録に付与しているように見えます．

　このような記録からは，確かに午前中の保育の客観的経過（リアリティ）は分かりますが，しかしそこにあったはずの生き生きした保育の営み（アクチュアリティ）はこの記録からはうかがえません．だからこそ，この経過記録を読んだ一般読者は，保育など簡単なものだ，単に子どもを公園に連れて行って遊ばせておき，時間がきたら園に連れて帰って食事，午睡へと流れていけばよいのだと誤解してしまうのです．ところが実際の保育の営みは，一人ひとりの子どもがそのときどんな気持ちでいたのか，保育者はどのようにそれぞれの子どもの気持ちを受け止めたのかというように，子どもの気持ちと保育者の気持ちが複雑に結びついたり途切れたりして動いていっています．その日に見えない，子どもの心の動きと保育者の心の動きの繋がりや途切れこそ，保育の中核をなす部分です．にもかかわらず，それがこの経過記録では見事に消し去られています．これを読んでも保育者の「声」が聴こえてこないのは，まさに保育者のその思いの部分が記録から消し去られているからに違いありません．

　例えば，Sちゃんがブランコの立ち漕ぎに初めて挑戦したこと，それに保育

者たちが拍手を送ったことは、客観的に起こった出来事として確かに描かれています。しかし、そのSちゃんがどんな思いで立ち漕ぎに向かったのか、立ち漕ぎしたときにどんな思いでいたのか、それを担任保育者はどんな思いで受け止めていたのか、どんなふうに声をかけようと思っていたのか、というように、保育の最も重要な部分がこの記録には描かれていません。だからこそ、これを書いた人の「声」が聴こえてこないのだし、書き手は「誰が見てもこのように書く」ということを実行するだけの、没個性的な記録者のような印象を受けるのです。

この経過記録の中から、Sちゃんの立ち漕ぎ場面を担任保育士がその時の自分の思いを交えて自分の経験した通りに描き直したエピソードが次のものです。

2)「立ち漕ぎ」場面のエピソード　　　　　　　　　　　　　　M保育士

　Sちゃんは、普段はおとなしく、積極的に自分からこうしたいと思って遊ぶ子どもではありません。いつも周囲の子どもたちのすることを見ているばかりで、自分から遊びの輪に入ったり、自分から友達を誘ったりする姿がなく、そのことが私にはいつも気になっていました。公園に出かけても、いつも他の子どもが立ち漕ぎをしているのを羨ましそうに見ているだけでした。

　ところがそのSちゃんが、今日は、それまで立ち漕ぎしていたN子ちゃんがブランコを降りて滑り台の方に行ったすきに、初めてブランコの台に自分から立ったのです。私が『へえー、今日はどうしたんだろう、いつもは見ているだけなのに』と思って見ていたところで、Sちゃんは最初はこわごわと、それからゆっくり慎重に立ち漕ぎを始めました。そのSちゃんの姿を見て、私は思わず『Sちゃん、すごーい！　立ち漕ぎできたね！』と声をかけ、それに気づいた周りの保育士たちも、一斉に拍手してSちゃんを誉めそやしました。そのときのSちゃんは、いつもの無表情のSちゃんではなく、得意な表情のSちゃんでした。

この文章を読むと、担任保育士はこれまで、Sちゃんの引っ込み思案な様子を普段から気にかけていたことが分かります。そういう〈背景〉があるところに、Sちゃんが自分からブランコの台に立つという出来事が生まれ、それを見た保育者には、「へー、どうしたんだろう」という気持ちが湧き起こります。それは、普段のSちゃんの様子とは違うことへの驚きや新しい発見の予感の

気分だったに違いありません．そして実際にＳちゃんの立ち漕ぎが始まってみると，それまで自分がＳちゃんに抱いていたネガティブな見方が覆されると同時に，思いもかけないかたちでＳちゃんが自分で自分の殻を破ってくれたことへの喜びがこの保育者に込み上げてきます．それが「すごーい」という声が思わず紡ぎだされてしまう理由です．そして保育者たちの映し返す声や拍手を聞いたとき，Ｓちゃんは自分で始めた今日の挑戦の意味が自分にも分かって笑顔になったのでしょう．

　何かをさせて力をつけることに主眼をおいた保育から見れば，このようなエピソードは確かに取るに足らないエピソードかもしれません．しかし，書き手であるこの保育者は，普段から元気な子や元気のない子に取り囲まれ，その中で子ども一人ひとりを気遣い，それぞれの思いを受け止めながら，それぞれの子どもが少しでも元気に保育の場を過ごせるように，その都度，子どもの思いに丁寧に応えるかたちで保育を紡いできていたに違いありません．そういうさまざまな思いを持った保育者と，またさまざまな思いを抱えた子どもたちが，思いと思いをぶつけ合ったり，受け止め合ったりしながら，共に生きることが保育の営みなのです．

　確かに，期待通りに動いてくれたり，くれなかったりと，子どもはいろいろな姿を見せ，保育者を喜ばせたり悩ませたりします．しかし，いつも同じところにとどまっている子どもは一人としていません．子どもたちは保育者とその場を共に生きる中で，みなそれぞれに何かの「なる」に向かって変化し，それが保育者には一人ひとりの子どもの育つ姿，新しい発見と映ります．それが結果的に子どもの成長に繋がるのです[注16]．

　これまでの議論を振り返って見ると，従来の保育の経過記録や活動の記録には「記録は客観的でなければならない」ということについての思い込みがあったことに気づきます．つまり，「客観的でなければならない」ということを，「誰にとってもこうだった」という面だけにとどめなければならないと考え，「自分にとってこうだった」をそこに含めてはならないと思い込んでしまったことです．しかし，保育の営みの機微を描き出すためには，「誰にとっても」の枠内に止まっていたのでは十分でなく，「**誰にとってもこうだった**」を満たしながら，なおかつ，「**自分にとってこうだった**」の部分を大事なこととして

描き出さなければなりません.しかしながらこれまでは,「自分にとってこうだった」を描くことは「書き手の主観が入るから」という理由で記録から排除されてきたのでした.

　そして,「自分にとってこうだった」を消し去った瞬間,保育者が一個の主体としてその場にいることも消し去られ,その結果,保育者は自分の「声」を失うことになったのでした.エピソードを書いた保育者が,「書くことを通して自分が保育者であることのアイデンティティを確認することができた」と語ったり,「何度も保育の仕事をやめようと思ったけれども,こうしてエピソードを書いてみて,子どもを育てる仕事がどれほど大事かを改めて思うことができ,保育の仕事に就いてよかったと思います」と語ったりするのを聞くとき,それはまるで自分の失われた「声」を取り戻した喜びのように私には聴こえました.

(3) 研究者が自分の「声」を取り戻すこと

　保育者はエピソード記述を通して自分の「声」を取り戻し,それによって保育に前向きになることができました.そのことはただちに,これまで研究者の「声」はどういう成り行きになっていたのかという疑問に繋がります.そこから振り返れば,私の関与観察とエピソード記述の方法論は,研究者がその研究に自分の「声」を取り戻す意味を持つものであったことが改めて見えてきます.

　これまで私は,従来の行動科学的観察の枠組みが観察者を黒衣にするのは,「誰にとっても」という観察の客観性を担保し,それによって一般性,普遍性を目指すことが可能になるからだと指摘してきました.そしてそれを裏返して,私の方法論は,観察者を黒衣にしないこと,観察者自身の感じたことや考えたことを観察の大事な一部として取り上げること,従って対象の側を描くだけでは不十分であることを主張してきました.これまでの議論の流れに従えば,従来の行動科学の枠組みは,観察者＝研究者を黒衣にするために研究者は自らの「声」を失うことになり,これに対して私の方法論は観察者＝研究者が自分の「声」をその研究に取り戻す試みであったことが分かります.つまり,観察者が無関与で黒衣だということは,自分が主体としてそこに居合わせていることを消去し,そのとき同時に自分の声をも失うということであり,これに対して

私の立場は，観察者が主体としてそこに居合わせ，自分の「声」で語ることを意味します．行動科学との違いは，まさに「声」を失うか，「声」を読み手に届けるかの違いでもあるというかたちで議論できそうな気がします．

　実際，生身の観察者が関与する場において相手に何らかの関わりを持つとき，そこで何も感じないままに，観察対象の行動だけを切り取ることは，ほとんどありえないことではないでしょうか．例えば，家庭で虐待に近い扱いを受けている子どもが，保育の場で他の子どもに乱暴をするとき，観察者はそこで何も感じないでしょうか．そしてその子の乱暴な行動だけを生活の場から切り離して取り上げ，その行動を抑え込むような対応を保育者がとっているのを見ても平気でしょうか．もしも観察者がその場でその子の乱暴な様子の裏に，言葉にできない深い苦しみや悲しみ，つまり，乱暴はいけないと分かっていてもそうせざるをえないというような苦悩を感じ取ったとき，その場面を描くとすれば，自然に自分の価値観，子ども観，保育観と絡めながら，自分の感じ取った中身を「私は……」と一人称で綴り，自分にとってのその場面の意味を他者に伝えようとするのではないでしょうか．

　いうまでもなく，これが私の関与観察とエピソード記述の基本的な立場ですが，その経験を一人称の立場で綴る以上，それは自分の「声」を読み手に届ける意味合いを持つはずです．そして，「声」に注目してみると，「声を届ける」と「声を聴く」との相互性が視野に入ってきて，エピソード記述は書くことばかりでなく，読んで書き手の「声」を聴くこともその中心に来ることが見えてきます．そのことによって，これまでの私の方法論の視野は大きく広がるように思われました．

　もちろんこれまでにも，インタビューにおける協力者の生の声，子どもたちや青年たちの生の声，あるいは患者やその家族の生の声など，個別具体の生の営みに接する中で，私のエピソード記述の問題意識の中に「声」の問題はありました．しかし，これまでの議論を踏まえれば，単に生の声を収録するところに私の研究の主眼があるのではなく，そのように生き生きした生の営みに研究者自身が接近しながら，その「生の営みの裏面にある意味を掘り起こし」，それを研究者が自分の「声」で語ることが問題なのだということが改めて見えてきます．ですから，そこでは観察者＝研究者がどういう価値観や思いをもって

その場に臨み，当事者たちの生の声をどのような思いで聴き取り，それにどのように応えようとして自分の「声」を発するかが常に問われます．そしてそこでの研究者の思いがさまざまなエピソードを通して「声」となって読み手に届くのでなければ，その研究は読み手にインパクトを与えないということも見えてきます．

『エピソード記述入門』において，私は初めて読み手の了解可能性という問題を考えるようになりましたが，それは今の議論の流れでいえば，エピソード記述は書き手の「声」を読み手に届けようとする努力であり，その「声」が聴き手に届いてこそ，そのエピソード記述に対して読み手の了解可能性が生まれるのだと考えることに繋がります．

(4) 書き手の「声」の復権は，一人称の記述の立場の復権を意味する

『エピソード記述入門』でも指摘したように，私の方法論においても，「誰にとっても事象はこのようであった」という事象の客観的な面は重視されなければなりません．そのことを認めることは，しかし，行動科学の枠組みを認めることではありません．生起した出来事を客観的に見る姿勢は重視されなければなりませんが，同時に，その事象を経験するのはその場に居合わせた私自身であり，それゆえその事象が「私にとってどのように経験されたか」が合わせて提示されなければなりません．そのように主張するところに，私の方法論の特徴があります．つまり，「誰にとっても」の部分は当然三人称の視点に立った記述になりますが，「私にとって」の部分は一人称の記述にならざるを得ません．そこに一人称の記述が入るからこそ，読み手には書き手の声が聴こえてくると思われるのです．要するに，エピソード記述は「誰にとっても」と「私にとって」の両面を必要とするということです．

これまでの行動科学は，客観主義に徹しようとして，三人称の記述の立場を護ろうとし，結果的に研究者(書き手)の一人称の記述を排除してきました．その意味では，エピソード記述は書き手の一人称の記述の復権を意味することになります．しかしながら，エピソード記述において書き手の一人称の記述の部分や一人称の視点が大事になるからといって，私は自分の考えるエピソード記述を「一人称の心理学」と呼ぶつもりはありません．エピソード記述は「私は

○○と思った」という独白の寄せ集めではないからです．そこには，出来事はこのように起こったという，「誰にとってもこうだった」という部分が含まれ，それが読み手を同じ舞台に招じ入れる大きな役目を持っています．そこは三人称の記述によるしかありません．しかも，エピソード記述の考察（メタ観察）は，第三の目（反省する目）で超越的にその出来事を見る視点によってなされるものですから，一人称を強調することは誤解を招きかねません[注17]．

　実際，研究者がインタビュアーになって協力者と語り合う場面では，研究者も協力者も確かに一人称で語り合っています．しかし，語り合っているときの一人称の語りと，研究者がその語り合った資料を基に，いったん超越的な立場に立って（第三の目で）その語り合いを振り返り，その上で，その研究者が「私はこの資料をこのように考察する」と語るときの一人称の記述とでは，明らかに語りの次元が違っています．そのことを念頭に置けば，「声」の復権や「一人称の復権」を主張するとはいっても，「誰にとっても」の面を見失ってはならないことはもちろん，超越的な視点の重要性はやはり強調しておかなければなりません．

　このことは特に，研究者も当事者の一人としてなされる「語り合い」において，研究者と協力者が同じ地平に立って，お互いに「そうそう，分かる，分かる」と言い合っているときに言えることです．つまり，その「分かる，分かる」というときの当事者としての一人称の声を，研究者の立場で（超越的な立場で）どのように取り上げてよいかを，やはり研究者は深く考えてみなければなりません．協力者と同じ立場だからこそ容易に同調できる部分がある一方で，研究者は超越的な立場，つまり第三者の視点に立って，その「分かる」の一人称の声の出所に辿りつき，今度は研究者として別次元の一人称で主張するのでなければならないからです．

　さらに保育者のエピソード記述を読んで，その中に書き手の声を聴く研究者の立場を考えると，一方では，そこに登場する子どもや保育者の思いに読み手である自分の気持ちを重ね，子どもや保育者の思いの中に声にならない声を聴き届けること，他方では超越的な立場に立って（「第三の目」で見て），保育者が子どもの許に聴き届けた声が，自分の研究者の立場でも聴けただろうかとか，保育者の対応に別の可能性はなかったかなど，研究者には研究者なりの役割が

あるようにも思え，それを突き詰めることが質的研究に繋がるのではないでしょうか．

そうしてみると，書き手の「声」という，保育者たちのエピソード記述に触発されて立ちあがってきた私にとっての新しい問題は，書き手としていかに自分の「声」を読み手に届けるかという問題と，読み手として，書き手の「声」をどのように聴くかという，双方向の問題を新たに私の方法論に切り開く意味を持つことに気づきます．

(5) 一人称の記述の復権は，そのときの力動感を記述することや間主観的に分かることの問題に通じる

今見たように，エピソード記述には私にとって「こう感じられた」「こう思われた」というように「間主観的に分かった」部分が含まれ，しかもそれがその出来事の核心部分をなしていることがしばしばあります．そのような「間主観的に分かった」部分は，まさに一人称で描き出さなければ，その体験に迫れません．私は「間主観的に分かった」部分を取り上げることが，行動科学の枠組みと正面切って対決することに繋がると考えて，自分の研究を展開してきました．ですから，この部分はエピソード記述の方法論にとっても要の部分です．ところが，これまで述べてきたことから分かるように，その部分は一人称で記述するしかありません．つまり，間主観的に分かったということを含む体験は，あくまでその体験をしたその人が一人称で語るしか，読み手はそこに迫ることができないということです．書き手からすれば，そこでの体験のアクチュアリティを読み手に伝えようと思うからこそ，そこで感じ取った力動感を描き出し，またそこで感じ取った相手の思いを，「自分にはこのように感じられた」と描き出すのです．しかしながら，これまで私は二人のあいだで感じ取られる力動感や間主観性の問題を書き手の一人称による記述の問題，つまり書き手の「声」と結びつけて考えることはしてきませんでした．これは私が保育の皆さんのエピソードを多数読むことを通してようやく行き着くことのできた新しい視点だと言えます．ここから，力動感や間主観性の問題についても，少し違った角度から光を当てることができるように思われます．この点については第4章で詳しく論じてみたいと思います．

第4節　なぜ〈背景〉が重要なのか──
事象の個別具体性，主体の固有性の再認識

　保育者たちの描く多数のエピソードを読み，また保育の場で同僚同士がエピソードを読み合って自分の保育を振り返る様子に立ち会うなかで，私は一つのエピソードを理解するためには，具体的な背景や文脈や状況など，エピソード記述においてこれまで〈背景〉と呼ばれてきたものが，それまで考えられてきた以上に重要な意味をもつことを再認識させられることになりました．

(1)〈背景〉が欠かせないことの意味を再考する
　『エピソード記述入門』においてはもちろん，すでに『関係発達論の構築』(1999a)においても，私は〈背景〉の重要性を取り上げてきていました．しかしながら，保育の皆さんのエピソード記述研修会では，必ずといってよいほど，「エピソードの〈背景〉を書くのが難しい」「どこまで〈背景〉を書けばよいか分からない」という質問が出ます．
　ところが他方で，さまざまな園から保育者が集まってくるエピソード記述の研修会では，逆に「もっと〈背景〉を詳しく知りたい」「〈背景〉が不十分なのでエピソード場面を想起することが難しい」という意見もしばしば出されます．
　こうした相反する保育者の疑問を通して，私はこれまでのエピソード記述の方法論における〈背景〉の意味や位置づけをもっと考え直さなければならないと思うようになりました．私はこれまで，自分の書いた〈エピソード〉を読み手に理解してもらう上で，そこに登場する人物の背景情報や，そのエピソード場面が生起する状況などの背景情報が必要になるという程度の意味で，〈背景〉の必要性を指摘してきたに過ぎませんでした．しかしながら，保育の皆さんの疑問や要求の出所を考え，改めて〈背景〉は何のために必要なのかを考えるうちに，少し整理がついてきました．
　まず保育者たちがなぜ〈背景〉を書くのが難しいと嘆くのか，なぜどこまで書けばよいかと迷うのかを考えると，〈背景〉もまた，エピソードと同じように，何を「図」にするか(何を〈背景〉に取り上げて書くか)が問題で，だから

その切り取り方が難しいと感じられるのだということが見えてきました．つまり，エピソードばかりでなく，〈背景〉もまた，読み手を説得する(読み手に分かってもらいたい，読み手に共有してもらいたい)という観点から切り取られ，提示されるものだということです[注18]．

それとは逆の「もっと〈背景〉を書いてもらわないと分からない」という主張も，それだけ読み手が書き手の立場に自分を重ねようと思うからであり，あるいはエピソードが生起するその生活世界をより深く知りたいと思うからである，ということに気づきます．ですから，一見，逆の主張に見えますが，いずれの場合も，それほど〈背景〉を共有することがエピソードの意味を理解する上に欠かせないことを示唆しているのです．ちなみに次のエピソードを通して〈背景〉の重要性を考えてみます．

エピソード4：「生きてる音」　　　　　　　　　　　　　　　　　　K保育士

〈背景〉

Dくん(4歳)とMちゃん(6歳)は，4人兄弟の2番目と3番目の姉と弟．とても明るく，朗らかな姉弟で，小学2年生の長女，2歳の三女と仲良く遊んだり，けんかをしたりと家庭でのほほえましい様子をこまめに保護者が連絡帳等で伝えてくれる．父母も大らかな子育てをなさっており，子どもたちのやりたいことを面倒がらずにやらせてあげている姿をかいま見ることも多く，頭が下がることもしばしばだ．そんなことが影響しているのか，Dくんは発想がおもしろく，おもしろいことを言ってびっくりさせられたり，笑わされたり，感心させられたりすることがしょっちゅうある．しかし父が最近大病を患い，手術・入院と続き，子ども達もその間寂し気だったり，甘えてきたりすることが時々見られた．父の退院後はまた元気な笑顔を多く目にするようになり安心していた．私は今は主任という立場で，朝夕しか一緒に遊ぶ機会がなく，寂しさを感じながらも，このDくんやMちゃんたちのユニークな発言を耳にするたびに，かわいいなとほのぼのとした気持ちになっていた．父が手術した後，「おなかに傷がある」とDくんが目を丸くして私に教えてくれたが，心配そうな表情も見られたので，「とうちゃん早くげんきになったらいいねえ」と話をしたりしていた．

〈エピソード〉

冬の寒いある朝，登園してきたMちゃん，Dくんと3人で「寒いね～」と言い

第1章　保育の現場とエピソード記述

合って室内で体をくっつけたり，さすったり，抱っこしたりして遊んでいた．Dくんが，座った私のひざに立っておしゃべりしている時，ちょうどDくんの心臓が私の目の前にあり，耳を押しあてると，トクトクと心臓の鼓動が聞こえてきた．「Dくんの心臓の音が聞こえるよ」と言うと，Mちゃんに教え，Mちゃんも耳を押しあてて「ほんとだ！『生きてる音』がする！　トトトトってする！」それを聞いたDくんはMちゃんと交代してMちゃんの鼓動を聴いて「ほんとだ！『生きてる音』だ！　父ちゃんの音と一緒だ！」と目を輝かせた．Mちゃんも「父ちゃんの音と一緒だ．父ちゃんお腹を切ったけど，元気になったからこの音がするよねぇ．」と2人で上気した顔を見合わせて言い合っていた．2人の明るく嬉しそうな表情を見て，「父ちゃん元気になってよかったねぇ．」と私も心から2人に言うと，「うん！」とうなずき，しばらくまた3人で心臓の音を聴きあって遊んでいた．

〈考察〉

　何かの折りに家庭で父親の心臓の音を聴かせてもらったり，心臓の音が「生きている証」というような話を聞いたりしたのだろうか．鼓動＝「生きている音」＝父親の命という連鎖が2人の共通の思いとして心にあることにびっくりしたり，感心したりした．当たり前のことだけど，ひとりひとりに心臓があり鼓動を続け，かけがえのないたったひとりの存在としてここにいることやそれぞれが体の中で「生きてる音」を刻み続けていること，その命の愛しさ，大切さを改めてひしひしと感じた2人との会話だった．子どもが成長するにしたがい，まわりのおとなはいろんな欲が出てこうなって欲しいとか，もっとこうして欲しいとか願ってしまいがちだと思う．私自身気がつけば，いつも何かを要求していることに思い至り反省することが多い．子ども達をそんなふうにみるのではなく，子どもの命そのものを愛おしいと思うおとなになりたいとつくづく思う．

　このエピソード記述を全体として読んでみると，改めて〈背景〉の重要性がよく分かります．つまり，穏やかな温かい家庭で，子どもたちが愛されて育っていること，父親が手術，入院と続き，子どもたちが心配そうな様子を示していたことが〈背景〉として伝えられると，読み手はその〈背景〉を知ることによって，書き手の用意した舞台に臨むことができるようになります．そこでエピソードの本体が示されると，子どもたちの発言から，心臓の音＝生きている音＝父親の命という連鎖が二人の子どもに共通してあることに書き手が驚き，深く感動したことが読み手にも伝わり，読み手も思わず同じように感動してし

まうことになります．

　このように，エピソード記述は書き手の側から見れば，〈背景〉を読み手と共有して読み手を自分の体験の場に招じ入れ，その場での自分の感動を読み手にも感じ取ってほしいと願う試みであることが分かります．逆に読み手の側から見れば，〈背景〉から自然に書き手の用意した舞台にいつのまにか招じ入れられ，そのエピソードから書き手の体験をまるで自分の体験であるかのように感じ取るように促され，そこから書き手の言いたいこと，つまり書き手の「声」を聴き取ろうとする試みであることが分かります．

　このように，エピソード記述の研修会を通して，私は〈背景〉の重みを捉え直すきっかけを得ることができました．

(2) 読み手は取り上げられた個別具体の事象の中に深く降りていくことを通して，そのエピソードにさまざまな意味を読みとる

　(1)の議論から分かるように，エピソード記述の方法論においては，〈背景〉を読み手と共有することがまず目指されます．しかしながら，〈背景〉を読み手と共有することを目指すということは，単にエピソード場面を理解するために必要だからというだけではありません．むしろ**読み手がその個別具体の事象の中により深く降りていくために必要なのだということを示唆しています**．

　実際，読み手が〈背景〉を通して個別具体の事象の中に深く下りていくことができればできるほど，読み手は書き手に自分を重ねて考えることができるようになります．こうして読み手は，〈背景〉を共有するなかで，一方では書き手の立場に自分を重ね，あたかも自分が書き手になったかのようにそのエピソードを自分自身で生き直すことができます．しかしながら他方で，読み手はあくまで固有性をもった一個の主体です．読み手は自分の固有の立場を確保したまま，書き手とは違った立場からそのエピソードを読むこともできます．それは読み手が二重化されるということです．つまり読み手の内部には，まず「書き手の立場としての読み(書き手に自分を重ねた読み)」が生まれ，それから次に「読み手の立場としての読み」が生まれて，二つの読みのあいだに「対話」が生まれ，そこから多元的，重層的な了解可能性が開かれてくるということです．

実際，先の「生きてる音」のエピソード記述が研修会の場で読み合わされたとき，読み手側はみなこのエピソードをよく「分かる」エピソードだと口々に言っていました．その際，「幼い子どもたちがこれほどまでに父親のことを心配していたのだ」という書き手の感動がほとんどの人に共有されたことは言うまでもありませんが，その上で，ある人はそこから温かい家庭の重要性に言及し，ある人は書き手である保育者の人柄や保育の姿勢に言及し，またある人は自分が今直面している虐待事例との対比の中でこのエピソードを読み，またある人はふと思いついた心臓の音を聞き合う遊びに興味を惹かれたようでした．

このように，〈背景〉と共に提示された一つのエピソードは，それぞれの読み手が抱える固有の背景や関心と響き合って，実に豊饒な意味を読み手の中に惹き起すことが分かります．つまり，一つのエピソードが読み手に「分かる」というのは，単に書き手の伝えたい意味がそのままそっくり読み手に了解されるということではありません．そのエピソードを一つのテキストとして，さまざまに読み込む可能性が広がるということです．このことは「テキストの読み」の問題として既に知られてきたことですが，保育者同士でエピソードを読み合うということは，一人の保育者の内部で「書き手としての読み（書き手に自分を重ねた読み）」と「読み手としての読み」との「対話」が生まれるだけでなく，同じ一つの場で，参加者同士の読みが交わり，自分一人では気づけなかった読みにそれぞれの保育者が開かれていくことに通じています．その様子に立ち会えたことは，私にとってとても重要な意味を持ちました．その点は，『エピソード記述入門』を書いた時点ではまだ十分に私の中で煮詰められていなかったように思います．

(3)〈背景〉の共有は了解可能性に通じる

いま，〈背景〉を示すことは，読み手がその事象の個別具体性により深く降りていくことを可能にすると述べました．このことへの気づきは，さらにこの方法論にとって重要な方向性を示唆します．

エピソード記述の提示は，研究としてみれば一つの事実の提示ですが，それは行動科学の事実の提示の仕方とははっきり方向性を異にするものです．このことは『エピソード記述入門』でも少し触れたところです．しかし今の具体

なエピソード記述を踏まえて考えれば，その違いをもっとはっきりと際立たせることができます．

　私たちが具体的な〈背景〉を伴うエピソード記述を一つの資料として提示するとき，行動科学の立場は決まって，それは「単なる一事例ではないか」と批判を向けてきます．母集団から多数の標本を集めて，平均値のような何らかの代表値を得て，それによって母集団についての一般的な言説（その手続きを認める人には誰であれ理解可能な言説）を導こうとするのが旧パラダイムの立場の特徴です．この立場では一事例は母集団の一標本に過ぎないのでしょうから，そのような言説が導かれるのも当然かもしれません．いま示したエピソードも「子どもと保育者の早朝の関わり」という大きな母集団の中の一つの標本になってしまうのかもしれません．

　ともあれ，多数の標本を集めて，そこに現れる様々なヴァリエーションの中に，何か一般化できるものを導こうとするのが行動科学の立場です．そのような一般化しよう，類型化しようという枠組みの下では，各個別の具体例が〈背景〉として抱える細部は，その一般化されたものからみれば誤差にすぎなくなり，こうしてその細部としての〈背景〉は無視され，捨象されてしまうことになります．行動科学の枠組みの下では，一般化された言説が重要であって，一事例はその言説の前では捨てられたも同然です（これはグラウンデッドセオリーにおいて，切片化されたものは，それを通して類型化がなされれば「用済み」になるのと同じです．同じことはKJ法にも言えるでしょう）．個別の事例は一般化のための足場に過ぎないわけです．

　これに対して，私たちのエピソード記述は，まったくの逆を目指します．今の具体例がそうであるように，まさに一回しか起こらない個別具体の出来事のかけがいのない価値を取り上げるのが私たちのアプローチの特徴です．ですから，「一事例ではないか」という批判は，一般化，類型化を目指す旧パラダイムの認識の枠組みを前提にした議論の運びから導かれる批判であって，私たちは何もその一事例から一般的な言説を導こうしているわけではありません．その事例の持つ深い生活世界的な意味を取り上げたいのです．ですから，考え方の枠組みそのものが違っています．

　行動科学の立場で一般的な言説を導く際には，個別具体の各事象はそのため

の足場に過ぎず，ましてやその個別具体の事象の〈背景〉，つまり，その事象が生起することになった状況やそれが生起するまでの経過などは，導かれる一般的言説の前では単なる誤差に過ぎず，端的に無視されることになるものです．これに対して私たちのエピソード記述にとってそのような〈背景〉は，まさに**その事象が現実の生活世界の中に生まれ出た事象であることを示すためにこそ**，必要になるのだということが分かります．つまり，私たちは何かの平均的な一般的意味を導こうとしているのではなく，あるいはまたいくつかの事象を概括してそこに一般的な意味を見出そうとするのでもなく，むしろそれとは逆に，あくまでも徹底して個別具体の中に降りて行って，個別具体であることをより鮮明に描き出すことを通して，その個別具体の事象のもつ隠された多声的な意味を掘り起こし，それによってエピソード記述の了解可能性を高めようとします．私たちの立場では，多くの読み手に了解可能であればあるほど，その事象のもつ意義の一般性が認められたということができるでしょう．

　つまり，一般的な意味を求めるといっても，多数の事象を概括することによって個々の事象の豊饒さを失うような一般的意味ではなく，掘り起こされた個別具体の事象の豊饒な意味を失うことなく，むしろそこに入り込むことによって，それぞれの読み手の生がおのずから振り返られ，それによって多くの読み手にとって「なるほど分かる」というように了解可能性が高められたとき，その個別具体の事象はそれを経験した人の内部に閉じられることなく，一般に共有可能な意味をもつものと認めることができるのです．ですから，私たちが一つの事例から求める意味は，行動科学の目指す一般的な意味とも，また他の質的研究が求める一般的意味ともまったく違う性質のものだということを確認しておく必要があるでしょう．

　先のエピソード記述に戻って言えば，父親を心配している子どもがいれば，心臓の音を聞き合って遊べばよいというような一般的言説を導き出そうとするところに私たちのエピソード記述の狙いがあるわけではありません．〈背景〉に記されたことから登場人物たちの生活世界が垣間見えてきたところで，一つのエピソード場面が提示され，その何気ない遊びと，そこでつぶやかれた子どもの言葉から，幼い子どもでも，愛されて育つ子どもたちはこんなにも父親のことを心配するのだという書き手の得た感動が，まさに書き手の「声」のよう

に聴こえてきます．読み手の立場でその声を聴き取り，その感動を共有し，それに触発されて読み手の中にさまざまな思いが引き起こされてきます．それを同じ場に居合わせた他の読み手の思いと交叉させ，このエピソードの豊饒な生活世界的な意味の幅と奥行きを考えることが，何よりもエピソード記述の狙いです．そこには，生活を共にする者同士だからこそ分かち合えるものもあれば，お互いが固有性を抱えた主体同士であるがゆえに，理解のズレが際立つ場合もあるはずです．それもまた，共に今を主体として生きるからこそ生まれるズレでしょう．そのいずれであっても，その事象を描き出すことが，人が人と共に生きることに何らかのインパクトを与える限りにおいて（それが生活世界的意味に他なりません），そのようなエピソード記述の試みを心理学的に意味あるものとして位置付けることができるはずです．

　ここに，旧来のパラダイムとは全く異なる方向性をもった心理学の可能性があるように思います．当然ながら，そこからはエピソードに登場する人たちの声が聴こえ，それを描き，そこで感動している書き手の「声」も聴こえてきます．そして読み手はその声や「声」を聴き取って，書き手と同じ立場に立つことができるときもあれば，書き手との隔たりを感じさせられる場合もあります．それが共に生きる者同士が互いに分かり合うことができたり，分かり合えなかったりすることの基本なのではないでしょうか．

(4) 個別具体性，文脈依存性，固有性こそ，質的研究の要件である

　これまでの議論を通して，私の方法論の目指す方向性と，行動科学の目指す方向性との違いがかなりはっきりしてきたと思います．行動科学は，一般性，普遍性をめざすところから，個別事例の細部を捨象し，事態を抽象化し，また研究者の価値観を捨象して没価値の立場を堅持しようとします．それが行動科学の認識のパラダイムです．そのために，母集団を想定し，そこからの標本をランダムに抽出して標本群に共通する指標（例えば平均値）を導き，そこから一般的言説を導こうとします．イメージでいえば，いわば多数の個別のデータを集積して，そこから抽象的な一般性（イデア）に向かって飛躍するイメージとでもいえばよいでしょうか．

　これに対して私たちのアプローチは，むしろ事象の個別具体性に入り込み，

それが生起する文脈や状況をしっかりと押さえ，その事象の意味を取り上げることが，研究主体の興味や関心，さらには研究者が依拠する理論といった研究者の固有性と切り離せないことを明示し，読み手をその事象の生起する舞台に招じ入れて読み手の了解可能性に訴え，その事象の意味を共有しようと目指します．イメージでいえば，当該事象に入り込み，その根元に向かって掘り下げて，読み手と共にその事象を支える地下の根の張り具合を見定めようとするイメージだとでもいえばよいでしょうか．

保育の皆さんたちとのエピソード記述の研修会を通して私が強く印象付けられたのは，何よりも人の生の営みに関わる個別具体の事象のもつ迫力です．『エピソード記述入門』でも私の院生たちが描いたエピソードは，個別具体の事例のインパクトを確かに伝えてくれていました．しかし，保育者たちの描くエピソードからは，現在の我が国の子育て事情が見え，また今の文化状況の中でもがきながら生活している人たちの喜び，溜息，苦しみ，苛立ちなどが伝わり，あるいは虐待を含む難しい生活状況も垣間見えてきます[注19]．それは私自身が保育の現場に入り込んで目撃したさまざまな出来事とも相俟って，人が生活するということの重み，人が生きるということにまつわる苦悩を改めて考えさせる契機となりました．そうした個々具体のエピソードは，それを簡単にいくつかのパタンにまとめ上げることを拒むほどの，まさに個別具体の事象のもつインパクトによって，人の生の意味を考えずにはおかない迫力をもつものです．それは客観的な記録では捉えようのない，一人の人間の目と心をくぐり抜けた事象を描くエピソード記述だからこそ捉えられる迫力です．それが何と言っても私たちの方法論が従来の行動科学の立場はもちろん，他の質的研究とも異なるところだと思います．

(5) 当事主体の固有性という問題

最後に触れておきたいのは，当事主体の「固有性」という問題です．エピソード記述には，書き手，読み手，登場人物というように，多数の人物が関わってきます．その人物たちは，一方では誰もが同じ人間であるという意味で類としての同質性をもちながら，しかし他方では各自が一個の主体として自分独自の固有性をもっています．行動科学においては，各自が母集団の一標本として

括られてしまえば，その固有性は誤差として捨象され，あくまでも母集団としての一般性が問題になります．これに対して私の方法論では，登場人物の固有性こそ，当該事象を理解する上に捨象してはならないものだと考えます．

　先のエピソードにおいても，DくんやMちゃんは，単にある年齢の子どもの代表や標本なのではありません．またその家庭は，どこにもある家庭にみえたとしても，やはりその家庭なりの固有性をもっています．そして，これを取り上げる保育者は，自分の固有の経験と価値観をもって子どもに関わる人であり，私たち読み手の一人ひとりも，それぞれに経験も違えば価値観も違う固有性をもった人間です．そのように各自が固有性をもつところに，一つの具体的なエピソードが生まれ，それが切り取られ，提示され，それを読み，さまざまにそのエピソードを理解する動きが生まれます．そこにあるのは，このエピソードに読みとられるべき意味はこうだというような，一つの確固不変の意味を捉えようとする動きではありません．むしろさまざまな固有性が交差するところに生まれる多声的な意味のポリフォニーを聴く動きです．

　それぞれに固有性をもった保育者たちが，一人の保育者の描くエピソードを読むということは，そのエピソードの書き手に自分を重ねたり，その〈背景〉から自分の経験を振り返ったりしながら，それぞれの固有性がぶつかり，あるいはそれらが共振・共鳴したりすることを意味します．時には書き手が想像もしなかった新しい「声」が聴こえてくることもあるでしょう．それは，一つのエピソードが書き手に閉じられたものでなく，多くの読み手に開かれたものであることを意味します．

　もちろん，一つのエピソード記述を読む場合には，まずもって書き手が伝えたかったことは何かを読み手が自分を書き手に重ねて，何とかして把握しようと努めることが先に来なければなりません．それがエピソード記述の読みの基本です．それが十分になされた上で，今度は読み手の固有性に基づいてエピソードを読み直し，読み手自身の内部に湧き起ってくるさまざまな思いを，書き手や他の読み手に伝えるという次のステップが踏まれ，こうして，エピソードの読み合わせが行われ，それを通して，さまざまな共通理解が生まれたり，ずれが浮上したりして，保育が振り返られていくのです．それらのやりとりは，書き手や読み手の日頃の生活を振り返らせ，はっと気づくかたちで自分の足元

が照らしだされる思いがするときには，そこから自分の保育や自分の生の営みを組み立て直そうというインパクトが与えられることもあるでしょう．

そうしてみると，各自の固有性を尊重するからこそ，〈背景〉やエピソードを克明に描く必要があるのだということにもなります．

(6) 生活世界への還帰

保育者たちの描く多数のエピソードを読んで，もう一つ深く考えさせられたのは，自分がこれまで出会ってきた世界よりもはるかに広大で，複雑に入り組んだ生活世界に人々が生きているということです．私が二十年近く前に始めた家庭訪問での「子ども―養育者」関係についての関与観察とエピソード記述は[注20]，当時はそれがごく普通の家庭の生活であると思い，そのために特に社会文化的状況を深く考察するには至りませんでした．ある意味で，私の中の自明性が「これが普通の生活」という自明な判断を生んでいたのでしょう．『両義性の発達心理学』に取り上げた保育場面にしても，当時はその関わりの局面への関心が強く，その背景となっている社会文化状況への関心は，遺憾ながら希薄だったと言わなければなりません．

ところが，それから二十年を経て，日本の社会文化状況は大きく変動し，特に保育の世界が一変しました．親の暮らしぶりが変化し，子育てのあり方も変化しました．子育てに関する情報は溢れかえっているのに，それでも新米の親たちは情報が足りないと嘆き，子育て支援はかつてに比べればかなり手厚くなっているにもかかわらず，その不足が声高に叫ばれ続けます．

そのことが保育者の描くエピソード記述から垣間見えてきます．第3章で紹介するように，いま保育現場は，虐待のあった家庭の子どもを保護者の様子を確かめながら慎重に保育する役割を担い始めています（本書の第3章の末尾の事例を参照してください）．かつて保育の場にそのような役割がなかったことを思えば，この二十年のあいだの文化変動は本当に深刻なものがあったと言わなければなりません．

そこには明らかに，文脈や状況による制約，価値観による制約などがあり，それらを「誤差」としては扱えない状況が生まれています．ここにも，一般的な言説を導くのではなく，今の文化状況の中の個別具体の事例に入り込まなけ

ればならない事情があります．それはまた，なぜ質的アプローチでなければならないのか，なぜ数量的・実証的アプローチでは生活世界の実相を抉り取る上に力を持たないのかを考える足場を提供してくれます．

　以上のことが改めて「初心」に立ち還ろうという気持ちを強め，本書に取り組む動機となりました．

第2章・エピソード記述から読み手に何が読み取れるか

第1節　読み手はエピソード記述をどのように読むか

(1) 書き手は自分の心が揺れ動いたその体験を描こうとする

　第1章では保育に関するいくつかのエピソード記述を取り上げました．それらの例もそうでしたし，また私がこの数年の間に何冊かの著書の中に取り上げた保育者のエピソード記述もそうでしたが，保育者の描くエピソード記述の中心にくるのは，保育者が自分の保育の中で何らかのかたちで心を動かされた場面です．その心の動きは，大震災エピソードのように恐怖のかたちで生まれる場合，あるいは子どもから勇気をもらうかたちで生まれる場合，また第1章の「生きてる音」のエピソード記述のように，ほのぼのとした思いが湧き起るかたちで生まれる場合，さらには何かにふと気づくかたちで，あるいはハッと思われるかたちで生まれる場合，等々，強烈なものから穏やかなものまで，あるいは，肯定的な内容から否定的な内容までと，実に多岐に亘って生じ，必ずや何らかの喜怒哀楽が書き手の心に生じます．

　保育の皆さんがエピソードを描くのは，このように何らかのかたちで保育者の心が揺れ動く場面です．しかし，エピソード記述はただその体験を書いて終わりではありません．エピソード記述は，単なる出来事の記録とは違い，読み手に自分のその体験を分かってもらおうとして書くものです．ですから，〈背景〉を書くのも，読み手にエピソードの場面での自分の体験をよりよく分かってもらいたいからです．しかし，〈背景〉を書いて，さらに〈エピソード〉を書けば終わりではありません．最後に〈考察〉を配することによって，なぜ書き手である自分はこのエピソードを取り上げたのか，自分は何を伝えたかったのかを示し，それによって既に〈背景〉と〈エピソード〉を読んだ読み手が，書き手はどういう意図でこのエピソードを書いたのか，その意図を了解できるようにもっていこうとします．そこが従来の経過記録や活動の記録と決定的に違うところです．

　研究者の場合には，何かの理論との関係であるエピソード場面が図として浮上し，それが書き手＝研究者に「これだ」と思えたり，「ああ，そうか」と思えたりします．そこで研究者は，その出来事がなぜ「これだ」と思えたり，

「ああ，そうか」と思えたりしたのかを読み手に伝えようとして，〈エピソード〉場面だけでなく〈背景〉や〈考察〉を書くことになりますが，これは保育者が心を動かされた体験を描くこととまったく同じ構図であることがわかるはずです．要するに，研究者であれ，保育者であれ，人が生きる場面に関わっているときに，その人の心が揺さぶられた場面の体験を描き，読み手に分かってもらおうとするのが，エピソード記述だということになります．このことはある程度は『エピソード記述入門』(鯨岡，2005a)で述べたことですが，保育の皆さんの書くエピソード記述を多数読んで，そのような考えがエピソード記述の特徴なのだということを私自身，再確認することができました．

(2) 書き手の意図が読み手に了解されるための条件

では，読み手は書き手の書いたエピソード記述をどのように読み，どのように了解できるのでしょうか．まず，読み手は書き手の意図を理解しようという志向性(態度)をもっていることが前提条件です．はじめから読んでもつまらないという態度では，エピソード記述には接近できません．少なくとも，書き手が何を伝えたいのか分かろうという書き手への配慮(思い遣り)が読み手には必要です．その上で，読み手はまず〈背景〉を読み，書き手の用意した舞台の上に立とうとします．つまり，エピソード場面に登場する人々の背景を知り，そのエピソード場面が生起する前後の状況を知ることによって，これからその舞台で生じる出来事に接近する準備を整えるわけです．第1章でみた「生きてる音」のエピソード記述の〈背景〉の提示が，その間の事情を理解する上に役立つはずです．そこで〈エピソード〉を読むことになりますが，それを読んで，読み手はまず書き手の体験の中身に自分を重ねて理解しようとし，さらに〈考察〉を読むことで，次第に書き手の伝えたい意味に近づき，それを了解しようとします．これがエピソード記述を読むときの読み手の一般的な読み方だといってよいでしょう．

ところが，書き手の伝えたいと思ったその意味が，読み手に了解できない場合があります．どのような場合にそのようなことが起こるかと言えば，第1に，〈背景〉が薄すぎて，書かれた場面がどのようなものか分からないために，〈エピソード〉を読んでもその意味がなかなか見えてこない場合がその一つです．

第1章の「生きてる音」のエピソード記述において〈背景〉がなかった場合を想定してもらえれば，この場合が理解できるはずです．第2に，〈背景〉は一見詳しく書かれているように見えるけれども，〈エピソード〉本体の理解にほとんど役立たない場合も，結局は〈エピソード〉で何を言いたいのかが読み手に掴めないことになって，〈背景〉が薄すぎる場合と同じ結果になってしまいます．第3に，〈エピソード〉の中身があまりに特異な内容で，読み手の想像力が働かずにその中身についていけない場合，あるいは自分をそこに重ねて考えることが難しい場合もそうです．書き手からすれば，自分のその特異な体験を読み手に分かってもらいたいからこそ書いたのでしょうが，その体験があまりに特異であれば，読み手の想像力がその体験に届かず，そのために了解できないということもあるでしょう．第4に，これは言わずもがなのことですが，書き手の伝えたいものが何なのか，まだ書き手の中で十分に整理されていないために，エピソードの中身がごちゃごちゃしている場合です．

そうしてみると，書き手はいまみた第1から第4に陥らないようにエピソード記述を書くことが必要だということになります．

(3) 読み手が書き手の意図を超えてその〈エピソード〉のメタ意味を読みとる場合

しかしながら，今ここで問題にしたいのは，〈背景〉や〈エピソード〉の書き方が十分でなく，それゆえにエピソード記述の理解が読み手に十分できないという場合ではありません．むしろ〈背景〉も分かり，〈エピソード〉も生き生きと描かれていてよく分かり，しかも書き手の意図もそれなりに分かりながら，それにもかかわらず，読み手には書き手の意図，つまり書き手がエピソード記述において意図した意味とは異なる意味が，そこに読み取られてしまう場合です．

これについては既に第1章の末尾で「読み手の固有性」という観点からある程度言及しました．つまり，読み手はまずは書き手に自分を重ね，その体験を分かろうと努め，その書き手の意図を了解しようとしますが，他方では読み手は書き手とは違う固有性をもつために，そのエピソード記述によって，書き手とは異なる読み手の経験がそこに引き出され，それとの関連で，そのエピソー

ド記述の意味が書き手の主旨とは異なるかたちで浮上することがあるという議論でした．

　ここで，いまの議論を整理する目的で，『エピソード記述入門』でも別の文脈で取り上げた，私の院生の一人が初めて書いたエピソードを取り上げてみます．

〈以下のエピソードの背景〉

　以下は私の研究室の院生の一人が描いたエピソードです．彼女は大学院から私のゼミに入ってきたので，学部からフィールドを経験してきた他の院生とは違い，いまだ初歩的なエピソード記述の経験もないままに他の大学院ゼミ生たちのエピソード記述の発表を聞き，自分は何をどのように書けばよいのか分からない，と悩んでいました．そこで指導する立場にいた私は，「そんなに構えないで，試みに自分の中で何か心が揺さぶられた経験を書いてみたらどうですか」と示唆してみました．おりしも彼女は，高齢の祖母が入院し，母親と一緒に祖母に付き添うという経験をもちました．その彼女がゼミ発表の場面で，「付添いのとき，無意識のうちに酸素マスクを外そうとする祖母に対して母親が子守唄を歌ってやるという出来事があり，そのとき孫娘である自分はとても違和感を覚えたので，その場面を書いてみました」と述べて，ゼミ発表の折に読み上げたのが次のエピソードです．

　　エピソード：母の歌う子守唄（『エピソード記述入門』34 頁参照）

　　人工呼吸器をはずして数日後，ドルミカムという強い薬が抜けきらずに意識が朦朧としている祖母に私と母が付き添っていた．祖母はもちろんまだ話せる状態ではなく，病室は心電図をとる器械の音が鳴っているだけで，病院特有の気の滅入るような空気が流れていた．人工呼吸器は取れたものの，このまま意識が戻らない状態が続くのだろうかという不安が母や私の頭を支配し始めていたように思う．
　　祖母はまだ自分でうまく咳をすることができず，一定時間ごとに痰の吸引をしてもらっていたが，それでも不快らしく，吸引のときは苦しそうに顔をゆがめ，無意識のうちに看護師さんの手を振り払おうとしていた．その日は，吸引が終わって看護師さんが出て行っても，顔をゆがめ，酸素マスクを何度もはずそうとして止めない．そこで私と母はその手を押さえにかかるのだが，あまりに祖母の手の動きが強

いので，祖母は嫌がるだろうけれども，拘束具を両手にはめなければいけないかなと，私は思い始めていた．
　そのとき，母が祖母の手を握りながら子守唄を歌い出したのである．私は，驚いたというか，何かそこですんなり馴染めない違和感を覚えた．身体は弱ってしまったかもしれないが，やはり87年の人生を刻んできたプライドの高い祖母である．その祖母がまるで赤ん坊のように扱われているように私の目には映った．「子守唄はちょっと……」と母に言おうと思ったが，母の真剣に歌う顔を前に何も言えなくなり，母の歌を聴きながら祖母の顔に見入っていた．「子どもの頃，母がよく歌ってくれたわ」と言いながら，母はいろんな子守唄を次々に歌った．そしてなんと，母が歌っているあいだに祖母は静かに寝入ったのである．
　私は最後まで母が祖母に子守唄を歌っている状況に居心地の悪さを感じていたが，この出来事は，付き添いの経験のなかでずっと心にひっかかっていた．

　一つの病室内にいる「自分と母親」，「母親と祖母」という二組のあいだには，「娘と母」「子と親」という同じ関係があります．そのような娘，母親，祖母という三世代の女性が同じ部屋にいる中で，不意に母親が祖母に子守唄を歌う場面があり，娘であり孫である自分はその母親の子守唄に違和感を覚えたというのがこのエピソードの骨格です．このエピソードを描いた院生には最後まで違和感やひっかかるものがあったらしく，それは主に尊敬する祖母が母親に赤ちゃんのように扱われたことからくるもののようでした．
　このエピソードは，私のエピソード記述の定義からすれば，まだ明確な〈背景〉も〈考察〉も書かれていないので，十分なエピソード記述と言えませんが，冒頭に示した私の解説から，おおよその〈背景〉は分かり，またエピソードの本体部分はその情景がまざまざと想起できるエピソードだといってよく，〈考察〉も確かに明示されていませんが，とにかく書き手が違和感をもったので書いたのだということは分かりましたから，その限りでよく分かるエピソード記述の部類に入るといってよいと思います．
　ところが，読み手である私には，このエピソードが読み進められ，酸素マスクを手で振り払って取ろうともがく祖母に対して，祖母にとっての娘である母親が子守唄を歌ってなだめるというくだりにやってきて，書き手である院生が違和感を覚えたと述べたところで私の思考がふと止まりました．「ああ，自分の母親に子守唄なんだ……」というある種の驚きがあったのも事実ですが，そ

の裏で，何かしら胸に迫るものがあったのです．後で訊いてみると，その場面に胸の詰まる思いをしたのは私だけでなく，子育て経験のある社会人の院生たちも同じような思いだったようです．

書き手がむしろ違和感を覚えている場面に，読み手である私や他の院生たちがある種の感動を覚えたのはなぜかという問いは，エピソード記述の問題，つまり書く側の問題と読む側の問題を同時に考えるための格好の材料を提供してくれます．ここではこのエピソード記述を私にとってのメタ意味（書き手の意図した以上の意味）という観点から振り返ってみましょう．

1) 書き手の伝えたい違和感と，読み手に感じられたそれとは違う感動

さて，このエピソードから，まず読み手である私には「出来事はこのようであった」という事実経過が了解できます．そして母が子守唄を歌う場面で，読み手である私は，書き手が感じた違和感と，読み手である自分が感じたある種の感動（胸の詰まる思い）とのずれに直面し，そこから改めて自分のその感動の意味を掘り下げようとする動きが自分の中に生まれます．これがメタ意味を掘り起こすと述べてきた私の思考の動きです．

さて，読み手である私は，書き手の「違和感」がある意味では分かると思いながら，しかし書き手とは違ってこのエピソードにある種の「感動」を覚えました．自分にとって大切な人の苦しみを何とか取り除いてやりたいと思いながら，しかし実際には何も有効な手立てがないと思われるとき，人はどうするのでしょうか．ある初心の女性カウンセラーは，レイプの悲惨な体験を切々と語るクライアントを前にして，思わず「ごめんなさい」という言葉が口をついて出たといいます．カウンセラーの取るべき態度としてそれがよかったかどうかは，専門家たちのあいだではいろいろに意見が分かれるのでしょうが，しかしこの女性カウンセラーのちょっとしたエピソードは，今取り上げたエピソードで母親が自分の母に子守唄を歌うことと同質の意味をもっているように私には思われました．

母親が幼い子どもに子守唄を歌ってやるとき，それが眠たくなってきた子どもへの情動調律の意味をもつことは，私の他の著書[注21]においてもすでに繰り返し触れてきました．むずかって泣く子どもを前に，母親の側に十分な心の余

裕があって，「まあ，子守唄でも唄ってあげようか」と鷹揚に構えることのできる場合はともかく，何が理由で泣いているのか分からない，オムツでもない，オッパイでもない，ただむずかって泣いている我が子を前に，どうしてやってよいか分からない，とおろおろしながら，思わず子守唄を口ずさむ場合もあるでしょう．このときの母親の思いを考えてみれば，先程の女性カウンセラーのように，どうしてあげたらよいか分からなくて「ごめんなさい」，むずかりを取り除いてあげられなくて「ごめんなさい」，それでも私はあなたを抱えてあげるからね，ということになるのではないでしょうか[注22]．

　そのような子守唄を歌う人への思いが私の中にあるとき，院生のこのエピソードに登場する母親は，いま自分の母の苦しみを前にして，どうしてあげることもできず「ごめんなさい」という思いで，しかし見離したり，突き放したりするのではなく，「それでもお母さんのそばにいますからね」という思いで，思わず子守唄を口ずさむことになったのではないでしょうか．このエピソードを読んで何かしら胸の詰まる感動を覚えたその瞬間は，ただ「ああ，そうか，子守唄なんだ……」ということしか思い浮かびませんでしたが，その感動を掘り下げようとしてみれば，いま述べたようなことが浮上してきます．それが書き手の意図した意味を超えるメタ意味と呼ぼうとしているものです．

2) 感動からその意味の掘り下げへ

　おそらく書き手の院生は，むずかる乳児をなだめた経験もなく，また相手の苦しい思いを抱える経験もなく，ただ，「プライドの高い祖母にどうして子守唄なの？」という違和感が強く湧き起こってきたということだったのでしょう．

　これに対して私は，このエピソードを読む中で生まれた感動から上に述べたようなことが思い起こされました．書き手のエピソードが読み進められていく過程で，これは介護場面のエピソードなのだなと，自分の中に生まれかけた単純な了解の構えが，そういってよければ読み手としての一つの思い込みが，苦しむ自分の母にたいして娘である母親が子守唄を歌ってやるという場面で一瞬にして裂け，その裂け目から，肉親を思う人の情とでも言うべきもの，つまり「苦しむ母をそのまま抱えるしかない」という場面に置かれた娘が思わず取る「受け止める働き」が見え，さらにそこから苦しむ人に対して，何もしてやれ

なくて思わず「ごめんなさい」と言ってしまうような人と人の関係のありようが見え，それこそが人が人を受け止めることの本質に通じることだと思え，さらに「かつて母に抱えてもらった子どもがいま年老いた母を抱える」という関係発達に関わるもう一つのメタ意味が見えてきて，私の内部に胸を突き上げるような感動やいろいろな思いを引き起こしたと思われるのです．

　私以外の他の読み手にとっても，この「母が歌う子守唄」のエピソードにいろいろな思いが喚起されることでしょう．このようにエピソード記述は，書き手の心が何らかのかたちで揺さぶられるから書くのですが，それを読むこともまた，読み手にとって，そこからさまざまな感動や感慨が引き出される経験になることが分かります．

(4) 書き手の意図を了解することと，読み手にとっての意味を掘り下げること

　以上の議論を踏まえて，読み手が保育者の場合と研究者の場合を分けて整理してみましょう．

1) 保育者が他の保育者のエピソード記述を読む場合

　先にも述べたように，保育者の描くエピソード記述は，ある出来事によって書き手に驚きや感動がもたらされ，それを他の人に伝えたいと思うから書くという姿勢のもとで紡がれるものがほとんどです．それが園内のエピソード検討会に供されたり，あるいは保育者同士のエピソード記述研修会に供されたりするとき，読み手である保育者は，同僚の立場から，あるいは同じ保育者の立場から，それを読もうとします．それを読むときに，まずひっかかりなく読み進めることができれば，読み手はおのずと書き手に自分を重ね，書き手の感動に共感したり，書き手の言わんとすることに納得できたりするでしょう．ひっかかりがあれば，「ここが分からない」とか，「ここをもう少し説明して」とか，そのひっかかりを解消する質問をして，書き手の意図を了解することに向かうはずです（ただし，エピソード記述の主旨をまだ十分に理解していない人は，問題点を探し出してそれを指摘する読み方しかできない場合や，荒探しをするような読み方しかできない場合が往々にしてあります）．

　そのようにして，ひとまず書き手の言わんとするところが了解されたところ

で，今度は自分の立場に戻って，自分の経験を振り返り，似通った場面を想起して，自分だったらどうしたかを考え，また自分に思いつかなかったことを書き手が述べている場合には，そこから自分の保育の反省に繋げたりして，さらにその場面の意味を掘り下げようとするでしょう．

いま，保育の皆さんがエピソード記述を書いて，読み手である同僚や他園の保育者にそれを読んでもらうのは，自分とは少し違った視点から，そのエピソード記述がどのように受け止められたかを語ってもらうことを通して，書き手の観点と読み手の観点を突き合わせ，それによって自分の保育を振り返ることができるからです．そして読み手もまた，他の読み手の読みと自分の読みとを突き合わせる中で，自分の保育を改めて振り返ることができます．このように，書くことと読むことを通して自分の保育の振り返り，自分の保育をより良いものにしていこうというのが，いま保育現場に拡がり始めているエピソード記述の目指す方向性だろうと思います．

ここにも，書き手が意図した意味以上の意味が読み手によって掘り起こされ，その掘り起こされた意味がまた書き手に了解されて，書き手にまた新たな視点が切り開かれるという，書き手の立場と読み手の立場が交叉するという事情が窺えます．要するにエピソード記述の意味は書き手が捉えたものに閉じられてはいないということですが，そこに，保育者が自分の書いたエピソード記述を他の保育者と読み合わせる意義があります．

2) 研究者が他の人の書いたエピソード記述を読む場合

研究者もまた，自分がフィールドに臨み，そこでの関与観察からある感動的な場面をエピソードに描いて，その感動を読み手に共有してもらいたいと思うことは多々あります．しかもその感動が自分の研究上の関心と深く結びついているときには，そのエピソードを材料に，自分の研究を深めることができることは言うまでもありません．

しかし，いま問題にしたいのは自分が書き手の場合ではありません．研究者以外の人がある出来事によって驚きや感動を覚え，あるいは疑念や不満を体験して，それを周囲の人たちに分かってほしいと願って描くエピソード記述に対して，研究者はそれをどういう姿勢で読むのかが今問題にしたいことです．

もちろん，第1章でも触れたように，研究者もまた一人の読み手として書き手の〈背景〉に促されて書き手と同じ地平に立とうとし，まずは書き手の立場に身を置いて，そのエピソード記述の内容を書き手の立場から読み，書き手の意図を捉えようと努めることは，どのような場合でも先決です．その際，読み手としてどれほど書き手の立場に身を置けるかによって，その了解の水準が違ってきますから，そこではまず読み手として書き手に自分を重ねるその力量が問われます．これは研究者であるかないかに関わらず，読み手であることに常に付きまとう問題です．自分を書き手に重ねることなく，客観的に読もうとする態度に徹すると，書き手の一人称の記述がすべて主観的な（恣意的な）言説に読めてしまいます．要するに，読み手がしっかりした読み手でなければ，書き手のエピソード記述がどれほどしっかりしたものであっても，その了解に至らない場合があるということです．先にエピソード記述に不備があれば，読み手の了解に至らない点に触れましたが，読み手の側の力量が十分でない場合にも，同じように了解に達しない場合があることは確認しておかなければなりません[注23]．

　ここまでは研究者であるか実践者であるかを問わない読み手一般についての議論ですが，しかし読み手が研究者である場合に，そのようにして到達したエピソード記述についての一般的な意味の了解，つまり書き手が伝えたかった初次的な意味の了解に踏みとどまってはおれない場合があります．もちろん，研究者が他の人の書いたエピソード記述を読むという場合に，どのような場合にも書き手の意図した意味以上の意味に行き着けるとは限りません．私の場合でも，書き手の意図が了解でき，「なるほど」と思えたところで読み手である私の思考が停止し，それで終わりになる場合もしばしばあります．実際，第1章の冒頭に掲げた大震災のエピソード記述の場合も，あるいは「生きてる音」のエピソード記述の場合も，書き手の感動が読み手である私にも感じ取られて，「なるほど，そうか，書き手の思いが伝わるよいエピソードだ」と思ったところで終りになってしまう可能性もありました．書き手が伝えたかったその感動が，そのままそっくり私の中に移ってくるわけではありませんが，しかし，ほぼ同じような感動が私の内部に生まれたのですから，書き手の意図は十分に読み手である私に届いたというべきで，その限りでこれらのエピソード記述はそ

の主旨を全うしたことになります．

　しかしながら，出会ったエピソード記述によっては，その感動を共有したということを超えて，自分の研究関心がそのエピソード記述によって引き出され，そこからそのエピソード記述をさらに掘り下げ，その結果，その初次的な意味を超えてもっと深い意味に行き着くことがあります．そのように，そのエピソード記述の吟味から書き手が伝えようとした意味以上の意味（メタ意味）が捉えられたとき，今度は読み手である私の中に，その捉えられたメタ意味を他の読み手に伝えたいという思いが生まれます．第1章で紹介したエピソード記述に付した〈私のコメント〉はその種のものだといってよいでしょう．そのメタ意味は，読み手である私には何らかの新たな気づきと共にもたらされてきたものです．私がこれまで自分の著書の中で紹介した他の人の書いたエピソード記述は，その意味では，何らかのメタ意味が私に捉えられたからこそ，取り上げられたものだったと言えます．

　研究者である私自身，ふと気づくかたちで，あるいははっと気づくかたちで，それまで自分が当然だと思ってきた考え方や態度が塗り替えられるような体験が生まれ，その体験をエピソードに描くことによって，自分の理論を組み立ててきました．私の場合，そのような体験は，既存の心理学的言説に異論を唱える意味をもったり，普段は気づかないままでいる自分の研究者としての足元を照らし出す意味をもつものでした．

　それと同じように，他の人の書いたエピソード記述を読む場合にも，単にそのエピソード記述が書き手の意図どおりに了解できたということを超えて，そのエピソード記述に触発されて，研究者である自分の固有の問題関心が呼び覚まされ，ふと気づくかたちで，あるいははっと気づくかたちで，書き手の〈考察〉を超えた意味が掘り起こされることがままあります．そのようなメタ意味が掘り起こされた瞬間もまた，研究者自身の直接体験に劣らず，自分の自明性が揺さぶられたり，それまで気づかれていなかったことに向き合うことになったりと，研究者の内面が大きく揺さぶられる瞬間です．

　3）テクストとしてのエピソード記述と，その読みから生まれる新しい気づき

　エピソード記述からメタ意味が読み取られるときは，何らかの新しい気づき

第2章　エピソード記述から読み手に何が読み取れるか　　73

が生まれるときだと述べてきました．実際，先の「母の歌う子守唄」のエピソードも，単に，書き手の違和感とは違う感動を覚えたというだけでは，それ以上の読みにはなり得ません．しかしそれが私自身の問題関心に重ねられ，「相手の存在を受け止める（身に引き受ける）」という意味に通じるものとして，つまり，母親がむずかる子どもに「おお，よしよし」と言って関わる場合や，女性カウンセラーがクライエントに思わず「ごめんなさい」と語りかける場合と通底する例として捉え直されるとき，このエピソードは研究者の関心からして極めて意義深いものに見えてきます．そしてそこから「母とは何か」「子どもにとって母とはどういう存在か」というより根源的な問いが立ちあがってきて，そこから私という研究者の視界が大きく切り開かれる契機になることさえあるのです．

　同じように，第1章の大震災のエピソード記述は，単にその恐ろしい体験が了解できたとか，子どもに勇気をもらったことが分かったというにとどまりません．私にとってこのエピソード記述は，保育とは何か，子どもを育てるとはどういう営みかという，保育に関する本質的な問いがそこから立ち上がり，さらにそこから現在の保育を巡る大騒ぎの状況が逆照射されて，保育の本質がそこに浮き彫りになっていると思われたからこそ，本書の冒頭に取り上げたのでした．そして私自身にとって，ややもすれば忘れられがちなその保育や子育ての原点に，改めてはっと気づかせてくれたという感慨もありました．

　このように，他の人の書いたエピソード記述は，研究者自身が直接人に関わる中で体験するさまざまな気づきに勝るとも劣らないかたちで，人の生きざまを研究者に伝え，研究者の心を揺さぶり，さまざまな水準の気づきをもたらします．

　その意味では，他の人の書いたエピソード記述は，読み手によってさまざまに読み解かれるべき一つのテキストと言ってよいものです．しかし，エピソード記述を読むことから得られる意味やメタ意味は，単にテキストの思弁的な解釈なのではありません．少なくとも私にとっては，自分の生きる生活世界と深く結びついた新たな気づきとして現れてくるものであり，ときには生活を変えるほどのインパクトをもった気づきであることさえあります．第1章に紹介した「心の進級」のエピソード記述にしても，書き手の伝えたかった気持ちは，

Kくんとの信頼関係がこうして少しずつできあがっていくのが嬉しいというところにあったわけですが，しかし私はこのエピソード記述を読むことを通して，保育者は日頃から，子どもの内面の「なる」への変化を子どもの成長と捉えているのだ，そこに喜びを見出しているのだということにふと気づきました．そしてそのように気づいてみると，そのような保育者の子どもの心の捉え方こそ，本来の「子どもを育てる」ということであり，そのような捉え方ができるようになれば，能力発達の見方で疎外された保育の現状が見直されていくのではないかとさえ考えたのでした．解釈だといえば確かにそうかもしれませんが，もしもこの気づきを機に，実践が大きく変わることに繋がれば，それは単なる解釈を超えた，生活世界に結びついた気づきというべきではないでしょうか．

　そうしてみると，エピソード記述は，それが書かれて読み手に供されたときから，書き手の手元から離れ，一つのテクストになって，読み手の多様な読みへと開かれていくものであることに改めて気づかされます．もちろん，どんなふうに読んでもよいとか，出鱈目な読みでもよいなどといっているのではありません．そこにはテクストの読みとしての守るべき節度は当然ありますが，その上で，読み手の固有性の中でテクストは多様な読みに開かれ，書き手が気づかなかった意味が，読み手の読みを通して書き手にも了解されることさえ，しばしばあることを認める必要があるように思います．

　このことは特に，保育者の書いたエピソード記述が研修会の場で読み合わされ，複数の読み手のさまざまな読みが交叉して，そこから書き手がさまざまな気づきを得，それが事後の保育に反映されていくという事情にみることができます．要するに，ある人の書いたエピソード記述を機縁に，複数の読み手にさまざまな気づきが得られるということです．その気づきは，「ああ，こういうこともあるのだ」というちょっとした気づきで終わることもありますが，読み手を強く揺さぶって，読み手の物の見方や考え方に変更を迫ったり，生活の姿勢を変えることに繋がったりすることさえあり得ます．エピソード記述は人の生きざまを取り上げるものですから，人の生きざまのもつインパクトは当然，なにがしかの影響を読み手に及ぼさずにはおかないのでしょう．

第2節 人の生きざまが及ぼすインパクト

　前節では，他の人の書いたエピソード記述から，読み手にいろいろなメタ意味が得られることに触れました．それというのも，人の生の営みがそもそも人の心を揺さぶる出来事に満ち満ちているからに他なりません．「心が揺さぶられる」という体験は，「このような時には決まって心が揺さぶられる」というようなかたちで一般化して語ることにほとんど意味のないもの，まさに「いま，ここ」において，一回限りのその個別具体の出来事のなかでしか体験できないものです．これまで人間科学は，すぐさま一般化，普遍化を目指して，「一般にこういうことが言える」という命題を導こうとしてきました．これに対して，私の目指す心理学は，そのように一般化され，概括されてしまうその手前で，まさに一回限りでしか生起しない「心揺さぶられる」その瞬間を描き出し，その生活世界的意味を掘り起こす方向を目指すものです．第1章の大震災エピソードや「生きてる音」のエピソードなどは，まさにそのような意味合いで取り上げたものでした．

(1) 心揺さぶられる体験から新たな気づきが得られるという問題
　いま，「生活世界的意味を掘り起こす」と述べましたが，そのように言うということは，普段はその生活世界的意味が隠されていて，目に見えないか，気づかれないままでいるということです．世間の常識的なものの見方や考え方に私たちがいつのまにか支配され，そのように見たり考えたりしていることの問題点がいつしか見失われていることが私たちの身の回りには無数にあります．それにふと気づいて，普段は気づかない自分の足元が見えてくる思いがしたり，あるいはハッとして，それまで忘れられていた大切なことが急に見えてきたりすることも稀ではありません．
　例えば，家族の絆といわれているものも，共に暮らしている中では，それが「ある」ということ自体に気づきませんし，その大切さも実感されませんが，しかし，大震災のような危機的な状況に晒されるとき，その大切さがまさに「見えるもの」になり，自分が自分であることに家族がどれほどの大きな影響

力を持っているかを改めて感じさせてくれます．大震災という非日常的な経験が，普段は覆い隠されて目に見えなくなっているもののその覆いを取り外してくれるわけですが，少し一般化して言えば，何かがきっかけになって，普段は気づかないものに気づかせてくれることは，日々の生活の中に数多くあります．

(2) 普段の生活の中でふと気づかれるもの

　普段の生活の中で，気づかれる寸前にありながら，しかしいまだ気づかれないでいることが，ふとしたことから気づかれることがしばしばあります．第1章の「どうしたらいいんかなぁ」のエピソードは，一見したところではSくんがYくんに譲ってトラブルが解決したかに見えました．しかし，それは単に譲って終わりのエピソードだったのではなく，Sくんの内面に周りの友達や先生と「私たち」として共に生きていくにはどうしたらよいかを考える動きが生まれ，その「なる」に向かって一歩踏み出すことが「譲る」を生んだのだと，私はふと気づきました．このように，「SくんがYくんに譲った」と分かり易く納得して終わってしまいそうな出来事の中に，それを超えるメタ意味を見出すことができたとき，そこから急に何か新しいものが見えてくる思い，つまり新しい気づきが生まれます．

　私の研究例で言えば，6ヵ月児の離乳食場面の観察をしているときに，もういらないと思う子どもと，もっと食べてほしいと思う母親の，双方の思いと思いがぶつかり，それが次第に終りに向かって収斂していく様は，普段はあまりにも当たり前の出来事なので，誰もその意味に気づかずに見過ごしてきていました．しかし，ふと気づいてみると，自分なりの思いをもった子どもという主体と，同じく自分なりの思いを持った母親という主体の，相互主体的な関係がどのような成り行きになるのかというその時点での私の問題関心が，まさにいまの離乳食場面に見事に現れていることに，ふと気が付きました．ある意味では当たり前の，これまで見過ごされてきた出来事の中に，ある新しい意味が忽然と見えてきて，それに気づいたときに，そこから子どもと養育者の関係を考えることに新しい視点が切り開かれてきました．

　このように見てくれば，私の関係発達論的研究は，そのような普段は見過ごされてその大切さに気づかないようなちょっとした事象を取り上げ，その隠れ

た意味を掘り起こし,そこから新しい見方を切り開くことが基本的な目的なのだということが見えてきます.

　同じように保育の世界でも,普段の慌ただしい保育の中で,気づかないで見過ごしてしまっている出来事はおそらく無数にあるはずです.しかし,ふとしたことでその出来事の意味が保育者に捉えられるとき,そのときまさにエピソードが立ち上がり,それを他者に分かってもらいたいと思ってエピソードが紡がれるのでしょう.またそういう観点からエピソード記述を読んでみると,その隠れた意味が読み手にはたと気づかれることも多々あると思います.

(3) 非日常的な出来事の中で,いろいろに見えてくるもの

　上記のように,普段の生活の中でそれまで目に隠されていたもの,潜勢していて気づかれる寸前にあったものが,ふとしたことからそれとして気づかれ,そこから新しい何かが切り開かれていくということが多数ありますが,それとは違って,私たちの平凡な生活の中に何か予測不可能な出来事が生じ,それまでの日常に裂け目が生じて,非日常の事態へと反転することがしばしば起こります.そのような場合,たいていそれは人を悲しみや苦悩の状態に陥れ,人はその負の情動に強く翻弄されながら,ある時期,その非日常性を生きなければなりません.

　そのようなとき,それまでの平凡な日常を支えていたもの,つまり,普段はあまりにも自明なことなので考えてもみなかったことが,それまでの自分の生活を支えていたこと,そしてそのような気づかない考えや態度の下で普段の生活が営まれていたことに思い至ります.普段の生活を支えていた不可視のものが,その非日常的な出来事によってかえって目に見えるものになってくるわけです.

　そのような気づきが得られる中で,人はその非日常の生活を暗黙のうちに何とか常態化しようと努め,谷底から這い上がろうとし,いずれはその非日常を日常へと再び反転させようと努めるでしょう.

　例えば,人に羨まれて結婚し,子どもにも恵まれて幸せの毎日を送り始めた矢先,突然,我が子に障碍の告知を受けたという例を考えてみましょう.その人にとって,それはまさに幸せな日常が突然裂け,幸せの絶頂から谷底へと突

き落とされる青天霹靂の出来事として経験されるに違いありません．世界が暗転し，何かの間違いではないかと思い，戸惑い，これからどうすればよいかわからないという不安に駆られ，お先真っ暗の気分の中で，それでも生活は送らなければなりません．それまで考えてもみなかった非日常の生活が始まり，苦しみや悩みの中で一日一日と日を重ねます．障碍の判定が間違いではないかを確認するためにいくつかの病院を巡り，間違いではないことが確かめられて再度絶望の淵に落とされ，徐々に子どもの障碍が明らかになってくる現実を受け入れざるを得ません．そのような生活の中で，不安と落胆の気分を心に押し込め，いつしか療育の場へ子どもを連れ出すようになり，親の会に参加して同じ立場や境遇の人と繋がりをもち，というふうに，少しずつ生活が前向きに組み立てられるようになっていきます．

　そのような生活の中で，ふと振り返って見ると，それまで自分がどういう生活を目指してきたのか，何が幸せだと思ってきたのかが改めて問い直され，それまでの自分の価値観はもちろん，人との付き合い方，パートナーとの暮らし方，自分の身内との付き合い方など，それまで自分を暗黙のうちに支えてきたさまざまなものが振り返られ，見直されて，何が本当に大切なものなのかが，急に目に見えてくる思いをすることがあるに違いありません．

　そのような障碍の告知とその後の生活がなければ，もしかしたら気づかないままに過ごしていたかもしれないところで，何か新しいものが見えてきた思いがし，そこから生活を組み立て直そうという意欲が湧いてくる場合もあるはずです．そしてそのような日々を重ねる中で，いつかは「この子を育てることで，私も成長することができた」と思える日がやってくるかもしれません．

　このような，激烈な形で生じる日常から非日常への反転と，それを生きる中でそれまで不可視だったものが見え，新たな気づきが得られるという経験は，今の障碍の告知の例だけではありません．不治の慢性病の告知を受けた人，末期癌の宣告を受けた人，突然の事故で半身不随になった人，突然の事故で親を失った人，突然の大災害で被災して生活の場を失った人，あるいは身に覚えのない冤罪で罪を着せられた人など，「どうして私に？」と問わずにはいられない不測の事態が生じ，日常から非日常に突き落とされる事態に遭遇した人は，その苦しい事態を生きる中で，多かれ少なかれそれまで不可視だったものが見

え，そこから新しい気づきが得られることがあるはずです．

　あるいはそれほどの激烈な例ではないにしても，大事な人の死，離別，思いを寄せた人との別れ，突然の解雇，配置転換，身内の看護や介護の必要，あるいは身内に生じた不登校，引き籠り，鬱病なども，それを境にそれまでの生活が大きく変わらざるを得ないという意味では，日常性が突き崩される事態だといってよいでしょうし，そのような事態を生きる中で，やはり同じように見えてくるもの，気づかれるものがあるに違いありません．

　私はこれまで，上に述べたような体験をくぐり抜けたさまざまな人々と出会い，出会ったそれらの人の身につまされるような生き様から，私自身もまた，それまでの日常を振り返る中で，私自身の足元が見える思いがし，それまでの自分の安易な生き方に変更を迫られる気分に駆られたことが何度もありました．私自身が直接そのような非日常的な体験をしたわけではなくても，そのような体験をした人の苦悩や悲しみに接し，自分をその人に重ねて考えてみるとき，たとえ体験の重みや苦悩の内実は同じにならないにしても，そこからはっと気づかされるかたちで，あるいはなるほどと思えるかたちで，自分の生の営みの裏面が見えてきた思いがして，そこからさまざまな気づきが得られることがあるのです．

　他者はある意味ではもう一人の私です．他者の生きざまは，私の身に引き写して，私の生きざまとして考えることができます．ですから，他者の生きざまに触れることを通して，その他者の生きざまを自分の生きざまのように思いなすことから，自分のこれまでが振り返られ，そこからいろいろな気づきがもたらされてくることはあり得るのです．

　私はちょうど四半世紀前に出版された私にとっての処女作である『心理の現象学』(1986a)において，これまで見てきたような，他者の生きざまに触れ，そこからもたらされる新たな気づきを「生きられる還元」と呼んできました．ここに「還元」というのは，現象学がいうところの「現象学的還元」のことです．私が「生きられる還元」という考えに辿り着くまでの経緯をここで少し述べてみます．

(4)「現象学的還元」

「現象学的還元」という概念を平易に解説するのは難しいのですが，本節を理解するためという限定付きであえてそれを試みるなら，次のように言えるでしょう．

現象学の狙いは事象の本質に行きつくことです．ある事象は何ものかとして（ある意味をもった何ものかとして）私たちの前に立ち現われてきますが，それが直ちにその事象の本質なのではありません．私たちに当面「それは○○だ」と判断されるその事象は，私たちが自分でもそれとして意識できないかたちで自分の中に住み着いているさまざまな予断や思い込みの下で，「それは○○だ」と判断されていることが多いからです．

そこで現象学では，さしあたり生まれてくる「それは○○だ」という自然的態度による判断を括弧に入れて，自分の中に住み着いている予断や思い込み，常識的な信念といったものを可能な限り洗い出し，それを取り払おうと試みます．これが「現象学的還元」と呼ばれる手続きの中身です．しかし，実際にこの還元を実行しようとしてみるとき，これで十分，これで思い込みや予断を免れることができたというところまで完全に還元できるかといえば，それは到底できないことで，現象学者自身，「完全な還元はありえない」と認めているほどです．しかし，可能性としてその徹底した還元がなされた暁には，その事象はそれらの予断や思い込みからくる歪んだ見え姿から解き放たれて，まさに純粋なかたちでその「あるがまま」を私たちに見せてくるはずだと考えられます．

この反省の手続きに並行して，その事象を捉える自分の視点を可能な限り想像の中で変容させて，その「あるがまま」としての見え姿をこのように捉えてよいかどうか，いやそれとは別の捉え方があるのではないかと，次々に反省を巡らせ，そういう想像変容の試みの中にいわば不変の「中核」として浮かび上がるものが，その事象の本質であるというのが，初次的な現象学的な認識のあり方だといってよかろうと思います．

例えば，一人の自閉症の子どもに出会うとしましょう．その子は確かに教科書に書いてあるとおり，呼びかけても振り向きもせず，視線を合わせることを回避し，こちらの関わろうとする意図をはぐらかすように，するりとそばを通りすぎてゆきます．そして何やら奇声を発して頭上で手を打ちならしたり，両

手をひらひらさせたり，そうしたかと思うと，砂場で砂を掬い取っては下に落とすという行為を飽きもせずに繰り返しています．それは教科書で学んだ自閉症児の姿そのものに思われ，そこから「これが自閉症なのだ」という判断がおのずから生まれ，それを疑おうという気持ちはどこにも生まれません．

　現象学的還元は，そのように自分に自明だと思われる判断を自分の予断や思い込みの混じったものとして括弧に入れ，その予断を取り払って，その子どもの「あるがまま」と出会おうとする試みだということができます．そのような手続きの果てに，現象学がいうような「自閉症の本質」に行きつけるかどうかはともかく，少なくとも，私に自明だと思われる判断を，自分の予断や思い込みの混じった，いわば「曇った」判断とみなし，それをいったん括弧に入れてみようというのは，少なくとも私にとって，自閉症の子どもに出会う際にはきわめて大事なことのように思われました．

　さて，現象学的還元の議論に戻ると，哲学的に見れば必要な一つの認識の手続きとして考えられるこの現象学的還元に関して，メルロ゠ポンティは『知覚の現象学』(Merleau-Ponty, 1945/1967) の序文で次のように述べています．少し長くなりますが引用しておきましょう．

> われわれは徹頭徹尾，世界と関係していればこそ，われわれがこのことに気づく唯一の方法は，このように世界と関係する運動を中止することであり，あるいはこの運動の我々との共犯関係を拒否することであり，あるいはまた，この運動を作用の外に置くことである．それは常識や自然的態度がもっている諸々の信念を放棄することではなくて，むしろこれらの確信がまさにあらゆる思考の前提として，〈自明なもの〉になっており，それと気づかれないかたちで通用しているからそうするのであり，従って，それらを喚起しそれとして出現させるためには，われわれがそれらを一時さし控えなければならないからそうするのである．還元についての最上の定式とは，おそらく，フッサールの助手だったオイゲン・フィンクがこれに与えた定式であって，このとき彼はこれを，世界を前にしての「驚き」だと称したのである．［中略］反省はさまざまな超越が湧出するのを見るためにこそ一歩後退するのであり，われわれを世界に結びつけている指向的な糸を出現させるためにそれを緩めるのだ．
>
> （邦訳『知覚の現象学1』12頁）

　私はこの一文に接したとき，ここに人間科学としての心理学が学びとるべき

現象学的還元の意味があると考えました．つまり，常識や自明な判断が間違っているから捨て去るという意味ではなく，私たちの思考の前提となって〈自明なもの〉になってしまっている常識や自明な判断をそれとして喚起し，出現させるために，それを括弧に入れようとするのです．そして事象を前にしての驚きや違和感が，却ってそれまでの自分の思考の前提を露わにし，それまでの自分と事象との関係を露わにしてくれることになるのですから，これは現象学的還元の意味をもつことになると考えることができます．

このように見てくれば，先ほど「日常から非日常への反転」の例を考えたのも，この現象学的還元と深い繋がりがあることに気づくはずです．しかしながら，現象学的還元の主旨は分かりましたが，ありとあらゆる出来事について，それを実行し，その事象と自分とのあいだに張り巡らされている指向の糸を自分に見えるものにすることが本当にできるのかどうか，現象学者たちは本当にそれを実行しているのだろうか，というのが，幾多の現象学に関連した著作を読んで，いつも行き着く私の疑問でした．現象学的還元を事象の本質に辿り着くための方法手続きと考えたい当時の私にとって，現象学者たちが何らかの事象を取り上げてその還元を実行した例がないということは大いに不満でした．そのような現象学の立場への不満が，『心理の現象学』を書く当時の私の中にはわだかまっていたのだと思います．

(5)「生きられる還元」

このように現象学と格闘しながら私がようやく辿り着いたのは，自分一人の反省の努力，自分一人の想像変容の努力ではとても現象学的還元を果たせそうにないけれども，しかし，さまざまな人との出会いの中で，その人の生きざまから「ハッと気づかされる」かたちで，自分の中に住み着いていた自明な判断や思い込み，予断，憶見が自分に見えてくる経験は折々にあり，それはある意味で現象学的還元の手続きと同じ意味をもつものではないかという気づきでした．

つまり，現象学的還元は，還元を目指す主体（経験的自我と呼ばれる）の意図的な反省の作業として考えられるものですが，出会いの中で「はっと気づかされる」かたちで我が身に生まれる「驚き」は，先のメルロ＝ポンティの序文に

触れられていたオイゲン・フィンクの「世界を前にしての驚き」と同様，むしろ無意図的ないし，予測されないかたちで身に被るもの，むしろ受動的，無意識的に生まれるものです．そこで私はこれを能動的，意識的な反省の作業としてなされる現象学的還元と区別して，「身に被る還元」，あるいは「生きられる還元」と名付けました．ただし，現象学的還元との対比では受動的ですが，ただ漫然とそれが訪れるのを待っていればよいという意味で受動的と言っているのではありません．自分の中に住み着いている普段は気づかれないさまざまな予断や思い込みを可能な限り明らかにしようという意図をもって生活世界に関わっているところに，何らかの事象や人との出会いがあり，そのとき「はっと気付かされる」かたちで自分の足元を構成しているそれらの予断や思い込みが見えてくるという事態を取り上げたかったのです．いわば反省の繰り返し（能動）が飽和状態になっているところに一つの出会い（受動）があると，まるで小さな結晶の粒が飽和溶液に投げ入れられたかのように，一挙に大きな結晶を析出させるという比喩が，ここでの能動と受動の関係を考えるのにふさわしいかもしれません．

　『心理の現象学』の第2章は「現象学的還元と人間科学」と題されています．以下，「生きられる還元」という考えに辿り着くまでの経緯を，この第2章の文章をなぞるかたちで明らかにしてみます．

　まず，〈自明なもの〉とは，その意味からして，自らを自明なものだと告知するわけではないので，それは現象学的反省によってそれとして捉えられるか，あるいはその自明性が崩壊しかけるかしたときに，ようやくそれとして捉えられるものだということになります．その点に触れた上で，それを反省によって捉えるのは現象学の任務だろうけれども，自明性が崩壊しかけたときにそれをそれとして捉えるのは心理学の任務だろうというかたちで，すでに「生きられる還元」が示唆されています．

　現象学では現象学還元に至る前の日常的なさまざまな判断を「自然的態度」と呼び，これを還元するのだと考えます．つまり，自然的態度とは，「私のまなざしが諸々の憶見（ドクサ）に住み着かれて〈くもっている〉状態にある」ということです．ですから，現象学的還元によってこの憶見を取り払い，〈くもり〉を取って「純粋なまなざし」を目指し，さらには〈くもっていること〉さ

えも，そのまなざしによって捉えようというのが現象学の企てだということになります．

これに対して，心理学にとっての還元すべき自然的態度とは，いまの比喩でいえば，「自分のまなざしが〈くもっている〉というより，むしろ私のまなざしが私のまなざしでなくなって，他有化され，しかもそのことに自分が気づいていない状態」のことです．その意味からすれば，「還元の目的は私が私の本来のまなざしを奪回し，〈この目で見る〉と語り得るための一つの手続きだともいえるだろう」ということになります．

例えば，私たちが初めて自閉症の子どもに出会うとき，先の例が示すように，私たちは目の前の子どもに，既存の知識を探り当てようとし，探り当てられた分だけ，「ああ，これが自閉症なのだ」と納得するような態度を自然にとっています．しかしそれは，私の目が本来の私の目でなくなって，既存の知識という色眼鏡を被った目になってしまっていて，その色眼鏡を通してしか見られなくなっているということではないか，けれどもそうではなく，むしろその色眼鏡を外して自分の本来の目を取り戻し，自分の目でその子どもを見る必要があるのではないか，ということを言いたいのです．

ところが，その色眼鏡を外すという還元の試みを実行しようとすると，必ず抵抗が生じてきます．というのも，自明な自然的態度は，私たちの常識や日常性を構成しているものなので，それを取り払おうとすることは，その常識や日常性を壊すことに繋がるからです．しかし逆にその抵抗の拠って来たるところを解明することができれば，自分が普段どれほど自明性に取り憑かれているかが見えてくるということでもあります．

ここで私はブランケンブルクの『自然な自明性の喪失』(Blankenburg, 1971/1978)を参照し，精神科医のブランケンブルクが患者アンネの語る「私は自然な自明性が壊れているんです」という語りを引いて，そこに統合失調症の本質を見ようとした経緯を詳しく跡付けています．つまり，私たちにとって常識や規範のような共同主観的なものは，まさに「自然な自明性」としてあるものですが，患者アンネにとってはそれが壊れていて，何が自明なものかが分からなくなっています．それがアンネの苦しみの出所になっているとブランケンブルクはいうのです．

現象学的精神医学を目指すブランケンブルクにとって，そのアンネの言葉はまさにフィンクのいう「驚き」として受け止められ，そこから統合失調症の本質が目指されることになりましたが，私もアンネの言葉に大きな衝撃を受けました．というのも，私たちの日常性を構成しているそのような自然な自明性が，私たちの生活にとってそれほど重要な意味をもつものだとは，アンネの言葉に出会うまで思ってもみなかったからです．しかし，アンネのようにそれが一旦壊れてみれば，たちまち普段の生活ができなくなってしまうのです．この驚きは，しかし，心理学という枠の中で還元を目指そうとしていた私に大きなヒントを与えてくれました．つまり，私は自分の反省の努力を重ねても，自分の中に住み着いている自然な自明性に行きつけなかったけれども，アンネのようなそれが壊れた人と出会う中で，「はっと気付かされる」かたちでそれが自分に見えてくることがあるのだということへの気づきです．

　この間の事情をこの第2章ではつぎのように書いています．

　　現象学的還元とは方法的に意識された反省のあり方である．それは〈見えないもの〉〈隠されてあるもの〉を見ようとするための方法的態度であり，それはまた反省的意識に影のようにまとわりついて離れない自然的意識を振り払って，反省的意識が本来の反省的意識になろうとする努力でもある．［中略］これまでみてきたアンネの症例においても，反省を動機づけていたのは分裂病の本質を目指そうとする学知であった．しかし，アンネの言葉のひとつひとつは，不気味なまでに私に迫って私を圧倒し，日頃は確たるものとして疑ってもみない自分の足元が，まるで綱渡りの人の足元のように，実はきわめて不確かで脆弱なものでしかないことを思い知らせてくれる．当初，アンネの言葉は彼女の存在根拠を了解するためのものに過ぎなかったが，今やそれは私の拠って立つ基盤を隈なく照らし出そうという別方向への反省の作業の始動を告げるものとなっている．

　　してみると，学的対象への自然的態度から脱却するために方法的に意識された還元ばかりでなく，いわば一種の出会いの中から生まれる，「生きられる還元」というものもあるのではないか．つまり，現象学的反省の主体が認識論的動機のもとに意識的に行う還元ばかりではなしに，世界が裂けるその瞬間に「身に被る還元」というものがあると思われるのである．［中略］われわれはこのような「生きられる還元」によって切り開かれる領野を訪ね，それを十分に探査することが，単なる記述の立場を超えた現象学的な心理学の任務ではないかと考える．言い換えれば，他者との出会いの中で，これまで不可視だった生の諸次元が不意に開示されるというような身に被る還

元を通して，他者の，そしてわれわれの世界への根の下ろし方を具体的に浮き彫りにすることができるし，またそうしようと努めなければならないということである．(78頁)

　かなり長くなりましたが，以上が「生きられる還元」のあらましです．今から二十五年前の，堅苦しい若書きの文章ですが，自分以外の人の生きざまとの出会いから何かの新たな気づきを得るという構図を「生きられる還元」と呼ぼうという主旨は分かっていただけるだろうと思います．そしてそれは，他の人の書くエピソード記述を読んで，読み手がそこからさまざまな新たな気づきを得るという構図と重なることも明らかです．つまり，他の人の書いたエピソード記述を読むということは，それがそこに登場する人の生きざまを生き生きと伝えるに十分なものであるなら，それは実際の人との出会いとほとんど同じインパクトをもち得，そこからも新たな気づきが得られる可能性があるということです．多数のエピソード記述を読むということは，それだけ何らかの「生きられる還元」を私に迫る機会が増えるということでもあります．第1章で取り上げた保育者の描くエピソード記述は，まさにその意味で私に「生きられる還元」を迫るものだったといってもよいでしょう．

(6) 認識の枠組みから共に生きる枠組みへ

　先のアンネの症例の議論に戻りますが，統合失調症の本質とは何かという問いに応えを見出そうとしていたブランケンブルクにとって，アンネの言葉はまさに「これだ！」というかたちで響き，それを精緻に描き出す方向に進みます．「統合失調症の本質は何か」という根本的な問いに応えるのが学知のあり方だと考える限り，彼のこの発見は確かに学知の勝利だといえなくはありません．しかし，『心理の現象学』でもほんの少し触れていますが，統合失調症の本質が「自然な自明性が壊れていること」だとしても，それが分かった後に，ブランケンブルクはアンネにどのように接していくのでしょうか．自然な自明性が壊れていることが人間の精神の正常と異常を分割することだとしても，そうだと分かった後にもその患者は生き，自分もまた生きるという現実の中で，自然な自明性が壊れている人に対してどういう支援をしていくことが考えられるの

でしょうか，あるいはどういうふうに共に生きる展望を見出すのでしょうか．そういう問いがブランケンブルクの著作からは聴こえてきません．

　そのことを考えるところから，この「生きられる還元」についても，現在の私には『心理の現象学』を書いた当時とは少し違った見方が生まれてきました．つまり，二十五年前当時は，ある出来事との出会いがもたらした驚きが，研究者自身に住み着いた予断や思い込みを明らかにし，それまで見えなかったものを見えるものにしてくれる，という認識上，研究上の枠組みでこの「生きられる還元」を考えていました．しかしながら，もしも「生きられる還元」によって，予断や思い込みが明らかになったとすれば，そこから人は他者と共に生きるそれまでの生き方をも顧みて，そこに新しい地平を切り開こうとするのではないでしょうか．つまり，認識の枠組みの下での「生きられる還元」から，共に生きる実践の枠組みの下での「生きられる還元」への考え方の広がりです．このことは，『心理の現象学』を書き表して二十五年を経て，私が実践の場に入り込むことによってようやく見えてきたことだと言えます．第1章の冒頭に示したように，いま私が保育の現場に危機感を抱いて，そこに入り込み，その実践の中身にまで踏み込んで保育の改革を目指そうというのも，「生きられる還元」からもたらされる新たな気づきを，単なる気づきにとどめておけないと思い，それを「共に生きる」生活世界に接続しなければならないと思うからです．

　これに関しては，まさに「道半ば」の思いですが，全国に広がりつつあるエピソード記述の研修会に多忙をいとわず顔を出し，さまざまな人たちの多数のエピソード記述を読んで，数々の新たな気づきを得，それを実践に繋いでいくしかないと思っているところです．

第3節　いくつかのエピソード記述を読む

　本節では，過去に私自身が経験したエピソードや，私のゼミに所属する院生の書いたエピソード，あるいは保育者の書いたエピソードの中から，私が「生きられる還元」を身に被ることになって，そこからそれまでは考えてもみなかったことが一瞬にして見えてくる感じがしたエピソード記述を紹介してみたい

と思います．つまり，書き手の意図を超えて，読み手である私の固有性がそのエピソードによって触発され，そこから私自身の生が振り返られ，新たな気づきが得られたという例です．なお，私が自分の体験を書いたエピソード以外のエピソード記述は，書き手の思考の流れにしっかり組み込まれているものなので，そのエピソードの部分だけを切り取って示すことには異論もありますが，その原文の趣旨を取り違えないように，書き手の意図や思考のおおよその流れは私が〈背景〉としてまとめ，（私がまとめたもの）という注釈を加えておきました．また読みやすさの観点から，原文に若干の修正を施した箇所があることもお断りしておきます．

(1) 言語聴覚士の臨床経験から

エピソード1：先生，ウグイスの声が聴こえたんです！　　　言語聴覚士S

〈背景〉（私がまとめたもの）

　S・Kさんは，自分の言語聴覚士としての臨床経験を基に博士の学位を目指して大学院から私のゼミに来た社会人の方でした．主に人工内耳の術後のリハビリに携わり，ドクターからは機器の調整とそれによる術後の患者の語音聴取能力の改善などが求められていました．ドクターとの共著論文も多数ありましたが，その共著論文の内容はまさにエヴィデンス主義そのものの内容で，なぜその彼女が私のゼミで学位論文を書こうと思い立ったのか，当初はよく分かりませんでした．多分，ご本人も私のゼミの性格をよく分かっていなかったのだろうと思います．

　そういうS・Kさんが，ゼミに所属して間もない頃のある日の院ゼミで，グラフを用いて自分の担当した患者の術前，術後のセルフイメージの変化を報告した後で，ほとんど欄外編の感じで，先日こういうことがありましたと報告したのが以下のエピソードです．これを報告した時点では，患者が術後の状態をこんなに喜んでくれて嬉しいという気分で報告したようでした．

　このエピソードの主人公のIさんは，18歳のときに両耳の難聴を発症し，30歳で完全な失聴状態になりました．そして42歳のときに人工内耳の手術を受

第2章　エピソード記述から読み手に何が読み取れるか　　　89

け，それからリハビリを繰り返して1年4ヵ月が経過したときのエピソードが以下のものです（なお，ここに取り上げる二つのエピソードは学位論文を基にした『人工内耳とコミュニケーション』（黒田生子，2008）という著書に収録されています）．

〈エピソード〉

　4月の快晴のある朝，職場で仕事中の私のデスクに一枚のファクスが届けられました．発信者名に目をやると，それは珍しくIさんからのものでした．
　手術からはおよそ1年4ヵ月が経過した頃のことでした．そのファクスにはB5サイズの用紙いっぱいに，まさに踊るような文字でこう記されていました（原文のまま）．
　「おはようございます．突然FAXしてごめんなさい．
　けど，すごくうれしい事があったのでお伝えしたくて……．
　30年ぶりくらいに『ホーホケキョ』を聴きました．犬の散歩中に……．
　長〜く鳴いていたのでず〜と聴いていました．
　近所の人がいたので『さっき，うぐいす鳴いていたよね』って訊いてしまいました．
　今年初めて聴いたそうで，やっぱりそーだって，じ〜んときてしまいました．
　H先生やK先生，皆さんのおかげです．ありがとうございます．
　5月のリハビリまで待てなくて，お騒がせしちゃいました」．
　ファクス用紙の一文字一文字がIさんの抑えきれない喜びを運んでくるようで，一気に書き上げたであろう文面からその気持ちがこちらにもしっかり伝わってきて，私の内面にもほのぼのとした喜びが大きく静かに広がっていきました．

〈このエピソードを読んで〉

　このエピソードが読み上げられる前の，術後のリハビリの効果をセルフイメージの得点の変化によって跡付けるというレポートを読んだ直後だったからでしょうか，この短いエピソードが読み上げられた時点で，少し大袈裟に聞こえるかもしれませんが，私は一瞬どきっとして，次の瞬間，何かが見えてきたという確信めいた気分に襲われ，それと同時に，このエピソードを掘り下げていけばS・Kさんには新しい世界が開けるという確信が私の中に瞬時に生まれました．そのために，その後のゼミ討議の中で，私は少し興奮気味にこのエピソ

ードにコメントをしたのを覚えています．

　ファクスを書いた I さんの喜びはもちろん，それを読んだ S・K さんの喜びは「誰にとっても分かる」内容です．聴こえを取り戻した人の喜びと，それを喜ぶ言語聴覚士という構図は，あまりに一般的過ぎて，特段取り立てて議論するような内容に見えないかもしれません．

　しかしながら，このエピソードに接した時，私には上に述べたような，一瞬どきっとして何かが見えてきたという確信のような感動のような気分に襲われました．それは「生きられる還元」が突如として我が身に生じた瞬間だったといってよいと思います．つまり，それまで見えなかったものが急に見えてきたような気分だったのです．人間にとって「聴こえる」ということの意味が，これまで考えたことのないかたちで私を襲ったとでもいえばよいでしょうか．他の人の書いた一つのエピソードが私の内部に大きな気分の変化を生み，私のこれまでの数々の経験が振り返られ，一瞬のうちに何かが見えてくるような不思議な経験だったことは確かです．

　私たち健聴者にとって，音が「聴こえる」ということはあまりにも自明なことなので，「聴こえる」ということの意味（あるいは意義）など普段は考えてもみないことです．しかし，いまのエピソードが紹介されたとき，私にはうぐいすの声が「聴こえる」ということの意味が一瞬のうちに開示され，そこから「聴こえる」ことの本質に行き着くことができるはずだという確信めいた手ごたえが得られたのです．そのとき頭をよぎったのが以下に示すメルロ＝ポンティ（Merleau-Ponty, 1962, 1964/1966）のソルボンヌ講義録の一部でした．それをここに抜粋してみましょう．

　　フッサールが，彼の平生の関心からはきわめて遠かったと思われるレヴィ＝ブリュールの『原始神話学』を読んで，どれほど異常な関心をかき立てられたかは注目に価します．彼の関心をそそったのは他の文化との接触であり，〈哲学的想像力〉と呼ばれてもよいものが受けた衝撃でした．フッサールはかつて，およそわれわれにとって経験可能な一切を思い描こうと思うなら，想像によって事実を変容させてみるだけで十分だと言っていました．ところが今日も残っているレヴィ＝ブリュール宛ての手紙の中で，フッサールは，想像力が事実によって揺さぶられるのも無駄なことではないと認めているように思われますが，それはまるで，ひとり想像力だけでは，とうてい

いろいろな文化によって実現されている実生活のさまざまな可能性を思い描くことはできないと言わんばかりの口調なのです．

［中略］フッサールはレヴィ＝ブリュールがその本の中でうまく与えてくれた〈未開人との接触〉によって衝撃を受けました．そして著者とともにその接触を実感した彼は，或る歴史的伝統の中で生きているわれわれが単なる想像変更の努力だけで，レヴィ＝ブリュールが語っているような未開人たちの歴史的可能性を考えることはおそらく不可能だということに気づきます．……

　この一文を読めば，私が「生きられる還元」という考え方を導き出すに至った経緯が分かると思います．フッサールがレヴィ＝ブリュールの南海諸島の人々の生活を描いた文化人類学的知見に接して衝撃を受けたように，私はS・Kさんの紹介するこのファクスの文章に接して，はっとする思いで「聴こえる」ということの本質が急に切り開かれたような衝撃を受けたのでした．私の場合，自分が意図的に遂行した現象学的還元の結果ではなく，他者の経験に触発されて，まさに「生きられる還元」が我が身に生じた出来事だったのでした．
　聴覚の障碍の程度を聴力損失が何デシベルというように測定し，その損失レベルの改善を目指すのが言語聴覚士の役割だとされてきました．確かにその改善によって，通常のコミュニケーションがしやすくなり，それによって生活の質（QOL）が向上するというのが治療の枠組みです．しかしこの一枚のファクスは，それとは異なった次元で，自然の音が聴こえる喜びがその人の内的な「生活の質」を変え得ることを告げるものです．うぐいすの声が聴こえることなど，ほんのちょっとしたことで，普段の生活に何の役にも立ちそうにないことなのに，しかしその人にとっては，こうして突然にファクスをせずにはおれないほどの大きな喜びをもたらし得るのです．ここにあるのは，単にこれまで聴こえなかったものが聴こえてきたという「聞こえの改善」の喜びではなく，自然の音に触れることができた喜びとでもいえばよいでしょうか．つまり実際的な「生活の質」の向上である前に，内的な「生活の質」の向上の喜びがこのファクスの意味なのだろうと思います．
　このエピソードに接したとき，ふと私は，京都大学の学生になりたての頃，銀閣寺の横から独り大文字山に登る道すがら，谷合いからうぐいすの声が聴こえ，目に沁みる新緑と春の匂いに包まれて，しばし孤独を忘れた経験が鮮やか

に思い出されました．自然に包まれる中でうぐいすの声をそのように聴いたことの喜び，そしてそれから三十余年を経た今，それをすっかり忘れてしまったような日々を自分が送っていること，それらのことをこの一枚のファクスは私に突き付け，「自然の音が聴こえる」ということがどれほど自分の存在を支える次元なのか，その経験を共有することがどれほど人と人を深く繋ぐものなのかを，改めて考えさせられ，自分を振り返らされたのでした．

　それを裏返せば，術前のIさんがそうであったように，聴覚を奪われることによって，自然の中のうぐいすの声を聞けない生活，自然の音が聴こえない生活がどのようなものかを，Iさんのファクスを見せられるまで，私は思い至らなかったということでもあります．聴こえを取り戻し，自然の音を聴くことの喜びは，それを失うこと，それを奪われることの意味を裏側から教えてくれる意味をもつのです．

　さて，私がこのファクスの文章に出会ったときの興奮の背後にあったものを綴ってきましたが，このファクスの文章は誰にとってもいま私が経験したように経験されるはずだとか，このファクスの文章には誰もがそのように捉える本質が内在しているのだなどと言いたいのではありません．むしろその逆です．一人の聴覚を取り戻した人の自然の音を聴いた喜びの経験が，「私」という個人の体験を揺さぶり，私にとって「自然の音が聴こえる」ことの生活世界的意味が切り開かれてきたということが言いたいのです．そしてこのファクスの文章を機縁に立ち上がった私の経験が他の多くの人の心に響いて，「なるほどそうだ」と了解されるのか，それともそれは了解されずに私個人の経験にとどまるかは，まさにエピソード記述の了解可能性の問題そのものです．

　そのようなゼミ発表と私のコメントの後，S・Kさんは何かに目覚めたようで，それまでのリハビリの過程で得られた患者さんとのやりとりをテープ起こしし，術後に「聴こえる」ようになることが，その人にとってどのような意味をもつのかの解明に向かいました．そしてその姿勢に沿ってまとめた論文は，エヴィデンス主義を標榜する医療の側からもその意義を評価されるまでになりました．そして学位論文においては，さらに先天性重度難聴の子どもの人工内耳手術後の母子関係の変化の様子を跡付け，母親から次のような語りを引き出しています．それを著書から引いてみます．

エピソード2：母の語り

〈背景〉（私がまとめたもの）

　重度難聴のAちゃんは3歳のときに人工内耳の手術を受けました．そのリハビリとマッピング（機器の調整）の役割を担ったのがS・Kさんでした．術後2ヵ月が経過した頃，Aちゃんはお母さんが二階のベランダから声を掛けると気がついて返事をするようになったことや，お父さんが「こらっ」とちょっと怒った声をだしたときにも敏感に感じ取るようになったことが語られ，既に音の聴取経験が進んできたことがうかがえました．そこで術後4ヵ月の時点で，S・Kさんは日常生活のなかで母子間にどんなふうに気持ちの通じ合いが生まれるようになったかを知りたいと思い，「家庭での様子はどうですか」と質問を向けたところ，お母さんは「Aが寝るときにも体外装置を外したがらない」と述べ，次のように語ったのでした．

〈エピソード〉　　　　　　　　　　　　　　　　　　　　S・K

　「このあいだ，寝かかりのときに，この子をおんぶして子守唄をうたっていたんですね．で，滅多にそんなふうにうたったりしないんだけど，自分から寝ちゃうこともあるし，子守唄は多分，以前はうたってもこの子の耳には届かないこともあるし．でも，このあいだは子守唄をうたっている私が唄をうたい止むと，こう起きてきて，背中越しに私の顔を覗き込んで「催促する」というか（笑顔）．それで寝かかって下におろして装置を外そうとすると，この子が「はずさないで」って．そんなことは初めてだったので，外すのはいやだっていうのは……．」

（黒田，2008，150頁）

　この語りを聴いたS・Kさんは，学位論文をまとめた著書の中で次のように書いています．

　「単に機器管理の視点で眺めれば，装置を装着したまま眠ることは，発汗によるダメージの影響を考えても決して望ましいことではない，ということで終わってしまいます．しかし，子どもがおんぶされてうとうとと眠りに落ちるときに，母親の背中の温かさを感じながらその子守唄を聴くというのは，親の子守唄のゆるやかな

リズムの中で，母子の身体が触れあい，気持ちが繋がり合うような体験です．機器をはずさないでというAちゃんのことばは，Aちゃんが生まれてはじめて生活の中でそのような体験を持ち始めたことを告げるものとして，強く私に伝わってきたのでした．」

(前掲書，150頁)

聴こえが取り戻され，子守唄が聴こえるようになり，母との繋がりが得られるようになったので，機器を外したくないと子どもが思うようになる……この出来事を上の一文のように捉えて「聴こえる」ことの意味を考えるようになったS・Kさんは，言語聴覚士の仕事の中に新しい次元を切り開いたといっても過言ではありません．そして私もこの母親の語りとS・Kさんのコメントに接して，子守唄を歌う母とそれを聴く子どもの関係を改めて考え直す契機になりました．

「うぐいすの声が聴こえる」，「子守唄を聴きたい」，この二つのエピソードは，それを体験した人の生活を大きく切り開く意味をもつものですが，それにとどまるものではなく，それによって読み手である私自身が揺さぶられ，それまで気づかなかったことに私自身が開かれる契機となりました．これこそ「生きられる還元」に他なりません．そしてここに，エピソード記述のもつ意義を確かめることができます．つまり，単に或る人が自分の体験をある感動とともに書き起こしたかに見えるエピソードであっても，それはその人の体験にとどまらず，その人の体験は周囲の人に開かれて，自分が体験した以上の意味が他の人によって掘り起こされることがあり得るということです．一事例に過ぎないとか，一般的な言説ではないという行動科学からの論難に屈することなく，たった一枚のファクスの文章でも，それが与えるインパクトが大きければ，それは十分に心理学的意味をもつということなのです．

(2) 終末期医療の現場から

他大学から大学院の修士課程に入学してきたM・Kさんは，研究テーマをあれこれ模索していた矢先，交通事故にあって自ら臨死体験に近い経験をし，そのこともあって，人の死の問題に取り組むようになりました．ホスピスケアにボランティアで参加し，海外のホスピスケアを半年間経験するなど，主に末期癌の患者のケアにボランティアで関わっていました．ホスピスケアのボラン

ティア経験をエピソードにまとめたのが修士論文でしたが，その後，幸運にも，終末期緩和ケアに取り組んでいる某病院に入らせてもらえるようになり，担当医の了解を得て，終末期の癌患者にインタビューを行うという得難い経験をすることになりました．そこで得た多数のインタビュー資料が学位論文へと結びつきました．

M・Kさんは従来のインタビュー研究の，協力者の語りのプロトコルをただ並べて，それに考察を加えるというやり方に疑問をもち，インタビュアーである自分を黒衣にすることなく，自分との関わりの中で協力者の語りが生まれたのだという観点から，研究に取り組んでいました（これについては第5章も参照してください）．

ここでは学位論文に取り上げられた多数の事例から1事例をとりあげ，しかもその1事例のたくさんの語りの中から一つの語りを切り取るかたちでその研究の一端を紹介してみたいと思います（以下は学位論文を基に出版した『関係発達論から捉える死』（近藤恵，2010）から引いたものです）．

エピソード：「母の威厳」　　　　　　　　　　　　　　　　　　　M・K

〈背景〉

すみれさんは「痛みは緩和できると思いますが，心のケアをしてください」といってこの病棟を訪れた60歳前の女性である．夫と二人の娘がいる．いつ襲ってくるかわからない激しい痛みに対するすみれさんの不安は強く，入院以来，医療者への要望は厳しいものがあったらしい．疼痛緩和ができはじめた頃から，すみれさんは臨床心理士のカウンセリングを受けることになり，病気に罹った悔しさや死にたいする不安が語られたという．正月明けには「最後の正月だったと思う．家族に迷惑を掛けて申し訳なく思い，いつ死んでもよいと思うようになった」と述べていたという．ちょうどその頃，私が臨床心理士と交代するかたちですみれさんを訪ねることになった．

緩和医療科に入院するまでの語りや，体調の悪さから死を考えた語り，家族に自分の思いを伝えて受け止めてもらえたときの語り，さらには死後の自分についての語りなどを語った後，家族との繋がりの話になり，その後に出会ったのが以下の語りである．

〈エピソード〉

　午後，訪問すると，すみれさんは一人でテレビを見ていた．この日は夫が付き添っていたのだが，所用で部屋を空けていた．「どうですか」という私の問いかけに，「先生こそどうですか？」といたずらっぽく切り返すすみれさんと，「午後の時間は睡魔が襲う」とか，「かといって昼寝をしすぎると夜眠れなくなる」とか，いつものように雑談をしていると，すみれさんが私に今日の日付を尋ねてきた．

　　すみれさん：今日何日？
　　　　　　私：24日ですよ．
　　すみれさん：じゃあ私，もうすぐお小遣いがもらえるわ，ふふふ（両手を身体の
　　　　　　　　前で合わせる）
　　　　　　私：え？　お小遣いですか？
　　すみれさん：うん．私，毎月お父さんからお小遣いもらっているの．
　　　　　　私：いいですね～．何に使われているんですか？
　　すみれさん：「何につかわれているか？」って，娘が何か買ってきたとき，お菓
　　　　　　　　子とか．ただもらっておくわけにはいかないじゃない．だからお金
　　　　　　　　を渡して，母親としての威厳を保っているの．
　　　　　　私：そっか～，威厳ね．

〈メタ観察〉

　私には「お小遣いをもらえる」というすみれさんの言葉は思いもよらないものだった．「もうすぐお小遣いがもらえるわ」と嬉しそうにするすみれさん．ベッドで一日を過ごしているすみれさんとお金を使うこととがうまく結びつかず，思わず「何に使うのですか？」と質問してしまったのだが，この質問は裏を返せば，私がすみれさんを「患者」としか見ていなかったということでもある．寝たきりで，病室で暮らしているのだからお金を使うことはないはずという短絡的な考えは，すみれさんを日常生活を営む私と変わらない一人の人としてみることができていなかった私の視点を残酷なまで露わにした出来事であった．

〈考察〉

　すみれさんは日々の話の中で，自分が母親あるいは妻として家族に何もしてあげられなかったことを心苦しく思っていることをよく語っていた．母親としての威厳，自分が身体的には家族に頼りきりで何もしてあげられないこと，母親としての役割ができていないと思っているすみれさんが，自分で威厳をもっていると感じられる

瞬間が，経済的に娘を援助している時なのかもしれない．それと同時に，母親として振る舞える瞬間があるということがすみれさんにとって何より重要な瞬間だったのではないだろうか．

〈私からのコメント〉

　M・Kさんは，諸外国の終末期研究が，キューブラー・ロスの有名な研究に代表されるように，個人の死，つまり死を迎える個人がいかに自らの死を受容するかという枠組みのもとに展開されていることに疑問を抱き，個人としての死の受容というより，いかに家族との繋がりのなかで死を迎えるかが日本文化を生きる患者にとって重要なテーマなのではないかと考えていました．この語りはまさにその自分のその主張に繋がる重要な語りだと思います．そしてM・Kさんはすみれさんとは立場も家族構成も異なる何人かの患者さんの語りを丁寧に描いて，学位論文にまとめたのですが，ここではM・Kさんの問題関心から離れて，読み手としての私がこの語りに接した時の衝撃について考えてみたいと思います．

　終末期緩和ケア病棟に患者としているということは，その患者が私のいまの生活とはかけ離れた，私にとっての非日常の世界にいるという思い込みを暗黙のうちにもたらします．ところが，死を目前に控えたすみれさんは，夫から小遣いをもらい，それを娘に渡すことで母の威厳を保つのだと語ります．そのことは，自分は日常の側にいて患者は非日常の側にいるものと思いこんでいた私にとっては，非日常が日常に反転するかのような一瞬の眩暈をもたらしました．「お小遣いですか？」というM・Kさんの継穂は，私と同じようにその反転の驚きを思わず表明したものだったのでしょう．そのことについてはM・Kさんもその〈メタ観察〉で触れています．

　そこから翻って考えれば，「死の受容」というような研究テーマに慣れ親しんできて，終末期にある人はどのように死を受容するのだろうかというように，いつの間にか私自身，「個人としての死」という枠組みで人の死の問題を考えようとしていたところがあったのだと思います．そういう思い込みを，見事なまでにひっくり返されるかたちで一瞬の「驚き」や「眩暈」が生まれ，そこから死についてのこれまでとは違った考えが私の中で漠然と組み立てられ始ま

す．それもまた，これまで「生きられる還元」として述べてきたことがまさに私にとって生きられる瞬間でした．

　そこから振り返れば，いろいろな死があるなかで，学問はややもすれば権威をもった学者の示す枠組みに安易に加担し，それぞれの人の死の多様性を十分に見据えてこなかったのではないかという疑問が生まれます．そしてM・Kさんがやったように，一人ひとりの死に寄り添い，その多様性をていねいに描き出すことがまずもって必要で，学問的な一般的言説を導くことは，その後からでも十分だと思われてきます．

　ところで，この語りによって受けた私の衝撃には，単に非日常という思い込みから目を覚まさせられたという驚きばかりでなく，すみれさんの語りに「母なるもの」について考えさせる一瞬があったこともありました．ここでは「母親の威厳」という枠組みで娘にお金を渡すことが語られていますが，もう何もしてあげられないけれど，それでも訪ねてきてくれる娘に何かをしてあげたいという母の思いもそこにあるのではないかと思うのです．

　そのように考えていたときに，ふと私自身の経験が思い起こされました．もともと心臓の悪かった私の母が入院することになり，遠隔地から私が見舞いに行った折のことです．結局はそれが生前の母と会う最後の機会になったのですが，そうなるとは知らぬまま，病室を訪ね，とりとめもない会話をしていたと思います．特に苦しそうな様子でもなく，「また元気になれるから」と気休めの言葉をかけて帰ろうとした私を，母は「ちょっと」呼び止め，私が枕元に近づくと，枕の下に手をやって四つに折りたたんだ数枚の紙幣を私の手に握らせようとするのです．「そんなのいいから」と振り払おうとする私に，「いいから持って行って」と強く押し付けられ，結局，受け取って帰ることになりました．

　学生の頃，帰省のたびにそれに似たシーンはありました．しかし，すでに社会人になり曲がりなりにも所帯をもって生活している30代半ばの男に，それでも母は何かをしたかったのでしょう．遠くから見舞いに来てくれたのに何もしてやれない，そういう思いがかつての「息子が帰るときのパタン」を引き出したのかもしれません．いずれにしても，このすみれさんのお小遣いの語りは，そのときの私の母の振る舞いを思い起こさせ，子どもを前にしたときの母とはどういう存在なのかと思わずにはいられませんでした．いろいろな母親がおり，

第2章　エピソード記述から読み手に何が読み取れるか　　　99

すぐには一般化できる話ではないにせよ，しかし子どもから見た「母なるもの」の不思議が，一人の死にゆく母の語りから浮かび上がってくる感じがしました．

　このように，何気ないちょっとしたエピソードも，それが読み手にいろいろな水準で受け止められ，多元的な生活世界的意味を垣間見せてくれます．ここではそれを十分に掘り下げることができませんが，「子どもにとって母とは何か」という問いが新たに立ち上がるだけの力がこのエピソードにはあると私には思われました．

(3) 慢性腎疾患の患者とその家族の世界

　現在C大学の助教のC・Wさんは，開業医の夫の手助けをする傍ら，3人の子どもを育てる主婦でした．ところが二男が4歳のときにネフローゼ症候群の診断を受け，それこそ日常性が裂けて非日常の生活に反転する思いの中で，その非日常を日常へと再反転させようとする日々を送りました．そして患者会を立ちあげ，同じ病気の子どもをもつ親たちと横の繋がりを広げる一方，息子の成長に関わってきました．慢性腎疾患は，症状の安定化のためにはステロイド剤の投与を必要としますが，薬を投与されれば顔がお月さんのようになるムーンフェイスの副作用を伴い，運動制限などさまざまな生活の制約が生まれるという，家族にとっても扱いの難しい疾患です．C・Wさんは息子の状態が安定してきたころ，自分がくぐり抜けてきた大変な思いをきちんと整理し，青年期を迎えて新たな課題に直面している息子の問題をもっと深く知りたいと思って，大学院で学び直し始め，現在は助教の仕事に就いて自分のこれまで得た様々な経験をまとめていま学位論文を準備中の人です．

　C・Wさんの研究の中から，医師の入院宣告や就職に関する助言によって，自分の将来展望が大きく崩れた一人の青年の語りを取り上げてみます．

エピソード：「あなたの病気は治らないわね」　　　　　　　　　　C・W

〈背景〉

　Mさんは14歳のとき，医師から慢性腎炎と告知され，「一生付き合うことになるだろうから，薬を取りに来るのも検査結果を聞くのも，お母さんじゃなくてすべ

てあなたがやりなさい」と言われた．しかしMさんは，「検査して薬を受け取ればいいのね」という程度にしか思っていなかった．初めて自分の病気について真剣に受け止めるようになったのは，それから3年後の17歳，高校3年生の夏休み直前に，体調が悪化して入院するように言われたときのことだった．

〈エピソード1〉 **「腎臓がどうなるとかじゃなくて，私の人生どうなっちゃうんだ，ってこと」**

「外来に行ったときに，先生が『もうダメだ．もう入院しないとまずい』と，いきなり，突然宣告したもんだから，ビックリしちゃって．あと2日で夏休みみたいな時で，夏季講習も入れてたし．一体，何言ってんだかわけがわかんなくて．大学受験もあるし，どーすんだよ，と．そのときに初めて，こりゃおおごとだと思った．」

〈そういうお話は事前になかったの？〉

「あったのかもしれないけど，記憶にないんですよ．聞いてないんですよ．自分が．たぶん上の空っていうか，ひとごとのように，ヘイヘイって．」

〈で，突然入院って言われた感じだったの？〉

「そう，突然言われたという感じがあるんだけど，たぶん，医者は突然じゃなかったと思う．薬も増やしてたし．薬増やしてたってことは，たぶん言ってたはずなんです．でも自分はぜんぜん覚えてない．」

〈で，まあ，入院って言われて……．〉

「言われたときは外来の部屋で大泣きして，30分ぐらい．だけどまあ，もう入院するしかないじゃないですか．ちょうど夏休みの前で．で，わかりました，と．でも受験もしなくちゃならないから，塾だけは行くって．病院から通わせろ，って言ったら，『研修医ひとり家庭教師につけるから居てくれ』と．」

〈なんという患者でしょう！（笑い）〉

（中略）

〈大泣きしたときは……？〉

「まず，びっくりしたのがひとつと，え？ 受験は？って，思った．前日の午前中に塾の全国模試を受けた後だったし．それから，私の人生どうなっちゃうんだー！って．腎臓がどうなるとかじゃなくて，私の人生どうなっちゃうんだ！って．」

その後Mさんは，「それまでは病気をどうするかだったのが，病気を抱えた自分の人生，病気を抱えながら生きていかなければならない自分の人生に向き合わなきゃいけないんだと思った」と語っている．つまり，それまでは医師に言われるまま

第2章　エピソード記述から読み手に何が読み取れるか　　　101

薬を飲み，生活制限をし，受け身的に病気に向き合っていたのが，この入院を機に，自分の人生を考えていく上で病気をしっかり視野に入れて考えなければならないという主体的な態度に変化したというのである．

　またMさんは別の日のインタビューで，このときのことを，「みんなと同じ土俵にはいないことを自覚させられた」と語っている．周りはすっかり受験モードで，明後日からはみんなといっしょに夏期講習に行くというときに，抗しがたい力で病院に隔離されてしまったMさんは，「みんなと同じ土俵にいないこと」，つまり，自分が級友たちとは明らかに違うことを認めざるをえなかったのだと思う．「病気である私」と「病気でないみんな」とは明らかに違う，という現実を突きつけられ，もはや病気を「無きもの」として否認し続けることができなくなったのだ．大泣きした背景には，このような心理状態があったようである．本人にとって，慢性病という事実を認めるということは，それほど重いものがあったのだろう．

　Mさんに限らず，慢性病患者は，本当は病気を「無きもの」にして意識の外に排除してしまいたいのだと思う．否認という防衛機制は，慢性病患者が適応的に生きるために必要だと言われている．実際，病気のことを忘れて暮らすという態度は，普段はむしろ望ましいことである．しかし，時には将来展望まで変更せざるをえないほど病態が悪化することもあり，悲しいけれども病気の現実は消し去ることはできず，心の奥底にでも慢性病という事実を抱えておかなければならないのかもしれない．

　さらにMさんは，この入院中に，人生の見通しを根底から崩されるような事態に遭遇することになった．Mさんは幼いころから看護師になりたいと思っていた．受験先も看護学校以外考えておらず，高校も医療系進学クラスに在籍していた．ところが医師から，看護師を諦めるように言われてしまったのである．

〈エピソード2〉　「突然，梯子はずされた感じ」

　「ずっと看護婦になりたくて，そのための準備しかしてこなかったのに，やりたいことが崩されてしまったんです．病院の先生（年配の専門医）に『あなたは看護される側で，する側ではない』と諦めるように言われました．学生時代は寝る時間がないぐらい勉強しなければならないし，3交代勤務で夜勤も多いし．でも，小学校のころからずっと看護婦になりたいって，思ってそれだけ目指してきたから，先生の話に何も無くなってしまったのです．突然梯子はずされた感じ．」

　「あなたは看護される側で，する側ではない」という医師の言葉は，Mさんにとってはよほど衝撃的な言葉だったのだろう．私が初めてこの言葉を聴いたとき，長

年，Mさんが夢見てきたことを一瞬にして覆すような言い方をしなくてもと，医師に対して強い憤りを感じた．病気から逃れられない人生であることを突きつけられた上に，夢まで剥奪されてしまったのだ．Mさんは一体，どのように立ち直っていくのか．患者会で接する人たちのこういう語りが，私をこのままではいけないという思いに駆り立てた．

〈私からのコメント〉

　C・Wさんの学位論文には，患者やその保護者の生の声が多数取り上げられています．ここにも，第1章で触れた「当事者や書き手の声が聴こえる」という問題が立ち現われていますが，それはともかく，告知を受けたり，入院を突然宣告されたりしたとき，前節でもみたように，人はそれまでの日常が一気に裂け，自分が非日常の世界に突き落とされた気分に陥ります．明日からどうしよう？　受験はどうなる？　生活はどう変わるの？　それまでの将来計画が全部だめになるような気分の中で，病気でない人たちの側と病気である自分の側の落差が突き付けられます．病気ではない側にいたはずなのに，突然，反対側の人間にされてしまうような気分．そしてそれによって，それまでの生活ががらがらと音を立てて崩れていくような気分．まさに日常性が壊れることを通して，初めて自分にとってのそれまでの日常性が見えてくる……．前節の末尾で述べたことがまさにMさんに起こったのでした．

　C・Wさんは，患者会のリーダーとして，また同じ病を持つ子どもの母として，このMさんの話を聴き，医療への強い憤りを感じたようです．これまで医療は，病気と向き合い，病気の治療に関わってきたわけですが，病気をもった一人の人間と十分に向き合ってこなかったことが，このような不用意な発言になったのでしょう．このMさんの語りを読めば，慢性疾患を抱えて生きる患者のQOL，それも医療側から見た患者のためのQOLではなしに，患者本人からみたQOLを踏まえた医療とはどのような医療なのか，読み手としても深く考えさせられます．また，子どもがそのような疾患を抱えるとき，周りの家族はどのように苦しむのか，それへの支援も視野に入ってこなければなりません．C・Wさんの学位論文はそのようなことを問題に取り上げたものになっています．

癌の告知の後，障碍の告知後，大災害に巻き込まれた後，突然の解雇，突然の逮捕，等々，人の生には日常性が非日常性に暗転する経験がいくつも織り込まれています．幸いにそれらの辛い経験を経ることなく人生を通過する人もいるでしょうが，人は多かれ少なかれ，何らかのその種の暗転を人生の中で経験せざるを得ません．その辛さに，否認，逃避，合理化といった苦し紛れの防衛機制が用いられる場合もあるでしょう．しかし，その辛さを周囲の人に共有してもらえるかどうかは，本人の心理的安定にとって大きな意味をもつことは明らかです．誰かの負の体験は，その周囲にいる共に生きる人たちに何らかの負の影響を及ぼさないわけにはいきませんが，その中でも本人の苦しみを共感的に分かってくれ，それを支えてくれる人がいるかいないかは，本人にとって大きな違いになるはずです．

しかし，そのような青天の霹靂の事態に直面しても，人はその非日常の出来事を我が身に引き受け，それを自分の人生だとみなし，それを日常へと反転させようとします．当初はそれまでの安定した日常性にしがみつこうとしてもがくとしても，いずれはその非日常性を自分の中に受け入れて，それが自分の日常だと思いなし，新しい状況を「消化」していくのが人間の適応力なのだと思います．

しかしながら，そのように一般的にまとめ上げて簡単に納得する前に，まずは当事者の声を聴き，その人の迷いや混乱や辛さをその人の立場に立って分かろうと努め，場合によってはそこから本人への支援を考え，翻って，そこから我が身を振り返り，自分の人生を再考しようとするところに，私の研究の向かう方向性があります．

(4) 或る自閉症児の母の異次元へのワープ

これまでのエピソードは私が博士論文に指導的に関わった人たちの書いたエピソードでしたが，以下に示すのは私が経験したエピソードです．

当時私は地方の大学に勤務していました．科学研究費による研究の一環で，障碍のある子どもとその子に関わる人とのコミュニケーションの問題をテーマに研究に取り組むことになりました．そういういきさつがあって，自閉症の子どもたちが通う某養護学校の協力が得られることになり，私は月1回，地方か

ら都内にあるその養護学校に赴き，自閉症の子どもと教員とのコミュニケーションについて，その関与観察に従事することになりました．以下はそのときに出会った忘れ難いエピソードです．

エピソード：「一回余分に洗濯をすればすむことですよね」　　　　筆　者

〈背景〉
　その養護学校は，保護者が子どもを連れて学校に通ってくることになっており，小学部に20名程の子どもたちがいました．私は月一回の頻度でそこに通い，子どもと教員のコミュニケーションの様子を，ときには自分も僅かばかり関わりながら，観察させていただいていました．その養護学校は徹底して子どもの思いに寄り添うことを重視していて，学校らしい教育の体制の下にあると言うより，むしろ保育の場に近い印象を与え，登校時間もかなり自由で，9時を過ぎて登校する子どもも稀ではありません．昼食も時間決めで開始するという体制ではなく，子どもの食べたい時間が昼食時といってよいような，ゆったりした時間の流れる学校だという印象をもっていました．
　エピソードに登場するAくんは小学部の3年生で，当初は私が注目して見ようと思った子どもではありませんでした．そのAくんが気になりだしたのは，毎月出かけるたびに，Aくんとお母さんの厳しいやり取りを目撃することになったからです．ある訪問時，ふと見ると，Aくんは走ってどこかに行こうとし，その後をお母さんが怖い顔をして追いかけ，Aくんを捉えると，お母さんはAくんの肩を掴んで何やら厳しい調子で話しかけています．するとお母さんの手を振り切るようにAくんは走り出し，またお母さんが追いかけます．そしてお母さんの口から，『ウンチは！　ウンチでるでしょ！』と鋭い声がかかります．それで，どうやらお母さんはAくんにウンチを促しているのだけれども，Aくんが嫌がって逃げているのだということがようやく分かってきました．職員の方にうかがってみると，小学部に来て以来，朝はたいていこうですという話でした．そして，次の月も，その次の月も，同じような光景を目の当たりにして，私自身，気が重くなるのを禁じ得ませんでした．それから数ヵ月ほど経ったときのことです．

〈エピソード〉
　その月もその養護学校を朝方に訪問しました．しばらくするとAくんがお母さんと一緒に登校してくるのが見えます．ところが，お母さんの表情がいつになく明るく，Aくんも逃げ回る雰囲気ではありません．毎月訪れるたびに，眉を吊り上げ

て「ウンチはまだなの！」と血相を変えてAくんの後ろを追いかける姿ばかりを見て，私の内部でも何とか排泄の躾がならないものかと思い始めていましたから，それまでの姿と今日の姿との落差の大きさに驚き，それまで一度も声を掛けたことがなかったのに，思わず，「お母さん，何かいいことがありましたか？」という言葉がつい口をついて出てしまいました．

　お母さんは私がときどき学校に来ていることに気づいておられたかもしれませんが，もちろん私と言葉を交わしたことはありません．そのお母さんが，うちとけた感じで笑顔になり，「まあ，先生，聞いて下さいよ．私って，ほんとうに馬鹿ですよね．なぜもっと早くこのことに気がつかなかったのでしょう．Aのウンチの排泄にこだわって，『ウンチ，ウンチ』と言い続けてきたんですけど，考えてみれば，失敗しても一回余分に洗濯をすればいいだけですよね．電車の中で失敗しても，私が周りの人に『ごめんなさい，うちの子こんなで嫌な思いをさせましたね』って謝ればすむことですよね．どうしてこんなことにもっと早く気がつかなかったのかしら」と微笑みを交えながら一気に語ったのです．

　それを聴いた私は，胸を突き上げてくる感動と，込み上げてくる涙を必死に堪えて，「そうだったんですか〜」としか言葉を返すことができませんでした．

〈考察〉

　20年以上前のことで，まだ私のフィールド経験が十分ではなかった頃のエピソードです．このエピソードは以前にも他のところで簡単に紹介したことがありますが，しかし，この章で「生きられる還元」の問題を取り上げようと思ったときに，すぐさま思いだされたのがこのエピソードでした．私のフィールド経験の中でも忘れ難い，そしてそこからさまざまなことを考えさせられたエピソードです．以下，これを考察してみます．

　9歳になってもまだ我が子はウンチの躾ができていない，何としてもこの躾を，このように思ってこのお母さんは生活をしてきたのでしょう．子どもを学校に連れてくるあいだに，電車の中で失敗して周囲に迷惑を掛けないだろうかという心配，また失敗して洗濯をしなければならない憂鬱な気分，それよりも何よりも，他の子がもうとうに通過している関門を我が子だけが通過していない悔しさ，焦り，そしてそれに結びついた自分のプライドの傷つき．障碍のある子どもを抱えれば，親として多かれ少なかれ経験する苦悩を，このお母さんも抱き続け，それが日々の生活にも跳ね返っていたのでしょう．何としてもA

の排泄の躾を，というお母さんの思い詰めた気分が，前回までの，沈んだ怖い感じの表情でＡくんを追いかけまわしていた姿に繋がっていたのに違いありません．

　その苦悩が限界に達して，子どもを何としても変えなければ生活が変わらないというその構えが突如として反転し，自分が変われば生活が変わるということに，ある日忽然と思い至ったのでしょう．その境地に至って見れば，「そんなことにこれまで気づかなかったなんて，馬鹿じゃない」と思えるほどのこと，しかしそこに至るまで，余所の親よりも７年も余分に格闘してこなければならなかった現実，そんな思いがこのお母さんを前にして私の頭の中を一瞬にして巡り，私は言葉にならない深い感動を覚え，思わず涙が込み上げてくるのを必死で堪えたのでした．

　人はよく，「親が子どもの障碍を受容する」とか，「子どもの障碍を親が受け入れないから子どもとの関係が改善しないのだ」などと軽々しく言いますが，私はそれはどうだろうかとずっと疑問に思ってきました．その人の置かれた立場に身を寄せたときに，そんな軽い言葉を外部にいる人間が軽々に発してよいものだろうかと思われたからです．しかし，障碍を受容できないことで親子の関係が難しくなる場合があることも確かで，Ａくんがお母さんを避けるようにして逃げ回る姿は，その関係の難しさを如実に示していました．その関係の難しさが何とかならないかと思いながら，しかし，気にはなっても普段から付き合いがあるわけでもなく，どうしたものかと思うだけだったのです．

　その１ヵ月の間に何があったかわかりませんが，とにかくこのお母さんは「子どもを変えなければ」というそれまでの構えから，「自分が変わるのだ」という新しい構えへと急にワープしました．この態度変容は，これまで自明になっていた自分の価値観（つまり，排泄の躾ができて，うちの子も余所の子と変わらないかたちで成長を遂げられるはずという世間一般の親の願いに通じる価値観）が崩れ，新しい価値観（子どもは今のままでもよい，自分が考え方を変えて生活していけばよい）へと組み直されたからこそ，達成されたものでしょう．しかしそのためには，我が子はやはり余所の子どもとは違うのだという現実の容認，周りの人と同じように生活したいという思いの断念を経なければならなかったはずです．それがどれほど苦しかったことか計りしれません．人が変わ

ったように明るくなった裏には，想像を絶するような苦しみ，ある意味での絶望をくぐりぬけなければならなかったに違いありません．人が生きるとは，そういう苦悩を生きるということなのだと思います．ホモ・パシエンス（人間，この苦悩するもの）とは，『夜と霧』を著した精神科医のフランクルの言葉ですが，その学校からの帰りの電車の中で，その言葉がそのときのお母さんの姿と共に思い出されました．

　考えて見れば，これは哲学者のいう現象学的還元をまさに一人の母親が，哲学的意図を持たないままに遂行して見せたことではなかったでしょうか．「そうだったんですか～」としか言えなかった私の深い感動は，裏側から見れば，何も支えてあげられなかった自分の無力と，自分の学問の底の浅さを残酷なまでに露呈させるものでもありました．時期的には，少し前に『心理の現象学』を著して，「生きられる還元」という概念に辿り着いたところでしたが，ここでの体験を踏まえれば，私の「生きられる還元」の考えもまだまだ学問的な構えが強かったと言わざるをえません．先にも書いたように，自分の曇った目をある事象との出会いによって「還元」し，事象の本質に迫ると同時に自分にも気づいていない自分の足元を照らし出したいとは思ってきたのですが，しかしその先をどうやっていくのか思い悩んでいたのです．

　そういう自分の脆弱な足元が，このお母さんの言葉によってはっきりと見えてきました．というよりも，自分の足元を見つめ直さずにはおかない感動が，このお母さんの言葉によって惹き起されたというべきでしょう．私がこのエピソードを再三引き合いに出すのは，これが私の学問の方向性を定めるのに決定的な意味をもったからでした．

　このエピソードはもっと多元的に読み込むことができると思いますが，ここでは私にとって，まさに自分のそれまでの日常性が振り返られ，そこから自分のこれまで拠って立ってきた考え方や生活への姿勢が大きく問い直されたこと，その意味で，これは私にとって文字通りの「生きられる還元」の体験であったことを伝えることができれば十分です．

第4節　4つのエピソードを振り返って

　さて，4つのエピソードを引いて，人の生きざまが如何に自分の心を揺さぶるかに触れてきました．最後のエピソードを除いた3つのエピソードは，他の人の書いたエピソードを私が読むことによって得られた私の新たな気づきや感動（つまりそのメタ意味）を，本書の読者に伝えたいと思って取り上げたものですが，それはある意味では私のエピソード記述だったといってもよいかもしれません．少し一般化していえば，他の人の書いたエピソード記述を読むことを通して，私の固有の経験が揺さぶられ，そこから新たな問いが立ちあがったり，新たな気づきが生まれたりすることがあり，その問いや気づきを他の人に伝えようと思うところにも，エピソード記述を読むことの意義があるのではないかということです．

　これらのエピソードは，それぞれのエピソード場面がその書き手の心に残ったからこそ書き出されたのですが，それをここに紹介しようと思ったのは私です．なぜ紹介しようと思ったかと言えば，それぞれが私の心に深く残ったからです．これは当たり前のことですが，しかし，ここに一つの問題が生まれます．この事象が心に残った書き手の心情と，これに感動したり心に残ったりした読み手としての私の心情，あるいはこの本の読み手が私の書いたものを通して得た心の動きは同じものかという問題，言い換えれば，エピソード記述の了解可能性とは何かという問題です．これは「母が歌う子守唄」のエピソードのところでも触れた問題です．

(1) 了解可能性の意味

　私は『エピソード記述入門』(2005a)で，私のエピソード記述の方法論が目指す認識論は，行動科学の拠って立つ認識論，例えば，実験群と対照群という，異なる母集団から抽出されたと想定される2群の標本からデータを集め，それぞれの標本群の示す代表値の違いが統計的に有意な差を示すものかどうかを検定して，2群間の違いに関する仮説を検証し，そこから何がしかの一般的言説（行動法則）を導くという認識論とは根本から違うという主張する目的で，「読

者の了解可能性」という概念を初めて導入しました．行動科学のそのような基本的な認識論は，実験群と対照群という標本の抽出の仕方に関する手続きの厳密性と，各標本群が示す代表値を測定する手続きの厳密性と，統計的検定の厳密性が保証されれば，追試と反証可能性が満たされるので，そこから導かれる認識は一般性，普遍性を持つと考えられてきました．

　行動科学はその持前の認識論の観点から，エピソード記述を資料として提示し，書き手の意図が読み手に了解されるかどうかをもって議論を展開する私の認識論に対して，上記の厳密性を欠くから意味がない，学問的価値がないと批判してきました．これに対して私は，それは行動科学の認識論の土俵に私の認識論を引きずりこんで論難しているにすぎないこと，それに恫喝されることなく，私は私の認識論の枠の中で，行動科学の認識論とは異なる一般性を目指そうとするものであることを主張してきました．

　しかしながら『エピソード記述入門』では，初めて導入した「了解可能性」という概念を荒削りなかたちで提示したままで，それについて十分な吟味をしていませんでした．そのことを意識しながら，先の4つのエピソードを振り返ってみると，いくつかのことを指摘することができます．

　ここに取り上げられたエピソードは，書き手にとってそれなりの重みをもったエピソードだったからこそ，それが学位論文に取り上げられたものであることは言うまでもありません．また読み手である私にとっても強いインパクトを与えるものだったからこそ，ここに取り上げたのだといえます．

　しかし，うぐいすのファクスに接した時に書き手が「嬉しく思った」ことと，私がこのエピソードに接した時に，私の内部にどきっとする思いとともに何かが見えてきたという確信に近い思いが生まれたこととは，おそらく同一ではなかったでしょう．つまり，そのエピソードに一般的な了解可能性があって，書き手の感動を「それはよく分かる」と一般的に了解できる水準と，それを機縁にさまざまな経験が読み手である私に呼び覚まされたり，私の中に新たな考えが立ち上がったりして，「それは私にとってはこう読みとれる」という水準とは，必ずしも同一とはいえないということです．

　あるいは「母の威厳」の例でも，書き手がこのエピソードで伝えたかった意味は十分了解できると思いながら，しかし私にとって，このエピソードは「母

なるもの」について改めて考えさせる意味をもつものと受け止められました．これは明らかに書き手の伝えたかった意味を超えています．ですから，この本の読者は，このエピソードの書き手の伝えたかった意味と，私の伝えたかった意味の両方に関して，了解可能性を問われることになりますし，その了解可能性がまた，読者間でどの程度重なるのか，重ならないのかも問題になるかもしれません．

　そこからまず言えることは，読み手の了解可能性を認めることが，書き手と読み手のあいだでの了解内容の，あるいは読み手同士のあいだでの了解内容の，厳密な同一性を求めることでは必ずしもないということです．そのことについては，つぎのような比喩で理解できるのではないでしょうか．

　ある人にとって，出会われたある事象は，池に投げ込まれた一個の石のように，その人の「心の池」に波紋を広げます．それがその人のその事象から得た感動や素朴な意味に他なりません．そこでその人は自分の「心の池」の波紋の様子（つまりその感動や意味）を他者に伝えたくなり，それをエピソードに書き表します．それがエピソード記述です．その書かれたエピソード記述は，今度は読み手の「心の池」に投げ入れられる「石」になり，読み手の「心の池」に投げ込まれたその「石」は，そこにその読み手ならではの波紋を広げます．というのも，「心の池」が書き手のそれと読み手のそれとでは形状も大きさも深さも異なっている可能性が多分にあり，また読み手同士のあいだでも相互に違っている可能性があるからです．年齢の違い，経験の違い，考え方の違い，価値観の違い，人格の違いなどの違い，つまり各自の固有性の違いが，その「心の池」の大きさや形状や深さの違いとしてイメージされてもよいかもしれません．それがある程度似通った池なら，そこに広がる波紋も似てくるでしょうし，池の大きさや形状が大きく異なれば，その波紋も随分違ってくるでしょう．あるいは，読み手によっては少なくともそのエピソードに関して，その人の「心の池」が蓋をされたままということもあるかもしれません．

　そのような比喩を用いれば，ある人の書いたエピソード記述が全く了解されない場合から，いろいろな水準で了解可能な場合まで，かなり広いスペクトラムを想定することができます．そして，その了解の幅を含めて，読み手の「心の池」に何らかの波紋が広がり，それによってその読み手に「何かしら分か

る」と了解されれば，それが心理学的に意味あることではないかというのが差し当たりの私の認識論なのです．

(2) 一人称の経験をあるがままに書くという問題

書き手の「心の池」に広がる波紋という比喩は，その波紋があくまでも書き手の一人称の体験としてあることを含意しています．エピソード記述は，その意味では従来の客観主義の呪縛から解き放たれて，書き手が一人称の体験をあるがままに記して他者の「心の池」にそれを投げ込む試みだと言っても過言ではありません．そしてその石を投げ込まれた読み手は，書き手とは異なる自分の「心の池」に書き手とは異なる波紋の広がりを体験し，その読み手としての体験を伝えたくて，読み手が今度は別のエピソードの書き手になることもあるでしょう．うぐいすのエピソードやお小遣いのエピソードは私にとってはその種のものでした．そして最後の私のエピソードは，書き手である私にとって，まさに私の「心の池」が大きく波立つエピソードでした．別次元にワープしたのはお母さんですが，その体験は私の「心の池」に大きな波紋を広げ，その時の私の体験を分かってほしくて，私はこのエピソードをここに書いたのでした．それは私の一人称の体験にすぎないものを不特定多数の読者(他者)に伝える試みに他なりません．当然，書き手としての私は読者の「心の池」に何らかの波紋が広がることを期待していますが，実際にどうなるかは分かりません．いずれにしても，そこに私の取る認識論の基本的なスタンスの一つがあります．

もちろん，一人称の体験をエピソードに書けば，必ず読み手の「心の池」に波紋を広げるというふうには言えません．まずはそのエピソード記述が読み手の「心の池」を開くことができなければなりません．読み手に書き手の体験が生まれた舞台と同じ舞台に立ってほしいと思うからこそ，書き手は〈背景〉を書き，また，エピソードをその状況が分かるように書き，さらにはこのエピソードを書くに至った理由を〈考察〉で述べるのです．そうした条件を整えた上で，それが読み手の「心の池」にどのような波紋を広げるかは，読み手に委ねるしかありません．

しかしながら，もしも人が本当に心揺さぶられる体験をしたならば，それを丁寧に描き出したものは，多くの場合，不特定多数の読み手の「心の池」に多

かれ少なかれ意味ある波紋を広げるものだと私は信じています．というのも，多くの場合，私たちは同じ人間として共に生きる姿勢をもって生きているからです．書き手である私，読み手である読者，あるいは書き手である他者，読み手である私というように，私たちは書き手にも読み手にもなることができ，それぞれの立場で他者の体験に開かれる可能性をもっています．それは第4章で見るように，一つの文化を共に生きる存在として，私たちが類同性，類縁性をもっているからです．

(3)「共に生きる」間柄にあるからこそ，個の体験は周囲に開かれ，周囲に了解される

　個人が体験したことを一人称で書くのだから，それはほとんど独白ではないかと思われるかもしれません．確かに，慢性腎臓病の青年の語りは，その人に固有の体験の語りであり，慢性腎臓病を持たない私は，その苦しみや悩みを全く同じ意味で体験できないことはその通りです．けれども，これまで見てきたことから分かるように，いま私の問題にしたい了解可能性は，その人の体験とまったく同じものを読み手である私が体験するから了解可能だというかたちで考えられているものではありません．ですから，患者の体験している悩みや苦しみそのものに私は到達できず，その患者に「体験した人でなければ分からない」と言われれば黙るしかありません．

　しかし，病気がもたらす将来展望を描けない苦しみそのものには到達できなくても，それぞれの立場でこの文化を「共に生きる」人間の一人として，自分をその人に重ね，その人の状況に身を置いてみると，その苦しみがおのずから身に沁み込んできます．それは同じ人間として，同質な部分を数多く抱えているからです．人は絶対の固有性に閉じられているわけではなく，「共に生きる仲間」としての類同性，類縁性をもっています．ですから，個の体験は容易に周囲に開かれ，また周囲は自分とは異なる人の体験を了解することに開かれているのです．ただし，そのように言うことは，直ちに了解される，直ちに相手に開かれる，ということを意味するものではありません．絶対の固有性に閉じてはいないということが，そのまま周囲に絶対的に開かれていることをいうものではないからです．そこには常に，「ある条件の下で」という限定が付きま

す．少なくとも相手を理解しよう，分かろうという構えをもっていること，あるいは普段からその人と共に生きようとする志向性をもっていることなどはその一つの条件でしょう．そして，相手と経験を共有する頻度が増えれば増えるほど，その条件が整うと言えるはずです．

　完全な一致，絶対の了解性をもって，了解可能性をいうのであれば，それは求めるべくもありませんが，共に生きる間柄では「ほどよい」了解可能性で十分なのです．

　ここには難しい問題もあります．私のいまの了解可能性の議論に対して，それはカルト集団内部の了解可能性のように聞こえる，それとはどう違うのだという疑問もよく向けられます．また，患者会のような，ほぼ同質に見える人たちの集まりにおいて，「そうそう，そうだよね」と了解し合えることと，それほどの同質性を持たない人たちのあいだでの了解可能性を同じ次元で考えてよいのかという問題もあるでしょう．

(4) 共感と同情の問題

　いまの「共に生きる間柄」の議論は，心理学における共感 (empathy) と同情 (sympathy) の違いにこれまでとは違った光を当てるように思います．これまで臨床の立場の人から，「共感的に聴くとは，同情して聴くことではない」というかたちで共感と同情の区別がしばしばなされ，共感とは相手の立場に身を置いて相手の感情を感じ味わうことであり，同情とは，相手の話に触発されて自分の体験が呼び起こされ，その体験にまつわる感情を相手の感情と混ぜ合わせることであるというような説明がなされてきました．両者の違いをそのように考えることに別に異論をはさむつもりはありません．

　ただ，共感というものを，共感する自分の側の問題をすべて捨象して自分を透明にし，もっぱら相手の心情に自分を重ねることだというふうに理解してよいものかどうか．相手の立場に自分を重ねて相手の気持ちや心情の動きを分かろうと努めながら，しかしそれを機縁に自分の側にも諸々の感情が湧き起り，そこから思考が巡らされるのが通常の対人関係ではないでしょうか．自分の固有性に根ざしたかたちで湧き起る心情をただひたすら抑制し，いわばクールに聴くというのは，クライエント―カウンセラーという立場の違いを際立たせる

上で，またカウンセラーが自らの精神的健康を守る上で必要であることを認めても，「共に生きる間柄」において取る態度としてはどうなのかという疑問が私にはあります．つまり，相手に自分を重ねて共感することと，それを機縁に自分の側に諸々の感情が湧き起ることとは，切り分けられない部分があるのではないか，それゆえそこから翻って考えれば，「同情的に分かる」ことの意味がこれまで余りに軽視ないし無視されてこなかったかという疑問があるということです．

　共感の中に同情は含まれていないのか，逆に同情の中に共感は含まれていないのか，と問うことでもあるでしょう．ちょうどそれは，エピソード記述の書き手の「心の池」の波紋を私が書き手の立場に身を寄せて「分かる」と言いながら，他方でそれは読み手の「心の池」に波紋が広がることでもあると考えることと重なってきます．そのように考えると，これまでの共感と同情の区別がそれほどきっぱりと裁断できるものではないのではないかと思われてくるのです．これは「間主観的に分かる」という問題に直結するものですから，この議論はまた，第 4 章で間主観性の議論をするところでも触れてみたいと思います．

　以上，前節の 4 つのエピソードを振り返ってみました．日常の生活の中にはさまざまな出来事が起こり，その体験にまつわる感動や違和感や疑念がそれまでの日常を振り返らせ，周囲と共に生きる姿勢を再考させます．そのとき，人はその一人称の体験を他者に伝えたい，分かってもらいたいという気分になります．そしてそのときこそ，エピソード記述が生まれる瞬間なのですが，そのエピソード記述を読むことによっても，さまざまな気づきが読み手に生まれ，そこからその気づきを他者に伝えたい思いが湧き起ることがあり得るのです．そうして見ると，エピソード記述は，書く側からも読む側からも，さまざまな気づきが持ち出され，お互いにその気づきを交叉させるなかに，「共に生きる」ことへの新たな知恵が生まれてくる火床のように思われてきます．

第3章 エピソード記述からみた愛着・甘えの問題

関係発達論からのアタッチメント研究批判

はじめに

　本章では私の関係発達論の立場からアタッチメント研究を批判的に振り返る一方で，保育の場における愛着や甘えの現象を具体的なエピソード記述によって紹介し，そこから既存のアタッチメント研究の問題点を考えてみたいと思います．そして愛着や甘えという子どもの内面に関わるこの現象は，それを受け止めてそれに応える大人の側の一人称の記述なくしては，その現象の存在そのものに行きつけないこと，それゆえにエピソード記述がこの現象を描き出す上で不可欠であることに言及してみたいと思います．

　ボウルビイ(Bowlby, 1969, 1973, 1980)の提唱するアタッチメント理論は，日本語では「愛着理論」と訳されることが多いようです．しかし，何人かの研究者が指摘しているように[注24]，比較行動学(エソロジー)にヒントを得て，子どもが生命維持の欲求充足と不安回避のために大人を求める在り方をアタッチメント(接近・接触)という行動次元で考えようとするこの理論と，私たち日本人が生活の中で子どもが大人に「愛着する」とか「甘える」などと表現する事態とのあいだには，微妙なずれがあります．というのも，日本語での「愛着する」「甘える」には，単に愛着対象に接近する，愛着対象に身体的にくっつきにいくというアタッチメント行動の次元を超えて，お母さんが好き，お母さんと一緒にいると嬉しい，お母さんが慰めてくれる，よい具合にしてくれる，等々，自分の欲求充足に関する心の次元が絡んできているからです．そこから，ボウルビイの理論をカタカナでアタッチメント理論と表記して我が国の文化の中の愛着現象と区別する研究者もいます．しかし，ボウルビイのアタッチメント理論においても，「内的作業モデル」から展開される方向は[注25]，日本語的な意味での愛着や甘えの現象を取りあげようとしている面もあるようにも見えますから，本書では煩雑にならない範囲で，ボウルビイの理論を意識したときにはアタッチメントという用語を用い，日本文化の日常生活場面の子どもの様子を取りあげるときには，愛着や甘えという概念を用いたいと思います．

　大人の世話を受けなければ生きていけない人間の乳児にとって，周囲の大人とどのような関係を結んで生存に必要な世話を受け，不安を解消し，意欲的に

世界に進み出るかという問題は，自らの生存と発達のための根本問題であることはいうまでもありません．私の主張する関係発達論にとっても，子どもの側が抱えるそのような根本問題と，子どもに世話を与え，子どもを可愛いと思い，子どもの不安を受け止め，それを慰撫し，子どもの求めに応じる大人の側の養育問題は，「育てる―育てられる」という関係の中身そのものですから，この愛着や甘えの問題は無視することができません．

　しかしながら，「育てる―育てられる」という関係自体が時間軸の中で変容していくという私の関係発達論にとって，子どもと養育者との関係や，子どもと保育者との関係の機微を「愛着」や「甘え」という観点から描き出す試みと，ボウルビイのアタッチメント理論に沿って進められる多くの発達研究とのあいだには，方法論的にも，方法的態度においても，またそれがどのような事象を包含しようとしているかに関しても，大きな相違があります．つまり，生活世界に見られる愛着や甘えという事象に密着し，その意味を考える私たちの方向性と，理論やそのモデルの有効性を問題にする方向性とのあいだには，大きな違いがあるように思うのです．本章ではその相違を明確にするかたちで議論を進めたいと思います．

　ところで，精神分析理論の「対象」という言葉は，乳児や幼児がその人から愛を与えられ，いずれはその人に自らの愛を向けるようになる対象，つまり「愛を向ける／向けられる対象」という意味で用いられ，まさに「重要な他者」という意味を担ってきました．つまり子どもの側の生存と発達の根本問題は，「重要な他者」である「対象」との関係を離れては考えられないということです．例えばメラニー・クライン（Klein, 1932, 1934）のような精神分析の対象関係論は，その「重要な他者」との関係性を子どもの内的世界として描き出す試みでした．精神分析学出自のボウルビイは，20世紀前半から中盤にかけてのそうした精神分析学の対象関係論の流れの中に，比較行動学の「アタッチメント」という概念を持ち込んだわけですが，クライン理論の思弁的な難解さが比較行動学的な明快さに置き換えられたせいでしょうか，以来，またたく間にアタッチメント理論が発達心理学や臨床心理学の世界を席巻し，膨大な数の研究論文を輩出して今日に至っています．

　私はこの半世紀に及ぶアタッチメント理論を巡る研究動向が本当に実り多い

展開だったといえるのかどうか，大いに疑問を持ってきました．というのも，上に述べた子どもの側の根本問題と，それに応える大人の側の問題，つまり関係発達に関わる問題が，本当にこのアタッチメント理論によって深められたのかどうか大いに疑問の余地があったからです．現状はそのような疑問を差し挟む余地がないほどに，ほとんどの発達研究者がボウルビイのアタッチメント理論に準拠した愛着研究を展開していますが，本章ではこの流れを再考する意味を込めて議論を展開したと思っています．要は，先にも触れたように，生活世界に根ざしたところで議論するのか，抽象的な実験事態で問題を組み立て，理論やモデルの有効性を考えるのかの違いを明らかにしていこうということです．

第1節　愛着対象の問題への私自身のアプローチ

愛着とは何か，甘えとは何かについて，私の立場からそれらをどのように考えるかに関しては第3節で取り上げるとして，ここではまず，私が愛着対象の問題にどのように接近することになったのかに簡単に触れてみます．

(1) 精神分析学からの影響

私は1970年に大学に職を得る以前から，行動科学的心理学の枠組みに対抗しようとして，自己流で現象学を学び，精神分析学を学んで，自分の進むべき道を模索してきていました．導きの糸となったのは，メルロ=ポンティの「ソルボンヌ講義録」(1964)との出会いでした．この講義録には，メルロ=ポンティ自身が当時の精神分析学から得たさまざまな知見が随所に散りばめられ，フロイト(Freud, 1916-1917, 1919, 1923)はもちろん，ラカン(Lacan, 1960)やヘレーネ・ドイッチュ(Deutsch, 1944)などが多数引用されています．ですから，当然，私も学生の頃に手を付けて投げ出したままの精神分析学関係の文献と再度取り組まざるを得なくなりました．例えば，メラニー・クライン(前掲書)やフェアバーン(Fairbairn, 1952, 1954)，ウィニコット(Winnicott, 1965)，ガントリップ(Guntrip, 1971)など対象関係学派の人たちの業績や，アンナ・フロイト(Freud, 1943, 1969)，ボウルビイ(Bowlby, 1951, 1960)，スピッツ(Spitz, 1945, 1950)らのいわゆる戦中・戦後の施設児研究，さらにはヘレーネ・ドイチュ(前掲書)の『女性心理

学』などがその代表的なものでしたが，それ以外にも精神分析関係の文献はかなりの数を読んだと思います．これらはみな，何らかのかたちで初期の母子関係(対象関係)に言及したものであり，母子間の絆の問題，母子間の信頼関係の問題など，愛着対象の問題に繋がる内容を含んでいました．

とりわけ，アンナ・フロイトやスピッツ，ボウルビイの施設児研究には強く興味を惹かれましたから，私は自分の研究者生活のかなり早い時期から，愛着対象の問題に関心を寄せていたことになります．ボウルビイ自身，もともと精神分析出自の人ですから，「アタッチメント」という比較行動学の概念を用いる以前は，むしろ安心，不安，信頼，不信，といった，心の言葉を用いて愛着対象の在，不在の問題を研究していました．つまり，「重要な他者」が不在のとき，子どもはどのように不安になるか，どのように愛着対象を求めるのかが，それらの施設児研究の中心テーマだったのです．

私はそのような一連の精神分析学関係の著作を読み進め，子どもの安心，不安，信頼，自信，不信，といった子どもの心の問題を母子関係の問題として考えようとしていました．というのも，それらは「個の心の問題であると同時に関係のありようの問題である」という直感，つまり関係論の立場が生きるテーマだという直感が私にあったからです．当時私が勤務していた大学の紀要に「母子関係の諸相Ⅰ」という題目の論文を書いたあたりにもその間の事情がうかがえます[注26]．ちょうどその頃は，ボウルビイの『母子関係の理論』の第1巻(Bowlby, 1969)が我が国に翻訳紹介されるようになった時期でもあり，またエインズワースがボウルビイのアタッチメント理論に基づいて，アフリカの家庭をフィールドに縦断研究を行い(Ainsworth, 1966, 1967)，その論文を下敷きにして初めてSSP(Strange Situation Procedure)の枠組みを発表した(Ainsworth & Wittig, 1969)時期でもありました．そのように愛着問題の周辺の学びを続けていた頃，偶然にも私は某乳児院で初めてフィールド研究に取り組むことになり，愛着対象の問題に直面することになりました．

(2) 私と妻の乳児院研究

この研究は自分で研究テーマをもってフィールドに臨むというかたちで行われたものではありません．偶然，某乳児院(以下，N乳児院)から一種の研究委

託のようなかたちの依頼があり，それに応えるかたちで始められたものです．N乳児院の院長（看護出身の方でした）からの申し出は次のようなものでした．「全国乳児院大会を地元で引き受けるにあたり，何かの研究発表をしなければならない．戦後二十年を経て，いまや「ホスピタリズム」はどこの乳児院にもないと言われるようなった．確かに，発達検査をしてみると，N乳児院の子どもの発達もほとんどの場合，家庭育ちの子どもと違わない水準に達しており，特に発達が遅いということはない．栄養面も改善され，ボランティアの方々の協力で被服面も改善されてきた．しかし，自分の見るところ，N乳児院の子どもの育ちは何かしら家庭育ちの子どもの育ちと違うような感じを受ける．ただし，「感じを受ける」というだけで，具体的にどこがどう違うのか，実証的に示すことができない．そこで当乳児院としては「ここが違う」ということを明示できる研究に取り組みたいが，については協力してもらえないだろうか」．

こうして私ははからずも乳児院研究に取り組むことになりました．大学に職を得て10年近く経った1979年のことでした．乳児保育のことを全く知らず，子育て経験も不十分な私でしたから，当然このフィールド研究を一人ではできそうになく，同じ研究室出身ですでに嘱託の身分で病院の脳神経小児科外来の発達検査に従事していた妻もこの研究に加わり，一緒に研究することになりました．現在の大方の乳児院は，両親とも不在のいわゆる孤児の比率は1割にも満たなくなり，かつて孤児院と呼ばれた面影は今やありませんが，今から三十年以上も前のN乳児院は，現在に比べれば両親とも不在の孤児の比率が多かったように思います．

院長の「何かが違う」という直感は，私たちの観察結果によれば，乳児院の子どもの「自己性の輪郭の曖昧さ」からきているのではないかというのがその結論でした．ここに「自己性の輪郭の曖昧さ」とは，子どもにはっきりした欲求の表出がなく，大人の対応が遅いとすぐに諦めてしまう，誰れ彼となく抱っこを求め，人見知りがない，強い自己主張がない，大人との関係の中で自己肯定感を感じさせる笑顔が見られない，無表情のまま黙々と食べる，ぼーっとした状態がしばしばある，等々のことを指しています．もちろん，N乳児院の子どものすべてがそうだというのではありませんが，観察の中で，多くの子どもにそれが該当するように思われました．そこには子どもの要求が強くないから

保育者の対応が遅くなり，遅い対応に子どもがすぐ諦めるから，対応が不十分になるという悪循環も見られました．要するに，存在感をもってそこにいて，子どもらしい屈託のない笑顔が時折見られ，物事に旺盛な興味を示すというような，通常の家庭の乳児や幼児に見られる様子が余り見られないということです．

　この研究そのものは，家庭の養育のありようと乳児院の保育のありようとの違いをビデオ観察によって押さえ，さらにコミュニケーション・チェックリストを用いて，家庭の母子間のコミュニケーションの実態と，乳児院の「子ども―保育者」間のコミュニケーションの実態が異なることを示して，その違いが結局は自己性の輪郭の明確さの違いになっていると結論づけるものでした（私にしてみれば，かなり実証的な研究を目指していたことになります）．これはアンナ・フロイトがハムステッド研究で示した結論と大差ない内容で，栄養面，衛生面，施設面の改善や，スキンシップなど身体的接触面の改善などのおかげで，発達検査で捉えられる面，つまり能力面に関しては家庭育ちの子どもと大差ないけれども，安心，信頼，自信，自己肯定感，意欲，興味の拡がり，といった心の面の育ちに関しては，乳児院育ちの子どもはまだまだ弱い面があることを指摘せざるを得ませんでした．そして私たちの観察の結果から，その「自己性の輪郭の曖昧さ」，つまり安心，信頼，意欲，自信，自己肯定感，意欲といった心の面の育ちの弱さは，当時のN乳児院が個別担当制を取らず，職員全員ですべての子どもたちを見るという保育体制を取っていたために，一人ひとりの子どもが特定の保育者と心的な繋がりをつくることができないところからきているのではないかと結論付けられました．要するに，愛着対象が不在であることがこのような状態を招いていたのではないかということです．

　こうして，N乳児院における保育の体制は，私たちの提案によって，それまでの全職員で子どもたち全員を見る保育の体制から，個別化保育（緩やかな担当制）の体制へ切り替えられ，その新しい体制が日々の保育に浸透していく中で，子どもたちの心の面の育ち，つまり，安心，信頼，意欲，自己主張にかなりはっきりした変化が現れてきました．その変化から，逆に，子どもが元気に意欲的に乳児院で生活する上で，子どもが愛着し信頼を寄せる特定の大人の存在が如何に大きいかということが分かりました．これらのことが全国乳児院大

会におけるN乳児院の発表内容になりました．

　保育体制の見直しがなされた頃から，妻は乳児院の嘱託を委嘱され，保育指導と保育体制の見直しによる子どもたちの育ちの変化を追跡する研究に携わるようになりました．それに加えて，私たちが研究依頼を受けた当初から乳児院の職員たちによって自閉症を疑われていたKくんという男の子への対応の仕方についても職員と一緒に考えることになりました．

　私たちが出会った時点でKくんは2歳になったばかりで，10代の未婚の母が自分では育てられないという理由でN乳児院が引き受けた子どもでした．確かに，その時期のKくんは鸚鵡返し以外は言葉らしい言葉をほとんど話さず，周りの子どもと遊ぶこともなく，奇妙なこだわり行動を示して職員を戸惑わせ，園庭から飛び出すなど，職員から「困った子ども」「気になる子ども」というレッテルを貼られていて，「またKちゃんが」という言葉がしばしば私たちの耳に届きました．私が関わってみようと思って接近しても，見事にはぐらかされ，私が側にいても私の存在など意に介さないというようなところがありました．

　しかしながら，これが本当に自閉症の症状なのか，当時の私はまだ自閉症の子どもに直接出会ったことがなかったので確信がもてませんでした．それに多くの職員がKくんに対してネガティブな感情を抱いていることが気になりました．KくんがスケープゴートI的な扱いを受けているように見えたのです．今から三十年以上も前の当時は，まだ「未婚の母」は珍しく，また性に関して強いタブーが生きていた時代ですから，その母親と年齢の変わらない若い職員にしてみれば，「未婚の母親」への否定的な思いが強く，それがKくんに投影されているように見えました．個別化保育の体制に移行する前は，Kくんが負の行動を示すたびに，職員の多くは「あんな母親の子どもだから」という目で見ていたように思います．

　このKくんの様子は個別担当制への変更によって大きく変化し，E保育士がKくんの担当となって以降，Kくんはようやく特定の人(E保育士)に愛着するように(甘えるように)なってきました．それと共に，言葉も次第に増え，また子どもらしい様子も目に見えて増えてきて，「自閉症ではないか」という職員の疑念もしだいに薄らいでいきましたが，その裏には，E保育士が懸命に

Kくんを抱え，勤務明けにKくんを買い物に連れ出すなど，職務の範囲を超えて，我が子のように可愛がろうとしたことがありました．こうしてKくんは「ぼくのEさん」と言うようになり，ようやくE保育士に愛着や甘えを示しはじめた頃，Kくんは措置変更の時期に差し掛かり，乳児院から児童養護施設へと移っていかなければなりませんでした（私たちの乳児院研究は，妻の「報告書」(鯨岡和子, 1982) と私が北海道大学の紀要(Kujiraoka, 1989)に載せた論文にまとめられています）．

こうした私たちの乳児院研究は，一人の子どもにとって愛着することのできる特定の大人の存在，言い換えれば，愛着や甘えを向ける子どもの思いをしっかり受け止めてくれる大人の存在が如何に重要であるかを，書物からではなく，現実の「子ども―保育者」関係の中で再認識させてくれるものでした．つまり，愛着することの問題が，子どもの存在を喜ぶ，子どもの思いを受け止める，子どもをよい具合にしてやる，子どもを肯定的に映し返す，等々の大人のあり方と深く繋がり，それが子どもが意欲的に世界に進み出る原動力になっていることを再認識させられたのでした．

私たちのこの乳児院研究は，その後の私のアタッチメント研究との出会い方を大きく方向づけたように思います．特にSSPを用いたアタッチメント研究に対して私が強い違和感を覚えたのは，この乳児院研究があったからに違いありません．

第2節 ボウルビイのアタッチメント理論と愛着の類型研究

(1) 初期の孤児研究や施設児研究

アンナ・フロイトら(Freud & Burlingham, 1943)の著書は，その邦訳が『家庭なき幼児たち』と題されていることからも分かるように，戦争などで親を失った孤児が施設でどのような養育を受けているか，それによってその育ちにどのような問題が現れてくるかを扱ったものです．これはアンナ・フロイト(1969/1982)のハムステッド研究も同じです．同様に，第二次世界大戦の戦中，戦後にかけて，アメリカでも親を失って施設で育てられる子どもの問題が取り上げ

られ,「重要な他者」の存在の重要性が,逆説的なことに,その存在の不在によって裏付けられるかたちの議論が展開されていました.こうした施設児研究が次々に発表されるなかで,不思議なことに,栄養面,衛生面など,養育環境として優れていると思われる近代的な施設ほど乳児の罹病率,死亡率が高いという事実が明らかになり,WHOがこの問題を取り上げることになりました.その原因究明の先頭に立ったのがボウルビイやスピッツらであり,1950年代前半に,いわゆる「ホスピタリズム研究」が多数輩出されることになったのでした(Spitz, 1950).それらの研究によれば,その種の近代的な施設は,時間決め授乳や時間決めオムツ換えなど,乳児を機械的に扱っていることが多く,一人ひとりの子どもが十分な大人の愛情を得られていないことが指摘され,その愛情不足が乳児の不安や元気のなさに繋がり,それが罹病率や死亡率の高さを生み出しているのではないかと考えられました.こうして施設で育てられる乳児に対しても,やはり職員が愛情をもって接することが大切であるという,ある意味で当たり前の結論が導かれたのでした.

これは,それより先にアンナ・フロイトがハムステッド研究から導いた結論と何ら変わらないものでした.ところが,「愛情をもって接することが大切」という,本来は職員の心の動きを指して言われたことが,子どもに頬ずりしたり,抱きしめたり,要するにスキンシップが大事なのだというふうに,身体的な接触行動の問題に置き換えられて理解されてしまった面があったように思います.わが国でも当時の乳児院の職員間では盛んに「スキンシップ」という言葉が用いられていました.

ボウルビイは後年(Bowlby, 1980),『母子関係の理論』の第3巻で「対象喪失」を取り上げていますが,それに1950年代の施設児研究が下敷きになっていることは明らかです.愛着を巡る議論は,そもそもの出発点においては,愛着対象が存在するか存在しないかというかたちで議論されていたことは十分に銘記しておく必要があります.そして当時の研究では,養育する側(親や保育者や施設職員)の子どもを愛する気持ち,養育を受ける子どもの側の安心,自己肯定感,信頼感,自信といった,双方の心のありようが問題にされていたことも,やや手前味噌になりますが,心に留めておいてよいでしょう.

(2) 愛着行動という視点から SSP へ

スキナーの条件付け研究以来，行動科学の枠組みをしっかりと固めてきた米国の心理学にとって，愛する気持ち，安心感，信頼感，自信，自己肯定感といった心の言葉は，まさにこの科学の目指す操作的定義と客観的観察の枠組みに合致しないものです．本来は精神分析出自のボウルビイがそのような学問状況に鑑みて，子どもの心の問題を行動の問題に置き換えて考えようとしたことは，多くの行動科学的心理学者の理解を得る戦略としては，実に巧みであったと言えます．つまり彼は，安心，信頼，自信，意欲といった心の言葉で表現されてきたものを，子どもが「重要な他者」に接近するかどうか，身体的にくっつくかどうか (attachment とは，何かにくっつくことというのが原義です) というように行動の言葉に置き直して考えることができるとみなし，こうして行動科学の枠組みの中で愛着の問題を考えるようになったのでした．

心の問題を行動の問題として考えることができるという見方の転換は，エインズワースに引き継がれました．彼女はアフリカの一般的な家庭を訪問して，そこで子どもと母親の関わりに関する丁寧な縦断的観察研究を行い (1966, 1967)，それに基づいて，子どもが母親にどのように愛され，どのように安心し，どのように信頼感を得るに至るかは，結局は子どもを分離の状態など軽い不安状態に陥れたときに，その子が母親に愛着行動を示すかどうか (子どもが母親を求めて接近するかしないか) の行動的観察によって置き換えることができること，さらに一人の子どもがどのような愛着行動を形成するかは，一つひとつのケースを丁寧に縦断観察しなくても，誕生から 1 年を経過した時点で，軽い不安を喚起する見慣れない場所 (SSP) に子どもを置いたときの，その子の母親を求める行動や接近行動から判別できること，という二つの結論に至ったのでした (Ainsworth & Wittig, 1969)．ここに有名な SSP の枠組み (研究パラダイム) が誕生することになりました．

私の観点から見て，ここにはまず次のような問題の置き換えがあります．第 1 は，初期の施設児研究に見られた問題関心，つまり，「重要な他者」(多くの場合は母親) が不在であることが子どもの愛着形成にどのような深刻な問題を惹き起すかという問題関心が，ここでは「重要な他者」が一時不在になって子どもが軽い不安を喚起された場面で子どもがどのように振る舞うかという問題

関心に置き換えられていることです．

確かにこの置き換えによって，施設児研究や孤児研究のような事例的な研究から，一般家庭の子どもを視野に入れた一般的な愛着研究，つまり分離不安や人見知りといった，愛着問題に関連した事象へと視野が大きく広がり，しかも数量的・実証的研究に大きく道を開くことができるようになりました．しかしそのことによって，はたして初期の施設児研究で取り上げられた「重要な他者」の不在という問題，ひいては愛着とは何なのかという根本的な問題や，「重要な他者」とは誰のことかといった問題は，深められることになったのでしょうか．

第2に，初期の研究では（おそらくエインズワース自身の縦断観察研究においても），一つひとつの事例を通して，研究者は子どもがいま，安心感，不安感，信頼感，不信感を抱いているというふうに，子どもの心を感じ取ってそれを問題にしていたはずです．これに対してボウルビイは，比較行動学の考えに準拠して，そういう心の問題を観察可能な行動の問題に置き換えることができると考えましたが，その置き換えが本当に妥当だったのかどうかが問題です．さらにエインズワースの場合，自分自身が実際に行った縦断観察を，最初の誕生日を迎えた時点という定点での観察で置き換えることができると判断したことが妥当だったのかどうかも問題です．

要するに，見慣れない場所に母親と共にやってきて，その母親の姿が見えなくなったり，母親以外の人とその場に取り残されたりというように，軽い不安が喚起されるいくつかの場面の中で，子どもがどのように母親に接近・接触を求めるのか，求めないのか，その行動パタンを調べれば，誕生からおよそ1年のあいだに形成されてきた母子間の関係の質が，1年間もの継続的観察をしなくても押さえることができると判断したわけですが，それが妥当だったかどうかという問題です．

ともあれ，エインズワースら(1978)は多数の母子をSSPに招いて実験を行い，子どもの愛着行動には3つのパタン（現在は4つのパタン）が見出されることを明らかにし，それぞれ，Aタイプ，Bタイプ，Cタイプと名付けることになりました．既に多くのテキストにも詳しく紹介されているので，いまさら指摘するまでもありませんが，Aタイプは不安定回避型と呼ばれ，子どもは母親が不

第3章　エピソード記述からみた愛着・甘えの問題　　　127

在になった状況下でも泣いて後追いしたりせず，母親が戻ってきても，笑顔で迎えることがなく，一人で黙々と遊んでいるというようなパタンです．これに対して，Bタイプは安定型と呼ばれ，一緒に遊んでいた母親がドアの外に出て不在の状況が生まれると，子どもは泣いて母親の後を追おうとし，戻るまで泣き続けたりしますが，母親が戻ってくると笑顔で迎え，機嫌を直してまた一緒に遊ぶというパタンです．さらにCタイプは不安定混乱型とも呼ばれ，母親の不在に気がつくと大泣きし，後追いしようとし，戻ってくるまで大泣きを続けるところまではBタイプとよく似ていますが，母親が戻ってきても泣きやまず，母親を叩きに行くなどの混乱した様子を示すパタンです．

　このSSPを用いた研究が初期の古典的な愛着研究（施設児研究）から新しい愛着研究へのターニングポイントになったことは明らかです．SSPはその手続きを操作的に定義できますから，どの文化においてもこれを用いることができます．それはまた，観察者の主観に左右されることのない，誰がやっても同じ結果が得られる手続きであるという点で，行動科学の客観主義的枠組みの公準にぴったり応えることができる手続きになっています．このことがこのSSP研究が世界中にあっという間に広がり，多数の発達研究者が我も我もとSSP研究に取り組むことになった理由だったと思います．

　しかし私は，ここに大きな問題点が潜んでいたように思います．まず，上に見た第1の置き換えによって，問題そのものが大きく変質したのではなかったでしょうか．「重要な他者」が不在であるという問題は，いつもは存在する「重要な他者」がいまさしあたり現前していないという事態と同じでしょうか．その置き換えが，想像を絶する不安に突き落とされている子どもの問題をいつの間にか視野から外し，軽い不安が喚起された子どものその状況に対する一種のコーピングスタイルの問題へと視点がずらされてしまったように見えます．あるいは，Aタイプのアタッチメント・パタンは「不安定回避型」とネガティブに形容されるところから，すぐさま養育者の養育のあり方がネガティブであることの帰結であるかのような思い込みを生まなかったでしょうか．

　確かに，一般的な子どもの成長過程に見られる後追い現象や，人見知りという現象，余所の人に預けられる事態や留守番の事態など，軽い不安を喚起された場面に子どもがどのように対処するかという問題は，子どもの依存や自立の

問題とも絡んで興味深く，それを SSP のような誰でも確かめることができる手続きで見て，そこにいくつかの類型を探り当てようとすること自体は，心理学的研究のあり方として一定の意味があることはその通りでしょう．しかし，それが「愛着する」「甘える」という問題の本質の解明に繋がる道だったのでしょうか．

　次に，第 2 の二つの置き換えが妥当なものであることを何によって示すことができるのでしょうか．これは質的研究の枠組みとも大いに関係してきます．この妥当性を明らかにするためには，結局はエインズワスがそのような結論に至った元の縦断観察に戻り，何組もの縦断観察と，最初の誕生日前後での SSP における観察結果との照応関係を，多数のサンプルについて明らかにする必要がありました．またさらに，縦断観察の折に捉えられる心の問題と，観察される行動の事実との照応関係が明らかにされなければなりませんでした．ところが後者の場合，観察者が心の問題を観察するというところが，従来の行動科学の枠組みとは相容れません．観察者は，行動科学の枠組みに準拠する限り，行動は観察できても心は観察できないからです．エインズワス自身は，自分の経験を通して，子どもの安心，信頼といった心の動きも，母親の子どもを愛する心の動きも捉えていたに違いありません．その経験と SSP での子どもの行動が自分の中では重なったからこそ，このような置き換えが可能だと考えたのだと思います．しかし，その置き換えの妥当性を論証するためには，やはり一旦は心を捉えることの問題に回帰しなければならないという，ある種の自己矛盾をこの SSP 研究は最初から抱えていたのではないでしょうか．

　しかも当初の縦断観察においては，生活の場の中で子どもと母親は分断されることがなく，両者の関係のありようの中で，子どもは母親の対応の下で安心を感じ，そこで母親に信頼を向ける一方，母親の方も，愛する気持ちを子どもに向け，子どもからの信頼を感じ取るというように，書き出せば子どもの側，母親の側と切り分けられるにしても，実際には両者は信頼関係という繋がり，あるいは絆というかたちの繋がりをもっていることを観察の手ごたえとしては感じ取っていたはずです．言い換えれば，単に子どもは母親が現前すれば安心し，母親を信頼するというのではなく，母親の側に子どもが安心できるような雰囲気があり，母親も子どもがその愛情を感じ取ることができるように対応し

第3章　エピソード記述からみた愛着・甘えの問題　　129

ているというように，両者は本当は一つの関係で繋がれていたはずだということです(愛着研究でも「母親の応答可能性」という概念で母親側を描こうとしてきていましたが，これもまさに行動次元でしか考えられていないために，子どもと母親は分断されて扱われてきたと言わざるを得ません)．それなのにその関係を分断し，子どもの側の行動にその関係のありようを還元してしまっています．要するに，信頼関係という関係性の問題を子どもの愛着行動パタンという一方の個体の行動の問題に還元してしまっているのです．

　私の主張する関係論の立場からすれば，このように関係を分断して一方の側だけに焦点化することは最初から間違っていると思うのですが，ともあれこの個体論的な見方は，行動科学の観察の枠組みに合致するものでしたから，多くの研究者に当然のごとく受け入れられたのだろうと思います．

(3) 内的作業モデルという考え方の登場

　さて，ボウルビイは1969年に『母子関係の理論』の第1巻を書いた後，十年以上たった1980年に第3巻の「対象喪失」を書く経過の中で，内的作業モデル(Inner Working Model，以下IWMと略記)という概念を提出しました．つまり，「重要な他者」とのあいだで何回か繰り返して起こった愛着行動とその結果から，「重要な他者」についての，また自分自身についての一種の作業記憶モデルが形成されると考えました．この概念の導入によって，観察可能なものを扱う比較行動学の枠組みから，思弁的なモデル構成の道に方向転換した感じがありますが，その是非はともあれ，このIWMは態度と同じように，いったん形成されればそれを補強するように情報をその周りに集め，それに都合の悪い情報は排除する傾向をもつものと考えられています．そこから，このIWMは具体的な対人場面でのフィルターの役割を果たし，その人の対人関係のくぐり抜け方の一般的傾向を助長するように機能することが考えられます．例えば，「重要な他者」に愛着し，その「重要な他者」が安心・安全を保障してくれることが分かり，自分は常に守られているという経験を繰り返しもった子どもは，「重要な他者」をそのように肯定的にイメージし，また自分に対しても，自分は愛されて当然の子ども，自分はよい子だというように自分を肯定的にイメージすることができるようになるというのです．それがIWMの成立

ですが，それが一旦成り立つと，今度はそれがフィルターになって，対人関係を方向付けるようになると考えられます．

そこから，1歳の時点で安定型の愛着パタンを示した子どもは，そこで形作られた IWM をフィルターにその後の対人関係を経験するので，一般に良好な対人関係を築くだろうという予想が成り立ちます．これに対して，1歳の時点で不安定型の愛着パタンを示した子どもは，そこで形作られた IWM をフィルターにするので，その後の対人関係が必ずしも良好ではないだろうという予想が成り立ちます．こうして，IWM の考えは多くの研究者の関心を呼び，大掛かりな縦断研究も生まれて，1歳のときに SSP で示した愛着行動のパタンから，その後の対人関係を予言することができるという，一般人の興味を引きそうな仮説を巡って多くの議論を惹き起すことになったのでした[注27]．

安心，不安，信頼，不信といった，目に見えない心の問題は観察という手法では扱えないから，愛着行動という観察可能なものに置き換えたはずなのに，再度 IWM という目に見えないものを持ち込んで，その概念の有用性や妥当性を議論するというのは，当初の流れに逆行するように見えます．しかし IWM は行動から推論して構成されるモデルなのだから，行動科学の枠組みに抵触するわけではないというのが，この種の研究を行う人たちの論拠なのだろうと思います．

(4) 成人の愛着パタンへの関心 (AAI)

1歳の時点での愛着パタンは，IWM の持続性＝永続性という考えを媒介すると，その後のその人の対人関係の重要な予測因子であるという考えが成り立ちます．つまり，成人して対人関係に不安定さを示す人にとって，もって生まれた気質や個人的な経験もさることながら，1歳の時点で形作られた IWM やそれに付随して成り立つ母親イメージや自己イメージが，現在の対人関係の不安定さを説明するものではないかという考えが容易に導かれます．この考えは，特に成人に対して自分の幼少の頃の母親イメージや自己イメージをインタビューによって聴き取り，そこから乳児期の IWM を再構成して，現在を説明するという研究者の動向を助長しました．これがメイン (Main, 1984) に始まる AAI (adult attachment interview) 研究です[注28]．

これは特に臨床の枠組みにおいて重視され，例えば現在の母親の我が子への養育態度や養育内容と，自分が親から受けた養育のイメージや自分の親イメージなど，再構成された乳幼児期の愛着パタンとの繋がりを議論して，臨床に役立てるという実践的な意味をもつようになり，一時期はかなりの研究者がこれに取り組むことになりました．とりわけ，虐待する親自身，幼少の折に虐待を受けたケースがかなりあることが報告されるに及んで（実際にはそれほど大きな数字だとは言えませんが，無視できない数字であることは否定できません），過去に形成された愛着パタンの永続性という考え方が裏付けられたかのような議論も盛んになされたように思います．

しかしながら，この予測を中心にした議論もまた，個体論的な趣きをもち，過去に形成された IWM が存続して，そのまま現在の対人関係を左右するという考え方自体，現在の対人関係のありようのもつ意味を却って薄め，宿命論的な色合いを生んでしまっているのではないでしょうか．過去に形成された IWM がその後の対人関係をほとんど規定するかのような乱暴な議論をする前に，むしろ IWM が乳児期に形成されるのが事実だとしても，それがその後の対人関係を規定する面と，その後の対人関係によって IWM そのものが再体制化される面との両面を視野に入れなければ，臨床的な支援の方向性も見出せなくなってしまうのではないでしょうか．

IWM への疑問はそればかりではありません．IWM は具体的な関わり合いの経験が平均化されるなかで，抱えてくれる母親イメージか，抱えてくれない母親イメージかに二分され，それに対応して自分が良い自己イメージをもてるか悪い自己イメージをもってしまうかに二分されるわけですが，その二分法は，なるほど分かりやすいものだとはいえ，そもそも一人の母親をどちらかに振り分けることができるものでしょうか．そしてその二分法は，子どもが母親に良い母親イメージと悪い母親イメージの両方を抱き，その両者のアンビヴァレンスに対して子どもがどのように対処するのかが問題であるという，メラニー・クライン以来の対象関係学派の重要な考えを台無しにしてしまうものではないでしょうか．

後に見るように，私の見方では，母親へのアンビヴァレントな思いこそ，子どもがさまざまな形で母親に愛着や甘えをみせる根本の理由だと思います．実

際の観察場面を見ても，子どもにとって，母親が自分の願いを受け入れてくれる優しい母親として現れる場合もあれば，自分の願いを頑としてはねつける意地悪な母親として現れる場合もあります．その両義的な表れのなかで，それに対処しようとして子どもなりにいろいろな方略を立て，願いを貫くか，矛を収めるか，収めるにしても，どのようにしてそれを自分なりに納得するのか，そこにこそ，愛着や甘えがさまざまなかたちをとって現れてくる理由があるはずで，子どもが母親に対してこのような IWM を一旦組み立てれば，あとはそれに準拠して行動が決まっていくというのはあまりに単純すぎる考えだと思われます．

さらに，子どもにとって，厳しい扱いをしばしば受け，時には平手打ちのような体罰がある母親，それゆえ，平均化すれば子どもに対して厳しい出方をする母親というふうに負の母親イメージが形作られるような母親に対してさえ，子どもは母を慕い，一緒にいることを喜ぶという事実，あるいは，虐待が母親から子どもに現実になされても，子どもは母親の虐待のあるがままを他の人に告げないという事実を，この IWM モデルはどのように説明するのでしょうか．

このように，ボウルビイのアタッチメント理論は発達心理学や臨床心理学に多大な影響を及ぼし，無数の研究論文を輩出してきましたが，本当にそれは愛着の本質，つまり子が母を慕う気持ちや，母の子を想う気持ちなど，私たちの生活世界で大きな意味をもつ事象を真に解明する方向に向かってきたといえるでしょうか．それとも，単に SSP の枠組みがシンプルで，簡単に実験的研究に取り組むことができたというだけにすぎなかったのでしょうか．一連のアタッチメント研究に関しては，今後，いろいろな観点から吟味がなされなければならないように思います．

第3節　関係発達論にとって「愛着する」「甘える」とはどのような現象を指すか

これまで「愛着する」や「甘える」はどういう現象を指すのかという点について，何も触れないできましたが，これまでの SSP の議論を括弧に入れて，「愛着する」あるいは「甘える」という言葉を中心に私たちの生活を振り返っ

て見ると，そこからいろいろなことが見えてきます．

　まずこの現象は誕生間もない頃の乳児とその養育者のあいだの「育てる─育てられる」という関係のありように見出される事象として出発しながらも，幼児期，青年期，成人期の対人関係へと大きな広がりを見せていく事象だといえます．ここでは，①特定の二者間の関係の中に現れてくる現象であること，②生涯に亘って内容が変化していく現象であること，の二点がポイントです．実際，乳児期には「愛着する」という用語がぴったりですが，幼児期になると「愛着する」よりも「甘える」という用語の方がぴったりくる感じの場面が増え，幼児期を過ぎると，ほとんど「甘える」になって，「愛着する」という用語で記述すべき事態はめったに見られなくなるのではないでしょうか．そうしてみると「甘える」という概念の方が「愛着する」よりも覆う範囲が広い感じがします．つまり，愛着という概念はあくまで愛着対象に身体的にくっつくという意味で考えるべきではないかということです．そういうわけで，ここでは「甘える」を中心に時には「愛着する」も視野に入れながら①や②を考えてみましょう．

(1)「甘える」という事象

　私は「甘える」という事象も「愛着する」という事象も，「甘える主体」と「甘えを受け止める主体」，あるいは「愛着する主体」と「愛着を受け止める主体」という相互主体的な関係として考えなければその本質に行きつけないと考えています．そこで，ここでは〈甘える側〉と〈甘えられる側〉に分けて，この事態に巻き込まれた当事主体の気持ちや気持ちの動きを思いつくままに列記してみましょう．

1) 甘える側の気持ち，甘えられる側の気持ち

〈甘える側の気持ち〉

　「甘えよう」「甘えたい」「甘えてもよいのだ」「甘えられない」「甘えてはいけない」「甘えすぎだろうか？」「甘えすぎてはいけない」「甘えられて安心した」「甘えられて満足した」

〈甘えられる側の気持ち〉

「甘えてもいいよ」「甘えてほしくないな」「それは甘えすぎでしょう」「それは甘えじゃない？」「そんなに甘えてばかりでいいの？」「甘えさせてあげてもいいけど」「甘やかしてはいけない」

このようにざっと書き出してみただけでも，「甘える」や「甘え」を巡る事象が，甘える側，甘えられる側の当事者から見て，①肯定的，否定的の正負二面をもつこと，②程度や限度があるらしいこと，③年齢によって違った意味合いをもつこと，が分かります．①や②についていえば，甘えられる側は，ある程度までならそれを肯定的に受け止めることができますが，ある限度を越えるとそれは否定的に捉えられることが分かります．そしてそれが甘える側にも跳ね返り，甘える様子の変化に繋がります．③についていえば，甘える様相は年齢とともに変化し，また甘えられる側の甘えを受け止めるありようも，甘える側の年齢とかなり深く繋がっていることも当然ながら分かります．また，「甘える」ないし「甘え」という言葉は，乳幼児や学童や青年のみならず，大人同士の生活の中でも多用される言葉だということも分かります．

甘える側は，甘えることが心地よいから甘えるのですが，しかし，0歳代はともかく，2歳前後にもなれば，親や保育者が自分の甘え（甘えること）を許容してくれるかどうか，許容してもらえるとして，どこまで甘えてよいかを相手の出方（許容する様子）から推し量るようになります．その推し量る度合いは年齢とともに増大することはいうまでもありません．

2)「愛着」や「甘え」はどんな場面に現れるか

「愛着」や「甘え」がどんな場合に現れるかを考えてみると，アタッチメント理論では，生命維持と不安回避の必要が生まれたときということになりますが，幼い子どものそのような生物学的要求は，多くの場合，特定の愛着対象にのみ向けられるというよりも，危機的な場面や緊急の要求の場面では，大人であれば誰に対しても向けられるものではないでしょうか．そのような緊急の場合ではなく，ごく日常的な場面において，愛着や甘えが現れる場面を考えてみると次のような区別ができそうです．

(ア)養育者や保育者との一体感を求めて生まれる場合（乳幼児が「ママ，抱

っこ」や「先生，抱っこ」と身体接触を求めてくるような場合)，つまり，大人との身体接触の中で，一体感や安心感と心地よさを求めて生まれる場合(日本文化での愛着とはこのような事象を指していると思います)，

(イ)幼児が自分にできそうにないと思ったときに，大人に「これやって」と甘えてくる場合や，やれば自分でもできるのに，楽をしようとして大人(相手)を頼みにする場合，さらに大人になれば，相手を道具的に使おうとして生まれる場合など，

(ウ)相手の気を引いて，自分が相手の関心の中心にいることを確かめようとする場合(これは幼児や青年はもちろん，大人になっても見られるものでしょう)，

(エ)相手の出方を自分の行為の参照点にしながらも，相手は自分の行為を肯定してくれるはずだ(少なくとも否定しないはずだ)と読んで行為に及ぶ場合，例えば，幼児が大人の顔を見ながらわざといけないことをする場合，あるいは青年がいけないと分かっていながら，親(重要な他者)ならば自分の行為を許してくれるはずだと決めてかかって，いけないことに手を染める場合，等々，実に多岐にわたります．

(ア)にしても，幼児がある程度大きくなると，自分のやりたいことが大人の反対にあい，その反対を崩せないと読んだときに，ストレートに自分の思いを大人にぶつけずに捩れたかたちで甘える(身体接触を求めるかたちで甘える)振る舞いに及ぶ場合があります．

(イ)は，幼児の場合，「いつもよい具合にしてもらえる」という大人への根源的信頼を背景に，「いま，ここ」で再びよい具合にして欲しいというかたちで生まれてくるものです．その多くは，「してもらう」から「自分でする」に向かって成長していく過程で過渡的に生まれるものですが，中には，自分でできることまでも相手にしてもらうことへと逆行する(退行する)場合もあり，これは「依存と自立」というテーマとも絡んで，この甘えを大人が肯定的に受け止めるのか，否定的に受け止めるのかは，常に微妙だと言わなければなりません．

(ウ)は保育の場でいつも自分が一番でなければとか，保育者の膝をいつも自分が独占しようといった子どもの姿に典型的に認められるものですが，これに

ついても，「いつも周囲から認められているからいまここでも」というかたちで現れる場合もあれば，普段は周囲から認められることがないから，いま認められることにこだわるという場合もあって，ここでもこの甘える振る舞いが肯定的な意味をもつか否定的な意味をもつかは常に微妙です．さらに大人になれば，上司なのだからこうしてくれるはずだとか，部下だからここまではやってくれるはずだというように，お互いが過剰に相手に何かをしてもらうことを期待して，相手に任せ，相手がそのように対応してくれないと怒るというような人間関係に，双方の「甘え」を見ることもできるでしょう．

(エ)は，自分のすることを重要な他者(親や保育者)がどこまで許容してくれるか，その大人の出方をみて，ここまでなら許容してもらえるだろうという読みで行動するところに見られるものです．青年の場合で言えば，自分の責任で行動することに自信がなく，「重要な他者」の暗黙の承認を得て，それを後ろ盾にしたい気持ちが潜在的にあるというところに，「甘える」気持ちが動いているということでしょう．ここでは，「重要な他者」が常に参照されていて，その「重要な他者」の出方次第では自分の行動をストップさせてしまうような自己の脆弱さが，まさに「それは甘えだよ」と否定的に言われる所以でしょう．

3)「甘える」「愛着する」は生涯過程全体を覆い，その過程で変容する

関係発達論の立場からすれば，「愛着する」にしても「甘える」にしても，単に乳幼児期にのみ表れる事象なのではなく，むしろ誕生から死にいたるまでの生涯過程全体に亘って生起する事象であり，ただ，その生涯過程の進行に応じて，その内容が微妙に変化していくというふうに考えられるのでなければなりません．例えば，満1歳の時点で子どもが見せる「愛着する」「甘える」という姿は，5歳の時点で見せる「愛着する」「甘える」という姿とは，用語の上では同じですが，その内容は決して同じではありません．内面で子どもが何を考えているかに注目すれば，年齢とともにその考えが捩じれ，表現の仕方が屈折していくことが分かるはずです．

そのこととも関連しますが，子どもから見て，「重要な他者」が発達の各時相の「いま，ここ」においてどのような存在として内面化されているかを考えてみる必要があります．言い換えれば，「重要な他者」の意味が子どもの発達

の過程で変化していく可能性を考えてみなければなりません．その際，その内面化のありようは，少なくとも，「こうあって欲しい」(願望)と「こうある」(現実)という2項の狭間で常に揺らいでいるに違いなく，その揺らぎのありように安定から不安定までの大きな個人差があることを考えてみなければなりません．

　「甘え」を考える場合も同様です．子どもが「重要な他者」に甘えようとするとき，「いま，ここ」でその「重要な他者」(甘えの対象)は，子どもから見てどのように現前していると見えているのでしょうか．つまり，どの程度の応答可能性があると読んでいるのでしょうか(行動科学的に捉えられる母親の応答可能性，つまりチェックリストで測定されるような応答可能性ではなく，あくまで子どもの目から見た応答可能性がここでの問題です)．当然応じてくれると読んでいるのか，応じてくれそうにないけれど行くしかないと読んでいるのか，いずれにしても子どものその読みは，「重要な他者」とのそれまでの関係のありようを離れては考えられないはずです．言い換えれば，「甘える」や「愛着する」は，IWMで予測できるようなものではなく，あくまで「甘える」対象や「愛着する」対象の「かつて，そこで」の対応と，「いま，ここ」における出方(応答可能性の読み)との関係において現出するものだということです．

　あるいは，その「甘える」が単に相手との一体化を求めて現れているのか，それとも，現時点での不安や不満や不快に何とか対処しようとして現れているのか，といった問いを立ててみると，「甘える」という事象を「いじける」「拗ねる」「ふくれる」など，「甘える」の周辺に表れる事象と対比しながら考えなければならないことも見えてくるはずです．

　要するに，「愛着する」にしても「甘える」にしても，その具体的な現れは，それが向けられる相手との関係(その歴史と，「いま，ここ」での関係のありよう)の中で，複雑多岐にわたっているということです．にもかかわらず，その複雑多岐にわたるこの事象を，アタッチメント理論では極めて単純化したモデルで裁断しようとし，結果的にこの事象そのものに深く切り込んでこなかったのではないでしょうか．

(2) 愛着問題を考えるための前提となる関係発達論の考え

1) 人間存在の根源的両義性

上に見たような「愛着する」「甘える」という事象に切り込むために，私の関係発達論の根幹をなす，人間存在についての一つの前提的な考えを提示したいと思います．

私は人間の中に二つの欲望(欲求)を想定します．一つは「自己充実欲求」と呼ぶもの，もう一つは「繋合希求欲求」と呼ぶものです注29)．

ア) 自己充実欲求

自己充実欲求とは，「こうしたい」「こうしてほしい」「こうしたくない」という，個の内部から立ち上がってくる欲望のことで，これを満たそうともがくのが，人間の(生涯を貫く)根本的なありようだと考えます(「個の内部から」という表現には少し注釈が必要で，身体的な自己充実欲求に関してはそのように言えても，それ以外の自己充実欲求は，周囲との関係の中で抱くに至った[抱かされるに至った]場合がほとんどであることを考えておかなければなりません)．

ところがこの自己充実欲求は，自分だけで満たせる場合もあるにはありますが，多くの場合，その充足に他者(相手)を必要とします(道具的な意味でも，あるいはその他者の承認によって充足満足が倍加するという意味でも)．そこにこの欲望の発揮のされ方が相手を前に捩れずにはおれない理由があります．先ほどの「甘える」についての簡単なスケッチは，この自己充実欲求の充足のさせ方がストレートなかたちから，きわめて捩れたかたちまで多岐に及ぶ事情を示唆しています．

要するに，他者への関心や依存が視野に入っておりながら，しかし，あくまでも自己の内部に回収される欲望のかたちとして想定したものが，この自己充実欲求だといえます．

イ) 繋合希求欲求

他方で，人間は一人では生きていけない生き物です．そのような人間にとって，「重要な他者」と共にいること，気持ちの上で繋がれることは，安心感をもたらすのみならず，それ自体が満足や喜びになるものです．人間の内部にそ

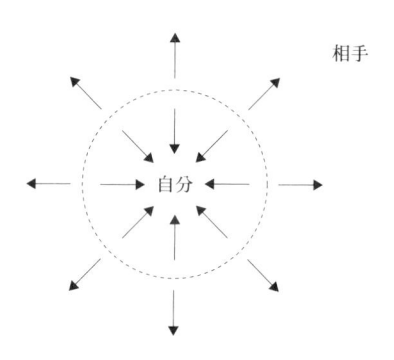

第3章　エピソード記述からみた愛着・甘えの問題　　　139

図1　根源的両義性の概念図

のような特定の他者と繋がれることの満足や喜びを本源的に求める欲望（欲求）があることを，私は繋合希求欲求と名づけてきました．この欲望（欲求）は，恐らく自己充実欲求の一部が発達早期に変化して生まれてくるものだと思います（私の観察例からはそのように言うしかありません）．そのこともあって，この繋合希求欲求の満足は，他ならぬ自分自身の満足として自己充実欲求の満足に回収される面があるに違いありません．ただしここでは，道具的に相手を求めるというのではなく，あくまでも他者との心の繋がりや一体感を希求し，それによって安心感のような精神的満足を求める欲望のありかたとして，この繋合希求欲求を想定するということです．この二つの欲求を簡単に図示したのが図1です（鯨岡，2006より転載）．

　この図の特徴は，二つの欲望（欲求）が並列してあるのではなく，ベクトルが逆向きになって対立したかたちに描かれているところにあります．つまり，二つの欲望（欲求）は「あちら立てればこちら立たず」の関係にあるということです．「私はこうしたい」と自己充実欲求を貫こうとすることが，繋合希求欲求を満たす相手である「重要な他者」との関係を危うくする危険性があること，

そのために，自己充実欲求は「重要な他者」の出方を参照しながら発揮されざるを得ないというように，捩れを被ることがまず考えられなければなりません．

他方，繋合希求欲求の満足は，一方では自己へと回収され，自分への自信や自己肯定感に転化し，自己充実欲求のさらなる亢進に繋がるという願わしい連鎖も考えられますが，他方では繋合希求欲求を満たそうとしすぎると，「重要な他者」に呑み込まれて自立が難しくなったり，その満足に埋没して悪しき依存に逃げ込んでしまったりというように，否定的な面が生まれてしまう危険もありますから，これの充足の仕方もまた，「重要な他者」の出方と相俟って，複雑な現れ方をすると考えなければなりません．

いずれにしても，自己充実欲求と繋合希求欲求は，「重要な他者」との関係において，それぞれが「ほどよい」範囲に収まってその充足が目指されている限りでは，厳しい対立にならずにすみますが，往々にして，いずれの欲望も欲望の本来からして「際限ない」発揮のされ方に傾きやすく，その場合，双方の欲望は衝突し，ジレンマに陥りやすくなります．言い換えれば，人間は親密な対人関係の中で不断にこのジレンマの渦中にあること，それが周囲の人と共に生きる人間存在の根本的なあり方だと考えるのがこの図1の意味で，「人間存在の根源的両義性」といういかめしい表現は，そのことを意味するものです．そしてそれが「主体」という概念の中身だと考えます．つまり，主体とは，この根源的両義性という自己矛盾を内包した存在として考えられるのでなければなりません．

2) 人間は相互主体的な葛藤する関係において生きる

私はとことん自分を貫きたいのに，私はあなたを求めずにはおれないし，あなたの承認を得たいし，私のしたことであなたが喜んでくれるなら，それは私の喜びでもある……．こうしたことが一人の人間の根本的なありようです．そして，私という主体がこの図1で考えられるような自己矛盾する二つの欲望を内部に抱えた存在であるように，あなたという主体もそうだと考え，親密な二者関係は，常に自己矛盾する欲望を抱えた主体同士の相互主体的な関係であるとして，この図を二つ並べたものが，図2の「二者関係の葛藤モデル」です（鯨岡，2006より転載）．

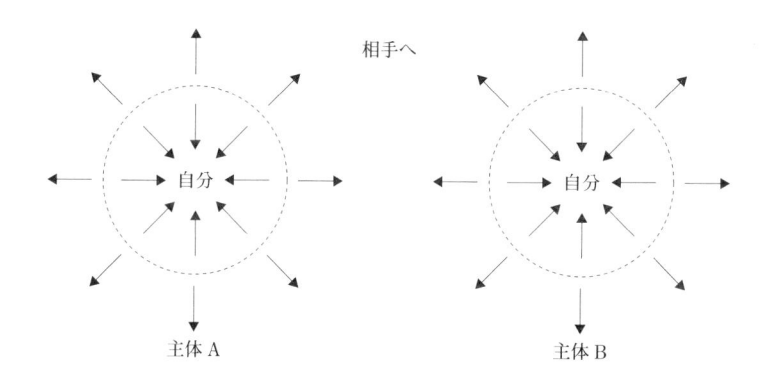

第3章　エピソード記述からみた愛着・甘えの問題　　　141

図2　二者間の相互主体的な葛藤モデル

　この図2が，私が「愛着する」や「甘える」という事象を関係論的に考えるときの基本的な参照モデルだということになります．このモデルに立てば，親密な間柄の二者関係は，双方の自己充実欲求と繋合希求欲求との複雑な絡み合いの中で展開するものだということがイメージとして分かるでしょう．関係発達論という私の立場は，この相互主体的な葛藤モデルが一人の人間の誕生から死に至るまでの生涯過程を貫くと見るところに成り立つものです．

3) 上記の基本的な考え方から導かれるもの

　①二つの根源的な欲求，②内部に根源的な二つの欲求を抱えた主体，③そのような主体同士の相互主体的な関係，④その生涯に亘る変容，という4つの考え方から，次のような考えがおのずから導かれます．
　まず，親密な二者関係は常に相互の自己充実欲求と繋合希求欲求との絡み合いの観点から考えられなければなりません．その関係の一方の項である主体は，自己充実欲求に連なる方向では，「私は私」というかたちで，個としての自分

の欲求を貫こうとします．「こうしたい」「そうしたくない」がこの立場を端的に表す表現でしょう．これが実現されてこそ，自信や自己肯定感が生まれるはずで，これは自主・自立・独立の道に通じていますが，一歩間違えば孤立や孤独に転落する危うさを抱えています．

　逆の繫合希求欲求に連なる方向では，主体は「私とあなたは一緒」「私は私たちの一人」というかたちで，親密な他者と繫がることを求める動きを見せます．それは自立の道に対しては広く依存の道といってもよい方向です．そこにまず身体的に接触して二者のあいだを塞ぎ一体化を目指す「愛着する」が現出します．そして愛着の対象が形作られた後は，その人に「甘える」という現象が現れますが，同時にそれはその対象に対する「好き」「慕う」という強い感情を喚起するものでもあります．この延長線で考えれば，繫合希求欲求はまさに愛というテーマに繫がり，逆に愛というテーマは，この繫合希求欲求に貫かれた広義の依存という枠の中で，愛着や甘えと深く繫がった概念だということになります．おそらく愛に含まれるエロス的な合体欲求は，繫合希求欲求の延長線上のものであり，愛着や甘えと近縁のものだということに気づきます．「甘え」という現象が幼児だけのものではなく，青年にとっても，また恋人同士の関係や夫婦の関係など大人にとっても，さまざまな場面で現れてくるのは，常に繫合希求欲求の表れとしての「愛」の問題がそこにあるからでしょう．

　そして，この繫合希求欲求が満たされなかったり，遮断されたりしたときに，激しい不安，寂しさ，失意，嫉妬，恋慕といった情動が動くことも分かるはずです．

　以上の議論を次の図3にまとめてみました．この図3は，これまでの私の著書の中では（例えば『保育・主体として育てる営み』（2010a）や『子どもは育てられて育つ』（2011a）），主体の両義性，つまり，「私は私」という面と「私は私たち（の一人）」という面の両義性を表す図として描いてきたものですが，それを少し修正して，これまでの議論を入れ込んでみました．一方の主体がこの図3の両面を充実させ，両面のバランスを図ろうと目指すように，もう一方の主体も同じことを目指します．その相互主体的な関係の中で，双方は，ときに自分の思いを（相手の思いも分かりながら）相手にぶつけ，ときに（自分の思いもありながら）相手の思いを受け止めるという，これまた逆向きの振れた動き

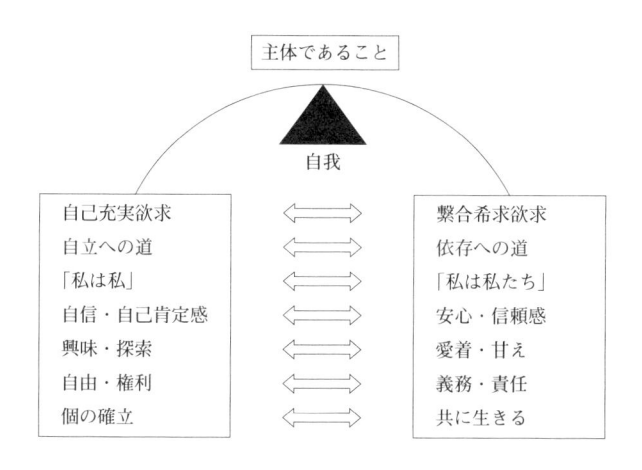

第 3 章　エピソード記述からみた愛着・甘えの問題　　　143

```
                    ┌──────────┐
                    │ 主体であること │
                    └──────────┘
                          ▲
                         自我

┌─────────────┐        ┌─────────────┐
│ 自己充実欲求    │  ⇔    │ 繋合希求欲求    │
│ 自立への道     │  ⇔    │ 依存への道     │
│ 「私は私」     │  ⇔    │ 「私は私たち」   │
│ 自信・自己肯定感 │  ⇔    │ 安心・信頼感    │
│ 興味・探索     │  ⇔    │ 愛着・甘え     │
│ 自由・権利     │  ⇔    │ 義務・責任     │
│ 個の確立      │  ⇔    │ 共に生きる     │
└─────────────┘        └─────────────┘
```

図 3　主体であることの両義性(両面性)

を見せる中で，その関係を動かしていくことになります．これが私の関係発達論における対人関係についての基本的な思考の枠組みです．「愛着する」「甘える」というテーマが，実際には根源的な二つの欲求を抱えた人間同士の関係の中で，「愛着する—される」「甘える—甘えられる」という関係の問題として考えられなければならないというのは，そこから派生する考え方です．

　上記の私の考え方に引き寄せて考えれば，従来のアタッチメント理論は，成長の過程で繋合希求欲求がいったん満たされるようになれば(いったん安全基地が確保されれば)，子どもはその後は自己充実欲求を満たす方向にどんどん進んでいくという，極めて単純なモデルを立てているようにみえます．つまり，アタッチメント理論にあっては自己充実欲求と繋合希求欲求は基本的に対立するものではなく，後者がいったん満たされるようになれば(安定的な IWM がいったん成立すれば)，繋合希求欲求の方は背景化されて自己充実欲求だけが問題になり，こうして自己主張，自己実現，自己決定などの自立のテーマが視野に入ってくるという議論の運びになっているように見えます．しかしながら，

私はこの二つの欲望（欲求）が生涯にわたって常に働き，しかもその両者がしばしば矛盾対立するところに対人関係の機微，とりわけ「重要な他者」との関係の機微が生まれると考えています．そこに従来のアタッチメント理論との決定的な違いがあります．

このことはさらに，依存と自立の問題にも関係してきます．私の関係発達論では二つの根源的な欲求を仮定しますから，依存と自立の関係も，一般に理解されているような「依存から自立へ」という図式ではなく，依存（他者を求める動き）は生涯持続し，依存する他者がいるという安心感の土台の上に，自立する姿が組み立てられていくという図式を考えます．つまり，他者に依存できるから自立できるのであり，自立できるから他者の依存を引き受けられるのです．そこにも複雑な両義性が立ち現れてくるのですが，それについては他の著書をご覧いただくとして[注30]，ここでは，「愛着する」や「甘える」が，それらの依存や自立というテーマとも絡んで立ち現れてくること，それを視野に入れるとき，アタッチメント理論ははたしてこの複雑な絡み合いを説明することのできる理論たり得るかどうか，私には疑問に思われてきます．要するに，アタッチメント理論は西欧型の自立理論ですが，私の関係発達論は依存が生涯に亘るものと捉える中で自立を考える立場です．

(3) 本節での議論の整理

これまでの議論を整理してみると，SSPやAAIを中心にした従来のアタッチメント研究に対する私の批判点が明らかになります．

まず第1に，「愛着する」ないしは「甘える」という事象を生活の場で丁寧に観察してそれを記述にもたらすことが私の研究の目指す方向ですが（フィールド研究志向，質的研究志向），従来のアタッチメント研究はSSPのように人為的に構成された軽い不安喚起の場面をセットして，そこでの子どもの行動を観察することに向かいました．そのために，愛着や甘えの事象のもつ微妙なニュアンスが掻き消されてしまったように思います．たとえSSPを用いたとしても，もしもその場面での子どもと母親の関わりの様子が，間主観的な関係を含めて丁寧に描き出されていれば，従来とは全く違った愛着研究が生まれたに違いありません．簡便な方法，誰でも実行できる方法として，この実験的に不

安を喚起する手続きである SSP は世界的な広がりをもちましたが，そのデータ収集法からして，それは「愛着する」ということの問題の本質を探る上ではきわめてラフなデータしか与えてくれなかったのではないでしょうか．そしてこの種の研究はむしろ理論やモデルの一般性を探求する方向に向かっているように見えます．

　第2に，今の議論とも関係しますが，本来は「愛着する─愛着される」という関係の問題として議論してこそ，「愛着する」という問題の本質に近づけたはずのところで，愛着する子どもを，その子どもの愛着を受ける母親から分断して，子どもだけの行動に還元してしまったことの問題です．それによって一見，観察は容易になり，類型化が容易になって，一般的な言説を導きやすくなったのは事実です．しかしそれは「愛着する」という事象のもつ意味を却って曖昧にしてしまったのではないでしょうか．母親については AAI の研究がありますが，そのような分断された母親の属性を取り上げることが愛着研究にとって本質的な問題だったのでしょうか．SSP で観察するにしても，その場面での母親の様子がなぜ取り上げられないのかが分かりません．例えば室外から戻ってきたときに母親がどういう様子を見せるのか，そこでの子どもの行動と母親の様子との関係を繋いで考えることこそ重要なはずです．それなのに，なぜ子どもの行動だけを観察し，マニュアルに従って直ちに類型化に向かうのか，そこが私にはどうしても理解できませんでした．

　第3に，本来は心の問題として，あるいは情動の動きとしてあったはずの「愛着する」という事象が，接近するかどうかの愛着行動に置き換えられ，心の問題や情動の動きを観察する問題が視野から消されたということがあります．身体的にくっつくことが本質的な問題ではなく，不安や「好き」という情動がまず子どもの内部で動いて，それがその情動を向ける対象の出方に応じて，さまざまな行動として現出するというのがこの事象の本態だと思います．それが行動科学という枠内で考えようとするあまり，心の動きや情動の動きの観察から離れてしまったことが，生活の中にさまざまなかたちで現れるこの事象を結局は捉え損ねる結果になったのではないでしょうか．

　第4に，本節(1)の「甘える」を考察したところでも触れたように，これは生涯にわたって現れる事象です．しかも自分自身が「甘える側」であったり，

「甘えられる側」であったりする中で多面的な現れを見せる事象です．ですからこれは，依存と自立というテーマや嫉妬やねたみといったテーマとも関連してくる，また生涯に及ぶ，人間存在の根幹にかかわる事象だと私は考えています．それが SSP の枠組みで考えられると，実に平板な事象に見えてしまうのです．

　第 5 に，これは質的研究の枠組みとも関連しますが，従来のアタッチメント研究と私の関係発達論の立場から考える愛着研究との根本的な違いの一つは，観察者＝研究者の立ち位置を明らかにするかどうかにもあります．これについては，最終章でも再度取り上げますが，私は自分自身，「愛着する」「甘える」あるいは「愛着される」「甘えられる」ということを自分の人生の中で繰り返し経験してきました．ですから，SSP の場面での子どもの振る舞いを見るとき，自分の中には決まって何かの情動が動き，それが子どもや母親をその場で理解するときの参照点になりました．例えば，私がある子どもを観察したとき，類型化の条件に照らせば C タイプに判定されてしまう子どもがいました．しかし，戻ってきた母親に「どうしていなくなったの！」といわんばかりに怒りをぶつけるその子を見ていると，「そうだよね，突然いなくなって腹が立つよね」と観察していて思わず微笑まずにはいられませんでした．それに，どうしてそれが不安定混乱型というカテゴリー名を与えられるかも腑に落ちませんでした．

　SSP の場面のビデオ観察に従事している大学院生に訊いても，タイプの定義通りの判定はかなり難しいといっていました．それはおそらく，愛着という事象を観察する場面では特に，観察者の内部に何らかの情動が動くことを避けられず，従来の行動科学の枠組み通りに，観察者は透明な存在で，そこで何も感じない，ただマニュアルに従って，子どもの行動を判別するだけの人，という態度を守り切れないこともあるからでしょう．

　そもそも「安定」「不安定」「回避」「混乱」という判別の名称からして，そこには研究者がその子どもの様子を見て何か感じるものがあったからこそ，そのような名称が生まれたはずで，本当に行動科学の観察の枠組みを遵守するなら，そのような名称は付与できなかったはずです．実際には，生身の研究者として観察の場に現前すれば，そこには自分の経験が響いてきて，何らかの情動の動きを間主観的に感じ取らずにはおれなかったはずです．結局はここに，数

量的研究に向かうのか，質的研究に向かうのか分岐点があると思うのです．

第6に，私の主張する関係発達論は，「育てる―育てられる」という関係全体が時間経過の中で変容することを問題にするものです．いま「育てる者」である人はかつて「育てられる者」だった人であり，いま「育てられる者」である子どもはいずれ「育てる者」になるはずの人です(鯨岡，2002a)．そういう子どもと大人の関係の時間的変容の過程に，「愛着する」「甘える」が現れてくるのですから，そこには実に複雑な事象が現出します．

例えば，甘えを向けられる母親は，我が子の甘える様子の中にかつての自分を想像的に投入し，「私も幼い時にこんな姿を見せたのかしら」と思うでしょう．しかしその思いは，だから素直に嬉しいという思いに繋がる場合もあれば，自分の母親に肯定的なイメージを抱けない人にとっては，我が子の今の「甘える」姿に却って複雑な気持ちを掻き立てられるかもしれません．あるいは，最終的に自分に甘えてくる子どもを前に，「やっぱり私よね」と母親の自尊心がくすぐられるかと思えば，「どうしていつも私なの？」といつも子どもがくっついてくることを厭わしく思える場合もあり，しかもそれは周囲の他の「育てる者」たちとの兼ね合いもあるというように，子どもの甘えを受け止める母親の心情はいつも一定ではありません．

このような観点からみれば，従来のSSPやAAIを中心にした愛着研究はきわめてラフな印象を拭えず，この事象のもつ微妙なニュアンスが見失われています．

SSP研究では，1歳の誕生日前後にその愛着パタンを調べます．そしてそこで形成されると考えられるIWMの永続性がさまざまなかたちで議論されますが，今上に見たことからも分かるように，それは事態のあまりの単純化ではないでしょうか．1歳の誕生日前後は離乳ないしは卒乳の問題があります．あるいは，その頃に母親の職場復帰による保育園入園という事態になり，母子分離が実行に移されるケースも少なくありません．幼児期に離婚によって母親不在になる場合もあれば，虐待という事象に巻き込まれる場合もあります．青年期になれば，さらに青年の側の心理的離乳と母親の側の心理的卒乳のこれまた複雑な絡み合いが双方の心的葛藤を生み出すでしょう．そしてパートナーとの新しい家族の形成は，双方がこれまでどのような愛着や甘えの経験をくぐり抜け

てきたかによって，さまざまに揺さぶられていくことになるでしょう．さらに中年を迎えた夫婦のあいだでさえ，お互いにどれだけ甘えを認め合えるかで，両者の関係のありようは随分違ったものになるでしょう．

　このように簡単にスケッチしてみただけでも，この「愛着する」「甘える」という事象がもつ意味は計り知れない深さと奥行きと幅をもっています．そこで目指されるのが抽象的一般的な意味の固定なのか，個別具体の生の営みがもつ豊饒な意味の探索なのか，そこに愛着研究を従来の数量的・実証的な枠組みの下で取り組むか，質的研究を目指すかの岐路があると私は考えています．

　以上の議論を踏まえて，乳幼児期に現れる「愛着する」「甘える」という事象に迫る目的で，保育の場のエピソードを紹介してみます．

第4節　保育の場における「愛着する」「甘える」という事象

　本節では何人かの保育士さんが描いたエピソードを紹介してみます．前節末尾で議論したように，この事象がどのような深さと幅と奥行きをもったものか，そしてそれはSSPの議論とどのように違うかを示してみたいからです．なお，以下のエピソード記述は紙幅の関係でオリジナルを若干短縮していることをお断りしておきます．

エピソード1：Rちゃんの「心の声」　　　　　　　　　　　　　　T保育士

〈背景〉

　女児Rちゃん(1歳7ヵ月)は4人家族で年長クラスに兄がいる．母はRちゃんと一緒に送ってくる兄のことが気がかりで，慌ただしくRちゃんを担任保育士である私に預けると，直ぐに兄を年長のクラスにつれて行く日々が続いていた．Rちゃんがおもちゃで遊んでいる隙に「お願いします」と逃げるように行ってしまったり，別れ際にRちゃんが泣きそうになると，お気に入りのタオルやおもちゃをRちゃんに持たせてごまかすようにそのまま別れたりするなど，Rちゃんにしたらいつの間にか母がいなくなってしまったように感じているのではないかと気になっていた．そこで私は「Rちゃんは何でもわかっているから，別れるときは，"バイバイ，ママ行ってきます"とか，"ママがお迎えに来るまでまっててね"など，安心できる

ような声かけをしてあげてほしい」と話してきたが，母にはなかなか伝わらなかった．

　Rちゃんは0歳児から保育所に入所しており，1歳になって担任も部屋も新しくなったが，0歳の時からの仲の良い友だちが一緒だったこともあって，新しい担任の私たちにもすぐに慣れてくれた．ところが，生活の流れも分かりだし，落ち着いてきた様子をみせて，だいじょうぶだなと私が安心し始めた頃から，Rちゃんは登所の時に泣いて来たり，母との別れぎわに泣き出して母を求めたりと，不安定な姿を見せるようになった．まだ1歳児だし，どこかでこのような姿が見られるだろうと予想はしていたので，できるかぎりRちゃんの不安な気持ちを受け止めるように配慮してきたが，泣きやむのに時間がかかったり，気分の切り替えができにくい日が続いたりしていた．そんなRちゃんの様子に母も戸惑いを見せるようになってきた頃のエピソードである．

〈エピソード〉

　その日は，耳鼻科へ通院してから登所するとのことで，少し心配して待っていると，だいぶ遅くなってからRちゃんは母に抱かれて機嫌良く登所してきた．母は遅くなったことを気にしている様子で，Rちゃんの健康状態を伝えると，Rちゃんを私に預けて急いで帰ろうとした．Rちゃんは突然帰る母の様子に訳がわからない様子で，私に預けられた瞬間にギャー！　と，いつにも増して大声で激しく泣き出し，母にしがみつこうとしたが，母はそのまま行ってしまった．母の姿が見えなくなると，Rちゃんは「あーちゃん，あーちゃん」と，母を求めて泣き続けた．母からRちゃんを受け取った私は，「ママがよかったね，ママと一緒にいたかったね」と，抱っこをしてRちゃんの気持ちを代弁して言葉をかけたが，Rちゃんはすぐには気持ちがおさまらない様子だった．遅い登所でもう給食時間になっていたが，Rちゃんの思いを今受け止めることが大切と思い，もうひとりの担任に他の子どもを任せ，Rちゃんの不安な気持ちに寄り添って一対一の時間を持った．

　少しすると，私にしがみついて泣いていたRちゃんが顔を上げ，私を見上げ不安そうな表情をしたので，「先生はいつもRちゃんの側にいるよ」と声をかけた．徐々に気持ちも落ち着いてきて，友達が手を洗っている様子やテーブルに並ぶ給食をチラッチラッと見る余裕が出てきたので，「Rちゃんも給食食べる？」と声をかけると「うん」とうなずいてくれた．そこで私の膝に座らせ食卓の方にRちゃんの身体を向けると，その時は泣き止み，お茶を一口飲んだ．食事は少し食べると食が進まない様子をみせたので，仕方なく"ごちそうさま"をして終った．Rちゃんは自分から私の膝を降りるとエプロンを片付けに行き，いつもの姿に落ち着いたよう

に見えた．さっきの泣きで疲れたのか，布団に寝かせるとそのまますぐに寝ついてくれひと安心した．

　ところが午睡から目を覚ますと，Rちゃんは突然「あーちゃん，あーちゃん」と激しく泣き出し，いつもとは明らかに違う様子に驚いた．あまりにも激しく泣くので，どこか痛いのではないか，熱があるのではないかと，Rちゃんの様子を注意して見たが，身体的な異常はなく，これは気持ちの問題だと思った．Rちゃんの中では母を求める思いが収まっておらず，この激しい泣きは，保育士に分かってもらうだけでなく母にも分かってほしかったというRちゃんの「心の声」だと感じた．その後，Rちゃんの気持ちがもう一度落ち着くように抱っこして，母のお迎えを待った．母も朝の様子が気になっていたようで，いつもより早く迎えに来ると，「先生，ずっと泣いていた？　大丈夫だった？」と私に訊いてきた．Rちゃんは母の姿を見たとたん「あーちゃん」と抱きつきに行き，母も「Rちゃん」と呼んで抱き寄せた．私はその母の姿を見てRちゃんを心配する母の思いが伝わり，Rちゃんの今日の思いを代弁するのは今しかないと思った．今日の様子を伝えながら，Rちゃんの思い（心の声）も一緒に母に伝えた．"黙っておいて行かれたことが嫌だった" "今日は一緒にいたかった" など，Rちゃんが不安になった思いをできるだけわかりやすく心を込めて母に伝えると，「ほんまやな，わかった」と母も素直に受け止めてくれて，「ごめんな」とギュッとRちゃんを抱きしめた．母に抱かれながら私を見るRちゃんのまなざしがとても満足そうで，「よかったね」と心を込めて視線を送り，やっとRちゃんと心が通じ合えたように思った．

〈考察〉

　いつもなら耳鼻科に通院をする日はお休みをすることが多く，Rちゃんにしてみれば，この日もいつものように母と一緒に家に帰ると思っていたのに，突然私に手渡され，目の前から母はいなくなり，「どうしてなの？」と，納得がいかない気持ちだったのだろう．「この嫌な気持ち，誰かわかって！」という「心の声」を泣き声に変えて訴えていたのだと思う．日ごろから感情を表に出すのが苦手で，泣くことでしかうまく表現できないRちゃんの気持ちに寄り添い，「わかっているよ」とその思いを受け止め，一対一でゆったりと関わることが出来たが，母との別れ際に私が掛けた言葉だけでは，Rちゃんは納得出来なかったのだろう．午睡起きにもう一度泣くことで，「わたしの気持ちをわかって」という自分の思いをはっきり押し出したのだと思う．

　この日の出来事をきっかけに，朝の受け入れ時に変化が見られ，母は「ママいってきます」と必ずRちゃんに声をかけてくれるようになり，Rちゃんも自分の方か

ら私のところにやって来て，泣きながらも母にバイバイができるようになった．また母代りにいつも持って来て手放さなかったタオルも，自分でボックスに片付けるようになった．子どもの思いを母に伝えることで，母も我が子としっかり向き合う機会になったのだと思う．今後も子どもの思いを保育士がきちんと伝えることで，親子の関係がよりよい方向に向かうような援助をしていけたらと思った．

〈私からのコメント〉

　子どもを大事に思わないわけではないけれども，母にも急ぎの事情があります．保育士はそれを分かりながらも，子どものことを思えば，もう少し丁寧な分離をしてほしいと願います．そしていったん分離の時の泣きが収まったのでほっとしていたら，午睡起きにまた激しく泣きます．その様子から，この保育士はその泣きにＲちゃんの「心の声」を聴いた思いがし，その思いを母に伝えなければと考えます．母は母で分離のことが気になっていた様子です．「ずっと泣いてた？」と保育士に尋ねずにはいられません．そして，保育士がＲちゃんの思いを代弁して母に伝えると，母も分かってＲちゃんを抱きしめ，ようやくＲちゃんの気持ちが和むという一連の流れになったわけですが，これはまさに「母がいい」という愛着の問題そのもののように思われます．

　愛着や甘えを議論する時に，母からの分離の時の様子，母が不在の時の様子，そして再会の時の様子にそれが何らかのかたちで現れてくるのはその通りでしょう．SSP はそれを圧縮して再現させようとしたものだと思います．しかし，このエピソードに現れた個別具体のそれらの様子と，SSP の抽象化された場面での様子を同列において考えられるでしょうか．考えられるとするのがまさにアタッチメント研究の立場ですが，SSP における子どもの振る舞いから愛着パタンを判別する方向に向かう動きと，このエピソードに見られる個別具体の愛着の事象とのあいだには，かなりの乖離があると私には見えます．そして，むしろこの個別具体の愛着の事象を掘り下げていってはじめて，愛着とは何か，子どもにとって母とはどういう存在か，また「重要な他者」とは誰のことか，といった愛着現象を巡る本質的な問題に接近できると思うのです．こうしたエピソードに現れた子どもの様子を見ると，「重要な他者」や「拠り所」とは，単に身を寄せる「安全基地」ではなく，むしろ自己充実欲求と繋合希求欲求の

両方を満たしてくれる人，それによって自分の存在の下にしっかり根を張り，自分を支え，自分の一部となった存在なのだと考えずにはいられません．

今の日本の子育て事情にあっては，母親だけが「重要な他者」なのではなく，信頼関係を築いた後の保育者も，子どもにとっては保育の場を安心して過ごすための「重要な他者」の一人であるはずです．特に，生活上の問題から母に十分関わってもらえない子どもにとって，保育者が唯一の拠り所である場合は決して少なくありません．私がこの数年のあいだに著した保育のエピソード記述に関する著書には，その種のエピソードが多数収録されています．母親が家庭にいて子育てに専念している場合でさえ，保育の場の子育て支援の力をまったくあてにしなくて済むケースは今日ではむしろ稀でしょう．それだけ子どもは母親以外(家族以外)の人にも支えられて育ちます．そのことを念頭に置くときに，これまでのアタッチメント研究はSSPによって創られた抽象的な枠組の中での，思弁的な議論にさえ思われてきます．しかし，それにしても，子どもにとって「母」は，どうしてそれほど「母がいい」と思われる存在なのでしょうか．次のエピソードを見てみましょう．

エピソード2：「おかあちゃん，きはらへん」　　　　　　　　　　A保育士

〈背景〉

Yくん(3歳7ヵ月)は妹(0歳児)と両親の4人家族．

3歳児クラスに進級したとき，保育室も2階になり，担任も代わるなど，環境的に大きく変わったこと，さらに母親の出産で母親にそれまでのように甘えられなくなったことで不安になり，4月当初，Yくんは給食前になると「オナカガ　イタイ」と言って泣く姿があった．そこで4月に異動してきたばかりの新しい担任である私は，まずYくんとの信頼関係を築くために，Yくんが好きな遊び(電車ごっこなど)を一緒に楽しむように心がけた．約2週間後，クラスの生活にも私にも少しずつ慣れ，午前中に腹痛を訴えながらも泣く姿はいつのまにか無くなった．その後，母親が育休明けで職場復帰し，保育時間も7：45〜17：00となった．それまでは4時前のお迎えだったのが，1時間近く遅くなることで「オカアチャン　キハラヘン」とおやつ後，また泣く姿が見られるようになり，母親のお迎えまで私に抱かれて過ごすことが多くなった．

第3章　エピソード記述からみた愛着・甘えの問題

〈エピソード〉

　おやつ後，お帳面の片付けを終えると，Ｙくんは今にも泣き出しそうな顔で「オカアチャン　キハラヘン」と私に言いに来る．電車ごっこで遊んでいる子どもたちがレールを繋ぐのを手伝っていた私は，その場でＹくんを膝に座らせ，話をじっくりと聞くことにした．Ｙくんは私の膝に座ると改めて言い直すように「オカアチャン　キハラヘン」と言う．私はこの間，ずっと同じようなＹくんの姿を見ていたので，「お母さんに，早くお迎えに来てもらいたいんだね」と，Ｙくんの気持ちを確認するような言葉を投げかけてみた．するとＹくんは「ウン」とうなずく．私は「お母さんも，Ｙくんに早く会いたいよって思いながらお仕事してるんだろうな」と言う．すると「オカアチャン　モウ　キハル？」と聞いてきたので「お母さん，まだ4時前やし，まだお仕事しているよ」と曖昧な返答を避けて現実のことを伝えてみることにした．Ｙ：「マダ　キハラヘンノ？」．私：「まだ来はらへんな．お仕事の人がＫさんもう帰っていいですよって言わはるまで，帰れへんから」．Ｙ：「イツ　キハル？」．「お仕事終わったらやし，4時半ぐらいかな……，あの長い針が一番下の6になったら来はると思うよ」と言うと，Ｙくんは午後4時3分前になった時計を見ながら「ロクニナッタラ　キハルノ？」と，先ほどまでとは違う明るい声で聞いてきた．私も「6になったら来はるよ．それまで先生と一緒に待っとこな」と明るめに答えた．するとＹくんは「ウン」と大きくうなずいて答えた．私はＹくんの気持ちの切り替わりの手応えを感じつつ，「Ｙくん園庭に行こうか．お母さんがお迎えに来たらすぐわかるし」と園庭へ誘ってみた．するとＹくんは「イク！」と元気よく答えた．

　私は，他の子にお片づけをして園庭に行くことを伝えた．そして「Ｙくん，レール片付けるの手伝ってくれへん」と言うと「イイデ」と言い，Ｙくんは私の膝から立ち上がり片付け始めた．片付けが終わると，私を追い求めることもなく，他の子たちと一緒に園庭へ移動していった．

　Ｙくんは園庭へ行くとログハウスから三輪車を出し遊び始めた．私はあえて少し距離を置いてＹくんを見守ることにした．園庭に出てから約5分後，Ｙくんは「オカアチャン　マダ　キハラヘン」と思い出したように言いに来る．私は園庭の時計を見ながら「まだ来はらへんなぁ．6になってないし……．でも，もうお母さんのお仕事の終わる時間やわ」．「モウ　オシゴト　オワル？」．「終わるよ．Ｙちゃんのお母さんって，お仕事のところへどうやって行ってた？　自転車やった？」．「チガウデ．エイザンデンシャデ　デマチヤナギマデ　イクネン」．「あっそっか．叡電に乗らはるんや．先生と同じやな」．「センセイモ　デマチヤナギカラ　ノッテルモン

ナ」．「オカアチャン　デンシャ　ノラハッタカナ？」．「今，会社から出町柳駅に向かって，歩いているところちゃうかな．きっと」．「エキマデ　アルイテハルナ！」．「急ぎ足で歩いてはると思うわ」．Yくんは少し納得した様子で三輪車に乗り，園庭を1周してくる．「オカアチャン　デンシャ　ノラハッタ？」．「駅までちょっと遠いし，まだ歩いてはると思うわ」．「マダ　アルイテルノカ．Yチャンノ　サンリンシャノホウガハヤインヤケドナ〜」と言いながら再び園庭を周回し始める．

その後，約3分間隔で私のところにやってくる．

Y：「オカアチャン　デンシャ　ノラハッタカナ？」．私は時計を見ながら「ちょうど出町柳駅から出発する電車があるし，それに乗ってはるわ」と言う．「デンシャ　ノラハッタナ．"マモナク　クラマエキイキ　シュッパツシマス　ヤナ！」．「そうそう．車掌さん，今マイクで言わはったし，電車動き出したところやわ」．

Yくんは嬉しそうな表情を浮かべながら，再び三輪車で園庭を周回し始め，仲良しの友だちに声をかける姿が見られる．

〜その3分後〜

「モウ　シュウガクインニ　ツク？」．「いま，元田中に着いたところかな」．「モトタナカカ　ツギハ　チャヤマヤナ」．「そうやね．さすがYちゃん，叡電のことよう知ってるね．そろそろ茶山に向かって出発したころかな」．

〜その3分後〜

「チャヤマニ　ツイタカナ」．「着いたよ．もう一乗寺に向かってますよ」．

〜その3分後〜

「イチジョウジ　シュッパツシタ？」．「したよ．次は修学院ですよ」．「モウ　スグヤナ」「もうすぐですよ」．

そうこう言っているところにお母さんがお迎えに来られたので，「Yくんお母さんだよ．急いで来てくれたみたいだよ．よかったね」．

Y：「ウン　アリガトウ」．

Yくんは笑顔でバイバイをしてお母さんと帰って行った．そしてこの日，母親の職場復帰後，初めて泣かずに一日を過ごすことが出来た．

〈考察〉

この間，ずっと不安な気持ちを抱えたまま，おやつ後からお迎えまで抱っこして過ごすことが続いていたので，他の子どものことを他の保育者にお願いして，意図的にYくんと関わることにしました．

今すぐにはどうにも解決しようがない問題です．母親が迎えに来るまで不安な気持ちは完全に取り除くことはできません．でも，それを一瞬でも忘れさせることは

できます．いかにYくんの気持ちを違うところへ導き向けることが出来るかが最大のポイントでした．Yくんの興味のあることや好きなことを手がかりに探っていく中で，Yくんの好きな「電車」をキーワードにしながらアプローチしていくことに決めました．結果的に，Yくんにとってずっと抱っこされて待っている時間よりも，母の姿を思い描きながら大好きな叡電が各駅に着き出発する様子を思い巡らしていた時間は，遥かに短い時間だったのではないかと思います．Yくんの最後の「アリガトウ」という一言は，その嬉しい気持ちの表れだったように感じます．そして私自身，いつの間にかYくんとのやりとりを楽しんでいたことに気づきました．

　この日，母親の仕事復帰後，初めて泣かずに一日過ごせたことをYくんの前で母親に伝えました．Yくんの頑張りを評価することも大切なことだったと思ったからです．その結果，休み明けには「Yチャン　キノウ　ナカヘンカッタデ」と報告しにくる姿が見られるようになり，徐々に安心感と自信がついていくのが感じられました．

〈私からのコメント〉

　このエピソードを愛着問題を念頭において振り返ってみましょう．妹の誕生で，育休の母と一緒に過ごす嬉しさがある一方で，妹への嫉妬心も起こるという中，母の職場復帰が決まり，Yくんは再び母との分離を強いられることになりました．その分離に伴う不安に加えて，保育室や担任保育士の変更による不安が重なり，それによって保育所で不安定な様子を示すことになったのでしょう．3歳代に弟妹が生まれると，下の子どもへの嫉妬と，自分が上であることの自尊感情とのはざまで，多くの子どもは不安定な行動を示すようになります．そこにさらに母親の職場復帰が重なると，上の子どもの繋合希求欲求はなかなか満たされず，赤ちゃん返りが見られることも稀ではありません．ましてや担任保育士が余所から来た見慣れない人であれば，その人との信頼関係を築くのにも時間がかかります．こうした背景のもとで生まれたエピソードだったのだと思います．

　そのYくんの不安な気持ちを摑み，それが少しでも軽減されるようにと配慮する保育者に支えられて，Yくんは今日の一日を泣かずに過ごすことができ，この日以来，次第に書き手である担任保育士に懐いていったようです．ここで

も，従来のアタッチメント理論を超えたところで，つまり，単なる母子の閉じた二者関係ではなく，きょうだい関係，保育者関係を含んだところで子どもは生活している事実，その中で，さまざまな葛藤を経験しながら生きている事実が浮かび上がります．

このエピソードを読むと，子どもがいま置かれた状況の中で不安な気持ちを自ら立て直していく様子は，その場に共にいてその不安を鎮め，そこに共にいようとする保育者の態度や雰囲気と無関係ではないことが分かります．愛着や甘えはそのような身近な他者との関係のありようの中に現出するものだと考えるべきではないでしょうか．子どもが1歳の時点で母と関わる経験をまとめ上げて，一種の記憶モデルとしてIWMを形作るのだということを認めても，そのIWMがどのように働くかは，常に「いま，ここ」での身近な周囲の大人との関係のありようが規定していると見るべきなのではないでしょうか．

エピソード3：「ママの車を見てる」　　　　　　　　　　　　　　　　　N保育士

〈背景〉

Hくん(4歳8ヵ月)は父・母・弟(同園1歳児)の4人家族．Hくんは月齢が高く，自分の身の回りのことはたいてい何でも自分でできる．登園時は，母と弟と一緒に来るが，弟を一緒に保育室に送り，それから母と二人で自分の保育室に来る．母との別れでは，泣くことはないが別れ難い感じがあり，ほぼ毎日別れる前に母に抱っこしてもらう(母から抱くよりもHくんから抱きついていく)．

園では特に困るような行動をすることはないが，家では母の言うことを聞かなかったり，母を叩いたりして困ると母が私に言うことがあった．

私(保育士4年目)は3歳児29名(障碍児4名)のクラス担任(健常児担当)で担任は4名いる．小さな弟のいるHくんに対しては，まだ母に甘えたい気持ちや，母を独占したい気持ちがあるのかなと思うので，その気持ちを十分に受け止め，気持ちを満たしてあげたいと思っていた．誰かと何かをして遊びたいという強い思いはあまりなく，何か気持ちが晴れない感じで，いつもどこか淋しそうにしている感じがあり，夢中になれる遊びや安心できる友達を見つけ，園に気持ちよく来てほしいと思って見ていた．

保育室は2階の1番奥にあり，廊下から見ると目の前のコンビニとその駐車場を見下ろすことができ，その前の大通りを見ることができる．救急車や大きなトラッ

クが通ると窓に貼り付くようにして外を見る子どもたちもいる．

〈エピソード〉

　1月のある日，私が早番で朝の打ち合わせを終え，保育室に向かうと，Hくんが一人で保育室前の廊下に出て窓の外を見ているのを見つけた．一人で寒い廊下に出て，ボーっと外を見つめるHくんを見て，淋しそうに感じた私は，"母と上手く別れられなかったのかな？" "仲良しの友達がまだ登園していないのかな" などと思いながら，明るく「Hくん，おはよう！」と声をかけてみた．Hくんは笑顔でこっちを振り向き，その明るい表情に私はほっとした．私は一緒に保育室に入り，一緒に遊ぶことでHくんの思いを聞いて受け止めたいと思い，「一緒にお部屋に入って遊ぼうよ」と誘った．しかし，Hくんの答えは「いい（否定）」だった．よほど部屋に入りたくない理由でもあるのかと再び心配になり，「どうしたの？」と聞くと，Hくんは「ママの車を見てる」と言った．前にはコンビニがあり，大通りもある．「ここにくるの？」と聞くと，あいまいな答えで約束をしているわけではなさそうだった．いつ通るのか，すでに行ってしまったのかも分からない母の車を待っているというのだった．寒かったこともあり，私はつい，「もう通ってしまったのかもよ」とあきらめて部屋に入るように促す声かけをしてしまった．そんな私の思いを跳ね除けるように，Hくんは「くるよ！」と言った．私はしまった！と思いながら，「どんな車？」と尋ね，少しだけHくんの横に並んで外を見つめた．しかし登園時間でもあり，子どもたちは次々に登園してきては部屋の中で遊びだす．私は廊下でHくんといつ来るか分からないお母さんの車をずっと待ってはいられないと思い始めた．そこで「先生，お部屋で待ってるね」とだけ言い残し，部屋の中から様子を窺うことにした．

　しばらくすると，「せんせい！」とHくんの明るい声が廊下から聞こえた．行ってみると，Hくんは笑顔で窓の外を指差している．母の車が前のコンビニの駐車場に停まっている．私も一緒に覗いてみたが，母は電話をかけていて一生懸命手を振るHくんに気づかない．それでも，嬉しそうに「ママ電話していて気づかない～」と言いながら見つめていた．約束はしていなかったようで，母が気づかないのは無理もないと思ったが，ぜひ母には気づいて手を振り返してほしいと思った．私は，再び保育室内に戻ったため最後まで見届けることはできなかったが，やはり気づいてはもらえなかったようだった．しかし，母が去った後，Hくんは満足したような表情で保育室に入ってきた．

　お迎えの時に，このHくんの様子を母に話すと，母は「そうだったんだ～」と少し驚いていたが，その時にはHくんに対して特に言葉を返すこともなかった．

私は寒い中，ずっと一人廊下に出て，いつ来るか分からない母の車を待っていたHくんを思うと，もっとその思いを受け止めてもらいたいと思った．そして，私はそのことを母に上手く伝え切れなかったことが悔しかった．

〈考察〉

Hくんには幼い弟がいるため，まだ甘えたい気持ちがあっても十分に満たされていない部分がある．家での困る行動も母に注目してほしい思いから出ているのではないかと推測される．今回のエピソードで，母の姿を見るだけで喜んでいたHくんを見て，その思いに母も応えてほしいと思った．そして，保育士としてこれからHくんや母をどう援助していけばよいのかと思った．

〈私からのコメント〉

2階から見えるコンビニの駐車場に母の車がくるのではと，長い時間，寒い廊下の窓から駐車場のあたりを一心に見ているHくんの姿が目に浮かぶ感じです．それに付き合おうと思うけれども他の子どもの登園時間なのでそれもできない先生が，部屋に戻ってしばらくすると，Hくんが笑顔で先生に声をかけ，お母さんが駐車場に来ているのを指差します．そして手を振るけれども電話中らしい母は気づいてくれません．

母を想ういじらしいまでのHくんの思いが伝わってくるエピソードです．保育者はそんなに母を慕うHくんの思いに母が何とか気づいて欲しいと願い，後でその様子を伝えますが，それに対して母はそっけない返事しか返してくれません．Hくんのいじらしい気持ち，自分の悔しい気持ち，これがこのエピソードを書く原動力だったことがよく分かります．

しかし，保育者がHくんの母を思う気持ちを受け止め，一時でもHくんと一緒に母の車を眺めたからこそ，Hくんはある程度気持ちが満たされ，安心して次の活動に移っていくことができたのではなかったでしょうか．

私は『子どもは育てられて育つ』(2011a)という著書の中で，これまでの親と子を中心にした関係発達論から，そこにきょうだいや保育者や教師など，「育てる—育てられる」という関係に関わってくる人たちを交えた関係発達論へと視野を少し広げて考えるようになりました．それはこのようなエピソードに多数出会うようになったからでもあります．そのことは愛着や甘えに関して

第3章　エピソード記述からみた愛着・甘えの問題　　　　　159

も，もっと広い視野に立つべきことを示唆します．

　弟と3歳近く離れているHくんは，一方ではまだ母に甘えたい気持ちがあり，母の気持ちが弟にばかり向かえば，当然ながら嫉妬心も起こります．愛着や甘えは，ここでも，母と子のあいだで完結するものではなく，弟の存在や保育者の存在とも深く結びついて現れてきているのが分かります．つまり，それは弟を前にしての嫉妬心や，大人を前にしたときの兄としての自尊心などの心の動きとも結びついて現れてきているはずなのです．

　保育の送迎の場面は，母との分離と再会という点ではSSPに近いものがありますが，SSPの事態は，上に見た二つのエピソードと同様に，この具体的なエピソード場面の分離と再会を引き写していると考えることができるでしょうか．ここでのいじらしいまでに母を慕うHくんの思いをIWMの連続性というような考えで説明してしまうことが愛着の本当の問題なのでしょうか．

エピソード4：「先生にしてほしいもん」　　　　　　　　M保育士

〈背景〉

　Kくん（2歳8ヵ月）は，年長組の兄との2人兄弟で，活発で元気な男の子．自分でできることが多く，生活面であまり大人の手がかからない子どもだが，そのことが逆に私には少し気になっていた．多くの子どもは「できない，やって，先生と」などと，自分のできることでも保育者に甘えてやってもらいたがったり，私と一緒にやりたがったりするのに，Kくんはそのように私に甘える姿はあまりなかったからだ．絵本を一緒に見る時は膝に座ってくるが，それ以外は，くっつきにくることも少なく，抱っこしても身体を硬くしているような感じだった．何となくKくんとのあいだに距離を感じ，Kくんが安心してもっと自分を出せる存在になりたいと思いながら過ごしていた．

〈エピソード〉

　午前のおやつが始まる時間．それぞれ好きな遊びをしていたが，おやつが始まりそうだと分かると，何人かの子どもは片付けて，「おやつ食べる！」とおやつのテーブルに向かう．私は他の子どもたちの遊びの様子を見ながら，おやつや排泄に誘っていた．そのときKくんはパズルをしていたが，おやつが始まったということは雰囲気で分かっているようで，ちらちらと周りに目を遣っていた．そろそろ食べ

たくなったかなと思いながら見ていると，Kくんのパズルが仕上がり，「できた！」と声を上げる．「ほんとだ，上手にできたね」と声をかけてパズルを覗き込むと，「うん！　もういっかいしよう」とKくんはまたパズルを崩し始めた．おやつよりもパズルが楽しいんだなと思いながらも，「Kくん，おやつはまだいい？」と聞いてみると，「うん，これ終わってから」と自分で決めるのだといわんばかりにKくんは答えた．「そっか，わかったよ」と私が言うと，「先生，見とって，K，わかるよ」とKくんは私をパズルに誘い込んだ．今までは，"見とって"とパズルを一緒にしたがるようなところはなかった．うまく言えないが，"見とって"と言われて，Kくんだけの領分に入るのを許されたような気がして，なんだか嬉しかった．「これは……ここや」などと，絵や形を見ながらどんどん仕上げていく様子に，"すごいなぁ，上手になったなぁ"と思い，パズルが完成したとき，「お〜できたねぇ，パズル上手になったねぇ」と言葉を掛けると，Kくんは「うん」と言い，「K，おやつ食べてくる」とパズルに満足した様子で，手を洗いにいった．そしてトイレの前で「おしっこもでる」ともぞもぞとパンツを下ろし，トイレに向かう．私もトイレの前で待っていると，チョロチョロ……とおしっこの音．"お，ちゃんと出てるな"，と中を覗き込むと，Kくんと目が合い，私が「おしっこのいい音聞こえたよ」と言うと，Kくんははにかむような表情を見せた．トイレから出てきたので「パンツはこうか」と声を掛けると，そのはにかんだ表情のまま，ぼそっと「K，できんもん．M先生にしてほしいもん」と言う．いつもなら自分でさっさと穿いてしまうKくんなので，それとは全く反対の姿に私はびっくりしたが，初めて甘えてきてくれたような気がして嬉しくなった．「そうなん？　じゃあ今日は一緒にしようね」と手伝おうとすると，Kくんも身体を私の方に寄せてきて，一緒にパンツやズボンを穿いていった．穿けると，またパッと離れ，「おやつ食べてくる！」と手を洗い，おやつを食べに向かった．

〈考察〉

　一緒にズボンを穿いた時のKくんとの触れ合いは，いつも触れる手や身体の感じと違い，Kくんとの距離や手のもたれかかる感じが近くて，力も抜けていて，私とKくんとの心の距離が近くなったような気がして，とても嬉しく，あったかくなった．「できんもん，先生に……」と照れるように話すKくんの言葉や様子に，Kくんに対して素直に"かわいいな"と思えた．パズルを一緒に楽しんだり，トイレでおしっこがでた時に目を合わせて一緒に喜んだりしたことで，Kくんから一歩近づいて甘えてきてくれたのだと思う．

　その後，Kくんは，素直に甘えてきたり，身体をくっつけてきたりすることが多

くなったように感じる．子どもとの関係を築いていくということは，こういうことの積み重ねなのだと改めて感じた．

〈私からのコメント〉

　保育者のペースに子どもを合わせるのではなく，むしろ子どものペースに保育者が合わせてゆくという，ゆったりした保育が展開されていく中で，自分の存在を気遣ってくれ，ゆったり包む感じで接してくれ，自分の存在を認めてくれる保育者は，Kくんに限らずどの子も「好きな先生」になります．書き手の保育者はそれまでKくんが自分に甘えてこないことを気にかけていたようですが，おそらく普段の保育の姿勢がKくんには伝わっていて，本当は「先生が好き」という気持ちや「先生に甘えたい」という気持ちはKくんに潜勢していたのでしょう．先生がKくんのパズルとおしっこをつき合う中で，その潜勢していた気持ちが表面に表れてきて甘える行為になったのだと思います．ここでは単に大人に対して道具的な甘えをぶつけたのではなく，保育者が醸し出している子どもの存在を認め受け止める雰囲気が，甘えを許容する雰囲気として子どもに感じられ，それが子どもの甘える行為を誘い出したのではないでしょうか．保育の場では，子どもが保育者を「好き」と思うことは，そこで安心して自分を前に出していく上に欠かせない重要な条件だと思いますが，それは子どもの一方的な思いではなく，保育者の子どもに向ける気持ちや態度が大きな意味をもっていることは言うまでもありません．甘えや愛着を考えるときに，私が関係論の立場に立つことが欠かせないと思うのは，このようなエピソードに多数出会ってきたからです．

　甘えや愛着を「重要な他者」（多くは母親）との閉じた二者関係で考えると，このエピソードのKくんの振る舞いも，「重要な他者」とのあいだで形作られたIWMが，保育者に汎化されたのだということになるのでしょうが，はたしてそうでしょうか．これまでのアタッチメント研究は，愛着や甘えという事象を母親という特定の存在と子どものあいだに生起する事象として考えてきすぎたように見えます．しかし私の関係発達論の立場からすれば，前節でも見たように，むしろこの事象は子どもの繋合希求欲求が周囲にいる人に対してどのような向かい方をするかという観点から見直されるべきではないかと思います．

このエピソードはそのことを示唆しているように思えるのです．

エピソード5：抱っこして　　　　　　　　　　　　　　　K保育士

〈背景〉

　Aくんは家庭での虐待があって児童相談所に措置された辛い経験のある3歳8ヵ月の男児である．保育者である私は乳児の頃から母親のAくんへの対応が気になって，それとなくAくんを見守ってきた．けれど，2歳を過ぎた頃から，Aくんはその不安定な気持ちを周囲にぶつけるようになり，乱暴が目立ち，友達がAくんを避けるようになったのが気になっていた．私とのあいだではまったく気持ちが繋がらないというのではないが，抱っこしてもしっくりこず，何か物足りないものを感じ，信頼関係がまだ十分には取れていないのではないかと感じていた．

　その日はBくんを中心に何人かの子どもたちがお母さんごっこをしており，Bくんが赤ちゃんになってエーン，エーンと泣いているので，私がお母さんの声色を出して「赤ちゃん，そこで泣いているのね」と言葉を掛け，Bくんを抱いてあやしてやるという遊びをしていたときのことである．

〈エピソード〉

　Bくんたちがお母さんごっこをして遊んでいる横から，「エーン，エーン」の泣き声が聞こえてきた．振り返るとAくんで，Bくんのように床に寝転がって泣きまねをしている．そんなAくんの姿は初めて見るものだったので，私はちょっと驚き，Aくんは何を求めているのだろう，どう言葉をかけたらいいのだろうと一瞬迷っているうちに，思わず私の口から「あらあら」と声が出た．私のその声に恥ずかしくなったのか，Aくんはテーブルの下に入り込み，見つけて欲しい感じで泣きまねを続けている．そこで「どうしたの？　テーブルの下で泣いているのね．抱っこしてほしいのね，おおよしよし」とお母さんの声色で声を掛け，テーブルの下から出てきたAくんを，赤ちゃんをあやすように抱きかかえてみた．

　今までAくんが赤ちゃんを演じる姿はなく，またAくんの方から抱っこを求めてくることもなかった．また私が抱っこやおんぶをしても，体と体のあいだで何かしっくりこない感じがあり，すぐに降りてしまうことが多かった．

　ところが今回は抱っこをしても降りようとすることはなく，しばらく赤ちゃんになって「エーン，エーン」と声を出し続けていたので，抱っこしたまま部屋の中をゆっくり歩きながら，赤ちゃんをあやすように話しかけてみた．この時はまだお互いの体のあいだにしっくりこなさが少しあったが，少し経つとAくんは泣きまね

をやめ，そっと私の肩に頭を持たせかけてきた．この時，Aくんの体から緊張がサッとぬけ，二人の体のあいだがしっくりきて，気持ちよく抱っこすることができた．私はそのとき一瞬，「やっと甘えられた，こんな風にしていいんだね」というAくんの心の叫びが聞こえた気がしたが，そう思ったのも束の間，Aくんはすぐに「おりる」と言い，何事もなかったように他の遊びに移っていった．

　そして夕方，ブロックで遊んでいる時に，Aくんは急に「抱っこして！」と言って私を見上げてきた．「いいのかな？」という気持ちが表情に表れていた．そこで私が「いいよ」と言って抱っこをすると，Aくんは，抱っこされてもいいんだろうかと確かめるかのように私を見上げ，抱っこされると，抱っこの心地よさを確かめるように，「こんな風に甘えていいんだ」ということを確かめるように，しっかり抱かれた．そしてすぐにまた「降りる」と言って，遊びに戻って行った．

〈考察〉

　Aくんの難しい家庭状況が分かっていたので，Aくんの辛さ，悲しさを抱っこをしながら受け止め，肌と肌の触れ合いを意図的に作ったり，Aくんが安心できるように言葉をかけたりしてきたが，その一方で，Aくんが友だちを突き飛ばす等の負の行動に振り回され，Aくんの思いを受け止めきれずに，突き放すような対応をしたことも何度かあった．そんな中で，Aくんは何とか保育園で落ち着いて過ごせるようになり，友だちの存在を次第に受け入れ，一緒に遊ぶことを楽しいと思えるようになってきた．

　そんなふうにAくんは変わってきていたが，なぜか私は，「Aくんにとって私の存在って何なんだろう」と思う事があった．心のつながりがまったく感じられないというのでもない．信頼関係が成り立っていないというのでもない．何か分からないけれども，しかし何か物足りないという感じ，何かしっくりこないという感じが残っていた．

　そんな中での今日のエピソードだった．Aくん自身から，「やっと甘えられた，こんな風にしていいんだね」という心の叫びを聞いた感じがした時，私は改めてAくんの心の傷の深さを思い知った気がした．これまで自然に甘えることを知らなかったAくんは，甘えることを不安に思い，甘えたい気持ちを表現する仕方が分からないまま，その表現の仕方を探していたのだと思った．Bくんの姿がきっかけとなり，少し心を開いて大人との接点を持とうとしてみたのだろう．そのとき，私はAくんの初めて見せた甘える姿に驚くとともに，ドキドキしながらAくんの甘えたい気持ちに私の気持ちを繋いでみた．

　このエピソードを思い出してこれを書き起こしたときには，Aくんと気持ちが繋

がれた気分を単純に喜んだが，文章にして改めて読み返すと，悲しさも溢れ出てきた．人の「思い」の奥深さを感じるとともに，子どもの心を感じていける人でありたいとも思った．

〈私からのコメント〉

　〈背景〉を読むと，Aくんの家庭は難しい事情（どうやら虐待があったらしい事情）を抱えているようで，Aくんは十分に甘えることを知らずにこれまで育ってきたらしいこと，そのためか，保育園の中で不安定になることがしばしばあったことが分かります．そういう〈背景〉を下敷きにして，今日の「抱っこ」のシーンが生まれたのでした．

　保育園で見られる抱っこのほとんどは，抱っこを求める子どもと，それに応じる保育者とのあいだで，相互に「しっくり感」が感じられる抱っこでしょう．それがAくんの場合にそうならなかったのは，4歳にも満たないAくんが，それまでの育ちのなかで甘えることを十分に知らなかったから，甘えることに不安があったから，甘える表現の仕方が分からなかったからだということが，〈考察〉を読む中で読み手にしっかり伝わってきます．過去に虐待を受け，「重要な他者」に十分に愛着する経験も甘える経験もないままに，これまで生きてきたことの不憫さをまず思わずにはおれません．「重要な他者」であるはずの人が，Aくんには「重要な他者」として存在していなかったというべきでしょう．そして，保育者の醸し出す抱える雰囲気に誘われながら，おずおずと繋合希求欲求を保育者に向け，それが受け止められて満足が得られたとき，Aくんはどんな気持ちだったでしょうか．夕方に，今度は自分から抱っこを求めていますが，こうして徐々にこの根源的な欲求が満たされていく中で，Aくんにとっては保育者が次第に「重要な他者」として位置づけられていくようになると思われます．

　Aくんの現在の家庭状況がどうなのかも気になるところですが，いま保育の場はAくんのような境遇に置かれている子どもが多数います．その子どもたちにも周囲の大人とのあいだで愛着や甘えの事象は起きているはずです．従来のアタッチメント研究はこれらの子どもたちの愛着や甘えの現象をどのように議論していくのでしょうか．そして，このエピソード5を読んでも，愛着や甘

えの問題は単に「重要な他者」としての母親と子どもの閉じた二者関係だけで扱えるものではなく，保育者をはじめ周囲の身近な大人をも視野に入れて考えなければならないことは明らかだろうと思われます．

第5節　養育の場，保育の場に現れる愛着や甘えの問題

　さて，前節では保育の場に見られる愛着や甘えの問題をエピソードを通して見てみました．それぞれのエピソードへのコメントでも繰り返し触れたように，個別具体のエピソードに現れてきた甘えや愛着の複雑な現れ方を考えれば，SSPの枠組みでの，特にIWMを中心にした議論がいかにも平板だという印象を否めません（手前味噌の議論を割り引いても）．そこで改めて分離の問題，母親の存在の問題，保育者の存在の問題を考えてみたいと思います．

(1) 分離の問題

　前節の最初の3つのエピソードは，子どもにとって母なる存在がいかに大きな意味を持っているかを教えてくれるものでした．それぞれのコメントでも触れましたが，確かに分離の場面は保育者にとっても心が強く揺さぶられる場面であるらしく，これをエピソードに取り上げる保育者は数多くいます．しかしそこに現れる保育者の思いも実に複雑です．エピソード1のように，分離をもっと丁寧にしてほしい，子どもがこれほど嫌がっているのに，という思いの人もいれば，母にも仕事がある，自分がもっとうまく分離を引き受けてあげられればよかったと，自分の力不足を嘆く人もいます．あるいは分離後に子どもを引き受けてみたものの，あまりにも子どもの泣きが激しく続き，くたびれはてて，「もう知らない，しばらく離れていたい」と素朴に嘆く保育者もいます．そうかと思えば，10ヵ月の乳児を産休明けに引き受けたある保育者は，その乳児が2週間ほど，泣きづめに泣いて泣き止まないので，これは大変だと思っていたところ，2週間が過ぎた頃から，母から自分に手渡されてもぴたっと泣かなくなったのを見て，「そんなに早く諦めていいの？　私で本当に大丈夫？」と思わずにはいられなかったと，これまた複雑な胸の内を明かしてくれ

ました．それまで母と一緒だった生活が急に一変したのだから，泣いて当然だと思っていたのに，そんなに簡単に私に慣れてしまっていいの？　お母さんでなくて大丈夫？　というわけです．

　子どもと別れる際の母親の様子も実にさまざまです．さっと保育者に渡して，「急ぎますから」と立ち去る母親がいます(エピソード１もそのパタンでした)[注31]．逆に泣く子を前におろおろしながら，それでも仕事があるからと後ろ髪を引かれる思いで子どもを保育者に渡す人もいます．さらには，子どものことはそっちのけで，他のお母さんとおしゃべりに夢中の人もいます．

　このように，分離の場面は実に多岐にわたり，そこにはそれまで子どもが母親とどのような関係を築いてきたか，保育者とのあいだでどのような関係を築きつつあるか，今現在，母親は子どもにしっかり気持ちを向ける気構えにあるかどうか，また弟妹の存在のように分離に影響を及ぼす存在がいるのかいないのか，家庭の生活は安定しているのかいないのかなど，実にさまざまな要因が働いています．というより，それらの要因が背景にあって，「いま，ここ」で子どもの心に複雑な思いが湧きおこり，それに従って，愛着や甘えの行為が生み出されているのだと考えざるを得ません．

　私の関係発達論の立場からすれば，前節でも述べたように，愛着や甘えの事象は子どもの繋合希求欲求と，身近な他者のそれを受け止めるありようとが絡み合って，「いま，ここ」の関係の中に現出してくるものです．そしてその求める様子も，受け止めるありようも，「かつて，そこで」の無数の経験が積み重ねられてきていることはいうまでもありません．その愛着や甘えの現われをIWMで説明してしまうのではなく，手前味噌になるのを憚れずに言えば，むしろそれは「人間存在の根源的両義性」という考え方に沿って理解すべきなのではないでしょうか．

　SSPの枠組みでは，1歳の時点でいったん母親が安全基地になり，そういうIWMが成り立てば，その安心感に支えられて，その後の子どもは自立を目指してどんどん前に出るかのように考えられています．しかし，私の考える繋合希求欲求はいったん母親によって満たされても，それで満足して背景化されるものではなく，発達の過程で常に存続し，対人関係が広がる中でその充足を求める対象も広がり，また特に強い不安が喚起されるときには決まってそれも強

く現れると私は考えています．ここにも，従来のアタッチメント理論と私の関係発達論の立場の違いが現れているといえるでしょう．

実際，生涯過程の中に「分離」はいろいろなかたちで現れ，当事者にいろいろな複雑な思いを喚起します．留守番のようなちょっとした分離も，幼い子どもには大きな不安に繋がります．そしてかつて自己充実欲求と繋合希求欲求を満たしてくれた人との離別は子どもにとっては悲しい経験でしょう．さらに一時期，想いを寄せ，気持ちを繋ぎあった人との別離，親しかった友との訣別，自分にとって大切な人との死別など，多くの「別れ」は，この「分離」のヴァリエーションに他なりません．

青年期の「心理的離乳」と言われてきた自立の様相も，単に1歳時点で形成されたIWMの連続性という観点から説明されるものではなく，それまで家族との関係で繋合希求欲求がどのように満たされてきたか，親友や恋人とのあいだで繋合希求欲求がどのように満たされているか，等々との関連で大きく異なってくるでしょう．つまりそれは，自立（心理的離乳）を求める青年の意思と，心理的「断乳」を断行する親の側の決意とがどのように絡み合うかの問題であり，この心理的離乳という分離の問題が依存と自立のテーマと地続きだということも分かると思います．

そして，死別も，死を迎える人と死を見送る人の関係が問題になります．恋人同士のしばしの別れにさえ，この愛着と分離の問題は息づいているはずです．このようにしてみれば，この分離というテーマも，愛着のテーマと不可分であり，また生涯に亘って人の生を揺さぶる概念だということが分かりますが，それというのも，人間は誕生から死を迎えるまで繋合希求欲求から解き放たれないからです．分離に際してその人がどのような思いを抱くのかは，まさにその人の固有性の問題として掘り下げて見ていくしかないのではないでしょうか．

(2) 母の存在の意味，保育者の存在の意味

これまで，私の関係発達論の立場から，愛着や甘えの問題は子どもが自分の繋合希求欲求を周囲の人に受け止めてもらえるかどうかに関わると述べてきました．人はそれが満たされるから嬉しく，その人に愛着し，甘え，その人の存在で安心が得られるようになります．それは「重要な他者」が「安全基地」に

なるということですが，それはアタッチメント理論のように単にその安全基地に接触していれば大丈夫という意味ではなく，その「重要な他者」に根源的な信頼を寄せ，自分の存在に根源的な自信をもつことを意味します．つまり，「何かあったらお母さん」「お母さんならきっと良い具合にしてくれる」という根源的な信頼と，「自分はいつもよい具合にしてもらえるのだ」という根源的な自信がセットになって成り立つということです．

　子どもの側から見れば，乳児期の「重要な他者」は，常に自分をよい具合にしてくれる人という意味では，自己充実欲求と繋合希求欲求を同時に満たしてくれる「快の打ち出の小槌」のようなイメージなのかもしれません（精神分析の枠組みの中では乳児の万能感と呼ばれてきましたが，それはその万能感を支える「重要な他者」がいればこその話であるはずです）．ところが次第に幼児期に移行する中で，何でもよい具合にしてくれるはずの「重要な他者」は，常には思い通りにしてくれなくなります．このとき，子どもはその「重要な他者」に対して，怒りをぶつけたり，憤懣をぶつけたりします．それも愛着する気持ちや甘える気持ちの裏返しの表現です．分離場面での泣きもその種のものと考えることができます．こうして，子どもの成長と共に，自分の内部の自己充実欲求と繋合希求欲求が次第に真正面からぶつかるようになってきます．自分の「こうしたい」という思いと，母や保育者の「そうしてほしくない」という思いがぶつかり，それがどのように収斂するかに関しては，まず子どもの内部で二つの根源的欲求が対立し，また母親の内部でも二つの根源的欲求が対立し，それらが複雑に絡み合って双方の微妙な駆け引きが生まれることが考えられます．そこに，「どこまで甘えてよいのか」という子どもの思いと，「どこまで甘えを許したものか」という母や保育者の思いが交叉し，しかもそれは「してもらう」から「自分でする」への自立への道と深く結びついて現出するのです．

　そして，身体的接触を求める甘え（愛着）を自ら脱して（子ども自身，それは「赤ちゃんのすること」と納得して），肯定的に認められることを求める（大人が喜んでくれることを求める）甘えへと変化し，さらには，たいていのことは許されるはずだという自己充実欲求の承認としての甘えに発展します．しかもそこには健康的で積極的な意味（好ましい依存を土台にした自立への道）と，退

第3章 エピソード記述からみた愛着・甘えの問題

行的で消極的な意味(悪しき依存への道)との両面が顔を覗かせ，それにどのように対処するかに関して，母や保育者の側の思いも複雑に揺れざるを得ません．母や保育者の側も自らの自己充実欲求と，子どもを前にしたときの繋合希求欲求との狭間で，つまり，「子どものため」と「自分のため」の狭間で，あるいは子どもの「ある」を受け止めることと，子どもに「なる」を期待し促すこととの両義的な兼ね合いのなかで，その都度の対応を紡ぎ出す他はないからです．

子どもの「ここまで甘えられる」「ここまでしてもらえる」から，「ここで甘えたらだめなのか？」までの読みは，大人の出方に規定され，他方で大人の「ここまでなら甘えていいよ」から「それは甘えすぎでしょ」までの出方の曲折も，子どもの求め方をどう読むかによって規定されると言わねばなりません[注32]．

そうした経験の繰り返しの中で，「私は〈重要な他者〉の中心にいる」という確信が根源的信頼と根源的自信の源泉となり，しかもそれは「重要な他者」の「あなたは私の手の平の中にいる」という確信，つまり「重要な他者」における子どもへの根源的信頼と自分の養育(保育)への根源的自信と対になっているのです(その意味で，信頼関係とは相互信頼の意味だと考えねばなりません)．

このように，いったん母の存在が子どもにとって今述べたような意味での「重要な他者」になれば，この繋合希求欲求を「いま，ここ」で母に満たしてもらえなくても，そこにいる他の人が受け止めてくれるなら(受け止めてくれそうな雰囲気がその人にあるなら)，最初はその人に満足できなくても，子どもはいずれその人に愛着するようになり，その人がいることで安心を得ることができるようになるでしょう．実際，保育の場の子どもは，母が不在のあいだ自分の繋合希求欲求を何とか保育者に受け止めてもらおうとし，受け止めてもらえれば嬉しく，その保育者を好きになります．乳児の頃であればその気持ちをストレートに保育者に向け，保育者の膝の取り合いになる場合もあります．そしてもう少し年齢があがると，保育者を好きという気持ちの表現の仕方も単純でなくなり，エピソード4のような形をとるときもあるわけです．

いずれの場合にも，この根源的な欲求を受け止めてもらえた喜びが，その受け止めてくれた人に対する愛着や甘えや信頼を呼び起こしますが，しかし，もしもこの根源的欲求を受け止めてくれる人が存在しなかったり，あるいは一時

は存在しても，急にその存在が不在になって会えなくなったり，さらには信頼を寄せたその存在に虐待を受けるような事態になったとき，その子どもの繋合希求欲求はどのような成り行きになるのでしょうか．これが初期の愛着研究，つまり，戦後の施設児研究のテーマでした．そしてまた，これが現在の虐待を受けた子どもの問題に直結しています．それがエピソード5でした．

　子どもが繋合希求欲求の充足を求め，それが満たされるときというのは，保育者の懐の中に入ってよいのだという思いが子どもの中に生まれる一方で，この子を私が包んであげようという思いが保育者に生まれ，その両者の思いが繋がる瞬間だといえます．そしてそのとき，エピソード5に見られるように，「抱っこ」が保育者に(そして子どもにも)「しっくりくる」と感じられるのです．

　繰り返し述べてきたように，ここに，子どもの「甘える」は大人の「甘えさせてあげる」と結びついて現れるものであることが分かります．「甘えたい」と思っても，大人から「甘えさせてあげよう」という構えを感じ取れなければ，子どもは甘えられない，甘えてはいけないのだと感じてしまうでしょう．またこのエピソード5の例のように，甘えさせてあげようと大人の側が思っていても，子どもの側が「甘えていいのかな？」と甘えることをためらう気持ちが働いている限り，「甘える」が成り立たない事情も分かります．

　エピソード5の例では，不幸な育ちの中で，Aくんは「私は重要な他者の中心にはいない」という確信をもつに至り，そのために根源的不信をかたちづくり，「甘えることが分からない」という状況を生み出し，自己不全感を強めて生きてきていたのに相違ありません．

第6節　アタッチメント研究は虐待問題を射程に含められるか

　私の関係発達論の立場にとっても，子どもが母との関係の中でその繋合希求欲求をみたそうとし，そこに信頼関係を築いていくことが，子どもが意欲的に世界に進出する大きな条件だと考えます．ただ，それは母との関係に閉じられたものではなく，周囲の人，例えば保育者との関係にも大きく影響されることを認める必要があるというのも，関係発達論の立場です．この立場にとって，

報道される頻度が年々増加する虐待問題は，きわめて深刻な問題だと考えざるをえません．

とりわけ愛着や甘えという事象は，人間存在の根源にある繋合希求欲求と深く繋がって現れてくるものです．ですから，身近な人の虐待によって，愛着や甘えを向けるはずの対象が，向けたいけれども向けられない対象に変貌した場合，子どもはどのように世界に対処していけばよいのか分からなくなって混乱するのは当然です．従来のアタッチメント研究の枠組みに引き寄せて言えば，虐待が起こるまでに形作った IWM は，虐待後にどのような成り行きなるのか，あるいはどのように再体制化されるのかが問題だといってもよいかもしれません．しかし，発達研究者にとってはそのような学問的関心が当面の問題だとしても，虐待を受けた子どもにとって，そのような IWM の成り行きや再体制化といった一般的な問題ではなく，まさに「いま，ここ」での愛着や甘えがどういう成り行きになるかが問題なのです．

そのことを考えるために，私が読む機会のあった，次のような虐待事例を紹介してみようと思います．

(1) この事例の背景

虐待問題は個人情報の問題が絡むので，事例を特定されないためにはどうしてもレポートに若干の改変を施さなければなりません．そのことをお断りした上で，以下の事例は私が直接関与した事例ではありませんが，当該保育園には私も足を運んだことがあり，書き手の保育者(N 保育士)は見知った間柄の人であり，それゆえその人から以下のレポート以外にも多数の背景情報を聴くことができたことだけはお伝えしておきたいと思います．その背景情報を念頭に置きながら，現実の事例のレポートに私がその事例の本質を変えない程度の改変を加えたものが以下の事例です．オリジナルの事例レポートは本当はかなり長いものなのですが，ここでは愛着や甘えという本章のテーマに関係するところを中心に紹介することにとどめざるを得ません．しかし，その事例のおおよその展開過程を紹介しなければ，以下のエピソードが理解できませんので，まずは事例のおおよその背景を提示することから始めたいと思います．

(2) 家族構成と生活状況　　　　　　　　　　　　　　　　　　　K保育園園長

　このレポートが書かれた時点で，T子は5歳9ヵ月，母親は24歳で母子での生活．父親は遠洋漁業の船員で一年の大半を船に乗って生活しており，ほとんど母子家庭の状態である．普段，T子は母と二人で暮らしているが，父の不在のあいだ，母の知人の男性や女性が頻繁に家に出入りしている模様である．母は覚醒剤問題で何度か警察沙汰になったことがあるらしい．その当時，私はこの保育園の園長を務めていなかったので，詳しい様子は分からないが，母が警察沙汰になっているあいだはその知人がT子の面倒を見て，保育園に通園させていたらしい．そのような生活もあって，家には常に何人かの男性や女性が出入りし，不規則で朝の遅い乱れた生活のため，T子の登園もままならない様子であった．母は薬で起きられないので，電話で起こしてほしいとか，T子を家まで迎えに来てほしいなどの要求を保育園に出し，園としてもT子のためだと思ってできるだけ母の意向に添おうとしてきたようである．

　T子が5歳になったばかりの頃，家に出入りしている男性にT子が虐待を受け，児童相談所が出向いて一時保護を行ったりしたが，母はT子と別々に暮らすのは絶対に認めない態度で，児童相談所とも相当にやり合ったらしい．薬から覚めているときには，「T子がいなければ私は生きていけない」と言うほど，T子を可愛がる面があり，そうかと思うと，薬の勢いからか，T子を乱暴に扱うこともあって，母のT子に対する思いとT子への対応のあいだのギャップの大きさは，園長である私をいつも戸惑わせるものだった．

　あるとき，母からの電話で私がT子を自宅まで迎えに行ったとき，玄関を開けると犬の排泄物の強烈な匂いにまず驚き，私を出迎えたのはT子で，母はまだ布団の中にいて，その横には知らない男性が寝ていた．部屋中に衣類が散乱し，ビン類も床に転がっていて，とても普通に生活しているようには見えなかった．ともかくT子を着替えさせて，寝ぼけた応対しかできない母親に，お迎えの時間の約束を取り付けただけで，まだ朝食もとっていないT子を保育園に連れ帰ったことがあった．この出来事にT子と母の生活が象徴されているように思う．母は夜の仕事に出かけているようだが，毎日のことではないらしく，生活の基盤についてはよく分からなかった．

　保育園としては，個人情報の問題があり，地域の他の保護者に色眼鏡でT

子親子を見てほしくないことから，虐待で措置されたことや，警察沙汰のことは伏せていたので，母が出入りの男性と一緒に保育園に抗議にきたとき（児童相談所に通報したことを保育園のせいだとして抗議に来たとき）などは，大変に困った．事情を知っている正規職員は緊張して対応したが，非常勤職員は事情を知らないので，職員間で意思の疎通が図れず混乱することがままあったからである．

　以下のエピソードは，T子が年長になり，午睡時間に眠くない子は午睡なしでもよいということになったとき，T子は眠っている子どもたちが目を覚ますような騒ぎ方をわざとするので担任が困り，しかもクラスには他に障碍のある子どもが複数いて，担任の手がT子までまわらないため，園長の私がT子に対応したときのものである．

(3) T子の再現遊び

　　エピソード1：子どもを置き去りにする母
　　〈背景〉
　　はじめて1対1でT子の保育を頼まれた時，年長児だからT子が遊んでいる横で私は事務仕事ができるだろうと思って仕事を抱えて保育室へ行ったが，予想は見事に外れた．T子が一人でじっくり遊べるものが何一つなかったからである．「ちょっとお掃除するから待ってて」と頼んでも待っていることができず，あっという間に午睡している年長児のところへ行ってみんなを起こしてしまう．「みんなを起こすのをやめて」と私が言うと，「じゃあ，園長先生，私とずっと遊んで」と，一瞬も途切れることなく，ずっと向き合っていることを求めた．人形の赤ちゃんを抱いていたかと思うと，次の瞬間には人形の足を持って罵声を浴びせながら壁にその人形を叩きつける．遊びの場面はぶつぶつ途切れ，1時間一緒に遊んだだけで私はぐったり疲れた．「絵本を読もうか」と誘ってみたが，それには全く興味を示さなかった．

　そこで，こちらから働きかけることはやめて，この子は何を求めているのだろうと，ひたすらT子の思いに添うようにこちらの働きかけを変えた．するとT子は自分が母親になり，私が子どもになるごっこ遊びを始めた．

　　〈エピソード〉
　　どうやらごっこ遊びの内容は，子どもを一人家に置き去りにして仕事に出かける

母親という設定のようで，それはＴ子の生活体験を想像させるものだった．Ｔ子は「ママはお仕事で出かけるから，あんたはちゃんと留守番しているの，いいわね！」と母親役になって私にいう．そこで「はい」と私が答えると，「何よそのいいかたは！　ちゃんと分かりましたっていいなさい！」と私を叱りつける．私が「はい，わかりました，ちゃんと留守番しています」というと，Ｔ子はにやっと笑って，「じゃあ行ってくる」というと，園長室を出ようとしてドアを強くバタンと閉める．その遊びにつきあいながら，そんなとき置いていかれるＴ子はどんなに不安な気持ちだっただろうと思うと，心が痛んだ．

　Ｔ子はすぐにまた園長室のドアを開けて入ってくると，今度は私に，「だめじゃない，ちゃんと寝てなきゃ」と云い，私を園長室のソファーに寝かせる．仰向けに寝た私が目を開けていると，「駄目，寝なさい，お母さんはこれからご飯なんだから」と机の上のボールペンをお箸に見立てて，自分は食事をしようとする．そこで私が「ママ，わたしもお腹がへった」というと，「あんたにはちゃんとご飯をたべさせたでしょ，黙って寝なさい！」とまた叱られてしまう．そんな遊びがずっと続いた．

　私はいつの間にかＴ子に成りきって，Ｔ子役を演じていた．そんな私を相手にして母親役で遊んでいるＴ子の表情は，実に晴れ晴れとしていて，いままでみたことのないその表情に私は本当に驚いた．

〈考察〉

　初めてＴ子と二人きりでごっこ遊びを遊んだ時，Ｔ子の口から出る言葉の一つ一つがぐさぐさと私の心に突き刺さった．今まで多くの子どもたちと遊んできたが，こんな遊びは初めてだった．Ｔ子の家庭の中での生活はそれまでは想像するだけに過ぎなかったが，今回のこのごっこ遊びを経験して，これはＴ子の生活の再現遊びなのだと納得した．Ｔ子になり切って，Ｔ子の立場で物事を考えようと努めてみたときに，初めてたくさんのものが見えてきた気がした．Ｔ子にとっても，母に支配されている立場が逆転して，私を支配する立場になって心地よかったのだろうと思う．私がＴ子の立場にそって振る舞うことで，もしかしたら自分の気持ちが分かってもらえたとＴ子には思えたのかもしれない．

　その後，そんなごっこ遊びを何回かして，Ｔ子も午睡時に私と遊ぶことが習慣化し，私とＴ子のあいだに信頼関係のようなものができたのではと思われたので，頃合かと思い，遊びに使った玩具を片づけさせようと思って「最後まで片付けて」とか「途中で止めたらだめ」と注意すると，途端に自分が全否定されたかのように心を閉ざし，そこらにあるものを手当たり次第放り投げ，荒れ狂った．それでも，

第3章　エピソード記述からみた愛着・甘えの問題　　　175

次の日はまた機嫌よくやってきて一緒に遊んだ．そのごっこ遊びは，休んでいた間に母とのあいだで起こったことを再現する内容が多くなった．

エピソード２：薬を飲む母

〈背景〉

　ある日，10時半に登園してきたとき，母親は私に昨夜と今朝の出来事について話した．母親が夜中に仕事から帰ってくるとT子は泣いていたという．理由を訊いたが答えなかったので，そのまま母親は睡眠薬を飲んで眠り，朝目が覚めるとT子の姿が見えず，外を見ると，雨が降っているのにT子は外で遊んでいた．それでT子を叱って叩いたということだった．そういえば，T子の顔が少し腫れている感じがしたし，少し元気がない感じでもあった．

　10時半の登園でT子は少ししか遊べなかったが，食事の時間は普通にみんなと一緒に食べて午睡室にもみんなと一緒に入った．この日もT子は眠れなかったらしく，1時半に年長のクラス担任が午睡室からT子を連れて出て，私と交代した．

〈エピソード〉

　T子は私と目が合うなり，「先生遊ぼう」と私の手を引っ張ってままごとコーナーへ連れて行き，「先生は子どもな！　リリーにする？　エリカにする？」と訊く．エリカと答えるとテーブルの上に小さな玩具の木のビンをあるだけ持ってきて，「ママは薬飲むからね」と言って木のビンを次から次へと飲む真似をして，それからその場にバタン！　と倒れた．そしてビクとも動かない．昨夜，T子はそんな場面を経験したのだと思うと涙が出そうだった．夜中に目が覚めると母親がいない．一人でどんなに不安な夜を過ごしただろうか．そう思いながら「ママ死んだらいやー」とエリカ役の私がすがってリリー役(母親役)のT子の肩を揺すると，T子は目をつぶったまま口元に笑みを浮かべていた．

　そして次は「お金がないからママお仕事行くわ．エリカは待っていてね」という．子ども役のエリカの私が「いやー，一人にしないでー」と言うと，「あんたも一緒に行きたい？」と訊くので，「うん，一緒に行きたい」と私が答える．すると「じゃあ聞いてみるね」とT子は携帯電話で話す振りをした．「もしもし，はい，そうですか，だめですね」というと，私の方を見て「だめだって！　じゃあね」と云い，バタン！　と思いっきり戸を閉める真似をして出て行った．出て行く時のT子の顔はやはり晴れ晴れとした笑顔だった．

〈考察〉

　この日のごっこ遊びも生活の再現遊びだった．登園してくる前に母からの体罰があったらしいことは分かったが，寂しい思いを耐えて，やっと母親が帰ってきたと思ったら，叩かれ，その母親が目の前で睡眠薬を飲み，バタンと倒れるのを見るとき，Ｔ子は何を思って眠りについたのだろうか．私が「ママ，死んだらいややー」と言ったのに，笑みを浮かべたときのＴ子は何を思っていたのだろう．そして，「一緒に行きたい」を私に言わせておいて，それに相手が駄目だというから「だめだって」と答えるときのＴ子は，どんな心境で答えているのだろう．この遊びが終わって一人になると，たちまちいろいろな思いが溢れてくる感じだった．

　その後も，再現遊びは続いた．母親と一緒に，母親が以前付き合っていた人に会うために刑務所へ面会に行った後は刑務所ごっこ．Ｔ子が捕まって手錠をかけられ刑務所に行く人の役をして，私には後で面会に来てなといって，私に面会に来る人の役をさせた．母親がリストカットをして薬を飲んで倒れ救急車で運ばれた時は，Ｔ子は母親役になり，薬を飲んではあっちへ2, 3歩よろけ，こっちへ2, 3歩よろけ，それからばたっと倒れた．とてもリアルにその様子を表現した．そして私に救急車を呼ぶように要求し，次に自分は病院に入院している母親役をして，子ども役の私にお見舞いに来るように要求した．一緒に遊びながら，保育園を休んでいたあいだのＴ子の姿や思いを想像すると，胸が締め付けられるようだった．たまらず涙が出てしまうこともあった．保育園を休んでいる日々を比較的穏やかに過ごした時は再現遊びも穏やかなものになった．その再現遊びは，担任から聞いた話や連携機関からの情報で知った内容と驚くほど一致していた．

　その頃に，ある本を読んでこの遊びが「再現遊び」と呼ばれるものであることを知った．その文章を見つけた時，「これだ！　いつもＴ子としている遊びのことが書いてある！」と驚いた．再現遊びの意味を知り，Ｔ子との遊びに深みが増した．母親役のＴ子がばたんと戸を閉めて出ていく時，晴れ晴れとした笑顔を見せる訳も分かった．この遊びがＴ子の心の癒しになるのだと知った．

エピソード3：Ｔ子の涙

〈背景〉

　Ｔ子の休園が続いていた．心配になり，担任と相談してこの日の夕方に担任から母に電話を入れて貰った．自宅の電話には繋がらないので，携帯に電話をしたところようやく繋がり，夕方4時頃に電話した時には普通の状態だったという．その電

話の中でT子を知り合いの人に預けて面倒を見て貰っているということだった.

その知り合いの人から母と連絡がつかないので,と保育園に連絡が入った.さっきの電話では普通の状態に思えたので,再び母の携帯に電話を入れてみると,母親は薬ですでに呂律が回らなくなっており,T子を預かっている人から電話が有ったことを伝えると「放っとけー」と言う返事だった.母は自宅にはいないらしいことが分かった.その後,T子の置かれている状況が心配になり,児童相談所への通報も考えたが,児童相談所に子どもを取られると思い込み,児童相談所によい感情を持っていない母親に対してその選択はためらわれ,様子を見ようと判断した.

次の日,預かった人が朝,T子を送ってきた.自宅に行ってみたが母は自宅にはいないし,母と連絡を取ろうと思うけれども連絡が取れないのでという.母が自宅にいないことがこれではっきりした.そこで,ひとまずT子を受け取って,母親の携帯に電話をかけ続けた.昼過ぎにやっと母親の携帯と繋がった.

〈エピソード〉

T子が保育園に来ていることを伝えると,電話先で母は「T子に会いたい! 会いたくてたまらない! 声だけでも聞かせて」と言う.T子に電話を代わりT子と母が話をする.再び電話を代わると,「今遠くにいてすぐに迎えに行くのが難しい,夕方まで待ってほしい」というので,私は「分かった」と答えた.

その後,T子と二人で階段に座って並んでさっきの電話の話をしていると,T子が「ママに会いたい」と言って涙を流す.「ママもTちゃんに会いたくて泣いているよ.夕方になったらママが迎えに来てくれるからね.ママも頑張っているからね.Tちゃんももう少し頑張ろう」と言うと,T子は「ママも泣いている?」とじっと私の目を見つめて訊いてきた.「そう,ママもTちゃんに会いたくて泣いているよ」と言ったとたん,T子は深く頷き,T子の目から大粒の涙が溢れ出た.そして「抱っこして」と私の膝の上に乗ってきてしがみついた.不憫で愛しくて,人気のない薄暗い階段で私はしばらくT子をぎゅっと抱きしめていた.

〈考察〉

T子の目から大粒の涙が溢れ出た.T子がこんな風に泣くのを私は初めて見た.知らない人に何日も預けられて,どれほど不安なことだっただろう.預かった人はT子の前で散々母の悪口を言ったらしい.それをT子はどんな気持で聞いていただろうか.母に捨てられたと思ったかも知れない.そんな時の母からの電話はどれほど嬉しかったことか.

私は「T子に会いたい! 会いたくてたまらない! 声だけでも聞かせてほし

い」と言った母の思いをＴ子に伝えたかった．母がＴ子のことをＴ子に負けないほど愛してくれている，Ｔ子に会いたくて泣いていると知ることは，Ｔ子にとってどんなに心強かったことだろう．

　こんなふうにＴ子が素直に甘えてきたことは初めてだった．真正面から膝に座り私の体に抱きついてきた．とても愛しいと思った．母とＴ子の絆の深さを知った思いだった．

(4) 関係発達論の立場からのこの事例へのコメントと，アタッチメント理論の問題

　言葉を失うようなエピソードは他にも多数あったのですが，紙幅の都合もあって，この程度に収めました．この保育園は私も一度訪問したことのある保育園で，普段は子どもたちの明るい声が聴こえる，中規模のごく普通の保育園です．しかし，そこにやってくる子どもの中には，Ｔ子ちゃんのような厳しい家庭環境で育つ他の子どもも含まれています．ここに紹介された事例は，残念ながら，いまや決して例外的な事例とは言われません．

　再現遊びから想像されるＴ子ちゃんの家庭での生活は，本当に想像を絶する感じですが，それでも母はＴ子ちゃんを愛しています．ときにＴ子ちゃんを置き去りにし，ときにＴ子ちゃんの頬に平手打ちを食らわせ，ときには薬で朦朧となる母ですが，それでも母の中には「Ｔ子がいるから生きられる」と園長に語ったことがあるように，Ｔ子ちゃんを愛する気持ちがあります．そしてＴ子ちゃんも，そのような母の振る舞いに振り回され，しばしば一人ぼっちの寂しさを味あわされ，知らないおばさんに預けられて不安にさせられますが，それでも母と一緒がいいのです．そして，その狭間にたつ保育の場の人たちは，胸を痛めながら，何とかＴ子ちゃんの存在を受け止め，寂しさや不安を慰撫しようとします．

　不安いっぱいで，それでも母が自分のことを心配して泣いてくれていたことが分かると，Ｔ子ちゃんは大粒の涙を流して嬉しいと思います．そして園長先生にしっかり抱きつきにいきます．ここでは「愛着」が二重のかたちで表れています．つまり，「とにかく母がいい」という想いもそれでしょうし，園長先生に抱っこを求めていまの不安を癒すというのもそれでしょう．前節までの議論から分かるように，愛着や甘えはかなり複雑な表れをするもので，単に母と

子の関係の問題ではありません．

　翻って考えれば，愛着を巡る議論のスタートは，初期の施設児研究に見られるように，母親不在の問題でした．これは単なる分離不安や人見知りの問題ではなく，まさに子どもの繋合希求欲求を受け止めてくれる人が不在であることの問題です．確かにその欲求を受け止めてくれる人がいなければ，子どもは不安の坩堝に突き落とされます．スピッツの有名な本に挿入されている，幼い乳児の眉を寄せた暗い表情の写真は，まさに「重要な他者」が不在であることの意味を教えてくれるもの，あるいは「重要な他者」の重要性を裏側から教えてくれるものでした．しかしながら，スピッツの写真の子どもの場合も，誰かがその子の繋合希求欲求を受け止めてやれれば，その子はこれほどの不安な様子を示さなかったかもしれません．その根源的欲求を受け止める人が誰もいなかったということと，母親不在の問題があまりに直線的に結びつけられてしまってこなかったでしょうか．

　もしかしたら，スピッツのあの写真は，子どもの繋合希求欲求を受け止めることの大切さを教えるものであるはずが，母親でなければ「重要な他者」になれないかのような見方を方向づけ，それによって「重要な他者＝母親」の神話を創り出すのに一役買ったのかもしれません．当時の文化を背景にすれば，通常の家庭生活の中では子どもの繋合希求欲求を受け止めるのは母親だったでしょうから，その母親不在は確かに深刻な問題を惹き起こしました．しかし，それは3歳児神話と同じように「重要な他者」神話を創り出すことに繋がったのではなかったでしょうか．

　そういったからと言って，母親の存在の重みが軽くなるという意味ではありません．前節のエピソードでも，この事例でも，子どもにとっての母の存在の意味は計り知れないほど大きいものがあります．これほどのひどい扱いを受けても「母がいい」のです．しかし同時に，「育てる者」は決して母親だけではなく，子どもの繋合希求欲求を受け止めるのは母親でなければならないというわけではありません．それゆえ，愛着や甘えは母親だけをターゲットにして向けられるものではありません．それはいろいろな人，特に保育者によって受け止められ，それによって子どもは安心を得，元気を得，母親との再会を待つことができるのです．この事例はそのことを教えてくれています．

この事例のように虐待を内包するような厳しい親子関係にあっても，それがその親子関係だけに閉じられるのではなく，この事例のように当該の親子が周囲に開かれ，周囲によって子どもが十分に受け止められ，支えられれば，絶対の孤立と絶望を免れ，人が生きていくのに欠かせない最低限の安心が得られ，そこから前に向かって生きる原動力が得られるのだと思います．

　確かに現在は虐待の報告が増えているのは事実ですが，虐待がなければ関係発達は順調かと言えば，そうとも言っていられません．虐待があったかどうかよりも，子どもの繋合希求欲求が受け止められているかどうかが重要だと思われるからです．母親がそれを受け止める中心人物とは言えない状況が多数あります．それでも子どもが元気に生活していくことができるのは，本章に登場するような保育者がその役割を懸命に果たしているからです．

　そのような観点から現在の子育て状況を振り返るとき，SSPを中心においたアタッチメント理論は虐待問題に本質的な意味でコミットできると言えるでしょうか．今の事例を見ても，T子ちゃんは家庭での孤独，分離不安，遺棄に近い状態，殴打のような虐待があり，母の不在と母との再会の場面もありました．そこには母を求める気持ちも動けば，おそらくは母に不信を向ける場面もあったに違いありません．他方では，保育者にしがみつく愛着や甘えの姿もありました．ですから，この事例には愛着や甘えという事象の問題はほとんど隅々まで現れ出ていると思われるのですが，これを行動の言葉だけで説明できるでしょうか．やはりT子ちゃんや母の心の問題に入り込む以外に，この愛着や甘えの事象に入り込むことは難しいのではないでしょうか．

　これからますます虐待の報告は増えることが予想されます．というのも，子育て文化がここ近年で大きく方向転換したからです．アタッチメント理論が生まれ，一般家庭で育つ子どもの愛着の問題をSSPを用いて議論できるとみなされた背景には，今から振り返れば，当時の文化状況が暗黙の前提としてあったといえるかもしれません．そしていま，社会文化状況は大きく変わりました．心理学者ももうそろそろこれまでのアタッチメント理論を卒業するときではないでしょうか．

第4章・間主観的現象の理解と
エピソード記述

人が人をわかるということを如何に記述するか

エピソード記述には，たいていの場合，「私にはAさんの思いがわかった」というような，書き手が他者の内面を摑んだ体験についての一人称の記述が入ってきます．それがエピソード記述の特徴だといっても過言ではありません．ここには，人が人の思いをわかるという，間主観性に関わる難しい問題が横たわっています．そこに踏み込むことは，行動科学の客観主義の枠組みに真正面からぶつかることを意味します．しかし，そこに踏み込まない限り，対人関係の機微に触れることはおよそできないのではないでしょうか．本章では私の関係発達論の立場から間主観性の問題を取り上げ，相手の気持ちを間主観的にわかるということがエピソード記述に欠かせない点に踏み込んでみます．

第1節　間主観性という用語を巡って

私にとっての最初の学会誌論文「母子関係と間主観性の問題」（鯨岡，1986b）で間主観性の問題を取り上げたとき，私はその論文の冒頭で，「intersubjectivityという用語は，間主観性，相互主観性，共同主観性，相互主体性，間主体性など，研究者の問題関心のありように従って，さまざまに訳し分けられている」ことを指摘し，この概念は「両義的であるとともに曖昧さを含んだ概念である」とも指摘しています．そしてそのような問題性を孕んだ概念をなぜ用いる必要があるかといえば，母子間の関係性の機微を捉えるためには，「母子間の行動上の相互作用を詳細に記述するだけでは不十分で，そのような相互作用の中で母親が子どもの下に何を感じ取っているかというような，母子間の主観的，間主観的な経験を，母親，子ども，観察者の相互的関係の中で記述する必要が出てくる」からであるとしています．

ここには，二者間で営まれている関係の機微に間主観性が絡んでくるという事実関係の問題と，その母子間の間主観的な関係の機微を観察者が間主観的に把握するという認識論上の問題とを同時に取り上げる必要性が示唆されています．つまり，母親に子どもの気持ちが「分かる」という事実に関わる問題と，その母子を観察している観察者にそのことが「分かる」という研究上の問題とが切り離すことができないという指摘です．間主観性の概念が行動科学のパラ

第4章 間主観的現象の理解とエピソード記述

ダイムと対決するための戦略的概念だと述べてきたのは，生の営みの機微に迫る上でも，また観察方法の問題に迫る上でも，この間主観性の概念が鍵になると考えたからでした．

　この論文を発表して以来，四半世紀が経過しました．確かに，「間主観性」「間主観的アプローチ」「間主観的に分かる」など，間主観性という用語や間主観的という表現は，以前に比べると，いろいろな研究者によってさまざまな文脈において用いられるようになりました[注33]．研究者たちはそれぞれ，何らかの現象ないしは事象を念頭においてこの用語を用いているのですが，しかし研究者間において，取り上げられる現象や事象は必ずしも重なっていませんし，またこの現象を認識する枠組みも必ずしも一致しているとはいえません．その意味では，四半世紀前の状況と今日の状況は大差ないようにも見えます．そのことが間主観性を巡る議論が曖昧なままにとどまったり，噛み合わなかったりする理由だと思います．

　このように，研究という枠組みでは間主観性を巡る議論はなかなか煮詰まっていきませんが，しかし，「間主観的に分かる」という現象は，日々の生活の中のいろいろな場面に顔を出し，その対人関係を実際に動かす大きな意味をもっています．とりわけ，保育者の描くエピソード記述には，「子どもの気持ちが分かった」「子どもの思いが摑めた」という記述が随所に見られ，しかもそれが子どもと書き手の保育者との関係を動かす意味を持つことが，そのエピソードを読む中で理解することができます．第1章に示した大震災のエピソードにおいて，「子どもの目が，『せんせい，だいじょうぶだよ』と言っているような気がした」という表現も，これに類する子どもの気持ちの理解です．そのように感じ取られたからこそ，先生は励まされ，勇気をもらえたと思ったのでしょう．

　そこで本章では，そもそも間主観的現象とはいかなるものを指し，それを認識する枠組みはどのようなものであるべきなのかについて，少し踏み込んで検討してみたいと思います．

第2節　間主観的現象とは何か

　間主観性あるいは間主観的といわれる現象は，いったい何を指すものなのでしょうか．最も広く取れば，それぞれが別個の主体である二人（ないしそれ以上）の人間のあいだで，広い意味で何かが一方から他方へ「通じる」こと，あるいは双方で何かが「通じ合う」こと，「分かち合われる」ことであるといえます．いま「通じる」「通じ合う」「分かち合われる」といいましたが，そこには身体と身体が響き合うといったことも含まれてきます．現在の私の問題関心からすれば，「子ども―養育者」間，あるいは「子ども―保育者」間，さらには「クライエント―セラピスト」間などの相互主体的な関係の営みにおいて，一方の主体である相手について，もう一方の主体である自分に何かが「分かる」，「感じられる」「伝わってくる」という事態が生まれ，それがその営みを動かしていくという問題を扱う上で欠かせないのがこの概念だということができます．

　しかしながら，この繊細な現象は，二者間に無条件に生じるものではありません．いくつかの条件が組み合わされたときに初めて生まれてくるものです．しかもそれは多くの場合，誰の目にも見えるようなものではなく，それゆえに学問的には扱うのが難しいのですが，それにもかかわらず，日常の対人関係にはしばしばみられる現象であり，それが実際の対人関係を動かすという点では極めて重要な意味をもつものです．

　『関係発達論の構築』（鯨岡，1999a）では，3つのテーゼを掲げて，この現象がある条件の下で関わり手である当事主体に生まれるものであることを示しています．それをここに再掲しておきましょう（一部表現を変えてあります）．

　テーゼF：関わり手が相手に「いつも，すでに」気持ちを向けているとき，またそのときに限って，相手の広義の情動や気持ちの動きは関わり手にそのようなものとして間主観的に感得される（間主観的感得の一般的条件）．そのようにして間主観的に何かが感得されるとき，多くの場合，関わり手を次なる行為に導く（間主観的に感得されたものの行動喚起性）．

テーゼG：養育者は「いつも，すでに」子どもに向けていた関心を子どもの「そこ」に凝縮させ，「情動の舌」をそこに伸ばすという「成り込み」によって，子どもの「そこ」を生きることができる．そのとき，何かが間主観的に感得される可能性が生まれ，それに基づく対応が可能になる．

　テーゼH：関与しながらの観察において，観察者がおのれの生きた感受する身体を解放することができ，自然な「成り込み」によって被観察者の下に「情動の舌」を伸ばすことができるとき，観察者は被観察者の下に広義の情動や気持ちの動きを間主観的に感得する可能性が生まれる（研究者の間主観的な感得の条件）．

　要するに，二者間において，これまでの関わり合いの経験の積み重ねの中で，一方が他方に強い関心を向け，自分の気持ちを相手に持ち出して，相手に自分を重ね，相手に寄り添おうとすることが，この現象が当事主体にそれとして捉えられるための必要条件だということです．自分が自分の殻の中に閉じこもっていては決して生じない現象，自分をまずもって相手に開き，相手に関心を寄せていることが最低必要条件になる現象といってもよいでしょう．

　このような必要条件の下に生まれてくる「間主観的」と形容される現象が，そのようなものとして描き出される場合に，大別して次の三つがあるといえます．

　その第一は，**第三者的に見て（外部観察的に見て）**，関わり合う二人のあいだが「同期している」「響き合っている」「一体的である」「連動している」等々の行動的現象として表現される場合です．つまり，それは客観的な行動観察によっても記述可能な，二者間の独特の一体的関係に関わる現象として捉えられ，表現される場合です．

　その第二は，関わり合う一方の**当事主体の主観において**，相手から何かが「通じてくる」「浸透してくる」相手とのあいだで何かが「感じられる」「分かる」「分かち合われる」等々と表現される場合です．これは当事主体の主観において生起する事象なので，第三者的な行動観察の枠組みでは捉えられません．言い換えれば，それは当事主体が一人称で語るか，観察者がその場に関与しながらそれを間主観的に看取して一人称で語るか，いずれにしても，一人称でそ

の体験を語らない限り，そこに辿りつけない独特の現象だといわなければなりません．そしてこの現象が生起する上に，上に述べた条件が必要になってくるのです．

　その第三は，規範，通念，常識といった，不特定多数の人々のあいだで，意識されないかたちで分かち合われている共同主観性という意味で取り上げられる場合です．目に見えない，それゆえ観察可能なものではありませんが，しかしそれらは多くの人々に共有され，分かち合われて一つの文化を形成し，それによってその文化を生きる多くの人々の思考や判断を大きく枠づけ，人と人が互いに通じ合う基礎になっています．哲学者たちが間主観性という言葉を使うときは，たいていこの意味です．また社会心理学の関心からしてもこの意味での間主観性は欠かせない問題でしょう．しかし本章ではこの第三の間主観性の議論は除外して，第一と第二の身近な人間同士の間主観的な関係の問題に絞って議論することにします．

　いま，第一と第二を「第三者的に見て」と「当事主体の主観において」という区別をしましたが，この区別はこの現象をどのように認識するかに関わって決定的に重要な意味をもちますから，後にまた詳しく論じることにします．

第3節　間主観的現象の基底にある力動感と，その感得・表出の同型性

　上に述べたような人と人のあいだで「通じる」「通じ合う」という現象や「分かち合われる」という現象がなぜ生まれるのかを考えるとき，まず次のことを考えてみなければなりません．つまり，私たち人間は，それぞれに別個の固有性をもった主体として互いに切り分けられ，相容れない面をもっている一方で，同じ人間として同類であり，それゆえ共通する面，同型的な面を多くもっているということです．身体の同型性，表情の同型性，身体の動きの同型性はもちろんですが，事象の動きを知覚し感得する仕方にも，心情の表出や感得の仕方にも，類としての基本的な同型性があります．

　実際，ある事象の動きやある事象が醸し出す雰囲気，あるいはある人の心情の動き（情動）など，一つの同じ事象や心情を二人の人間が同時に経験するとき，

第4章　間主観的現象の理解とエピソード記述　　　　　　　　187

それらの事象や心情に沁み通った力動感(vitality affect)は，二人のあいだではほぼ同型的に経験されます．これが同類であるということの意味ですが，そのことが本章の議論の鍵を握っています．ただし，私たちが同類としてさまざまな事象や心情を同型的に経験することができると述べたからといって，細部においては当然差異があり，ほぼ同型的というところに力点があるのであって，私たちが常に同型的に振る舞うことを意味するわけではありません．ある条件（上のテーゼに述べたような条件）が整ったときに，人と人のあいだの経験がほぼ同型的になるということを言いたいのです．

(1)「力動感」とは何か

私たちが何らかの事象を知覚し感得するとき，その事象に沁み通っている力動感（雷の轟く様，荒波の打ち寄せる様，などの激しい力動感もあれば，春のそよ風が心地よく頬を撫でるときに感じる穏やかな力動感もあります）が身体を通して感得されます．さらに私たちが自分や他者の何らかの心情に心揺さぶられる時，そうした心情に沁み通っている力動感（ドキドキ感，イライラ感，しっくり感，ワクワク感，鬱うつ感，等々）も私たちの身体を通して感得されます．

ここでの「力動感」(鯨岡，1997)という考えは，カッシーラー(Cassirer, 1929)の「表情世界」「表情機能」という考えや，ウェルナー(Werner, 1948)の「相貌的知覚」や，ウェルナー・カプラン(Werner & Kaplan, 1963)の「力動的知覚」という考えに準拠したものです．カッシーラーは「鬱とうしい天気」「神々しい山」などの表現が私たちに理解できるのは，世界がそのような表情や相貌を纏って私たちの前に立ち現われるからだと考えました．客観的な世界があってそれに私たちが意味を付与するのではないというのです．このカッシーラーの考えの影響を強く受けたウェルナーも，子どもは世界の相貌を把握するのだと指摘し，「相貌的知覚」という概念を打ち出しました．つまり，振子時計が振れるのを見て「時計さん，イヤイヤしている」などと子どもが言うのは，時計の振子の振れる様子に対して子どもらしい解釈を施したものではなく，まさにその振子の振れる様にある種の「相貌」を感じ取ってそのように言語表現したのだというのです．

図4は，ウェルナー・カプラン(1963/1972)の図を少し変形したものですが，

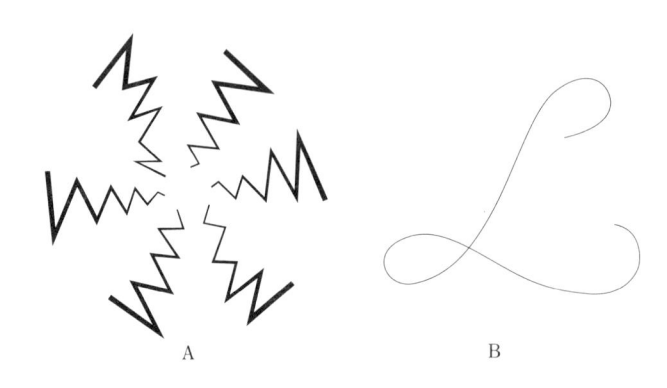

図4　線図形の力動感(鯨岡，1997 より転載)

太い線で描かれたギザギザの図(a)と，細い滑らかな線で描かれた図(b)を対比してみると，私たちはそれが平面図形であるにもかかわらず，前者には何かが突き刺さるような刺々しさや，怒りのような激しい情動が感じられるでしょうし，後者には，軽快で滑らかな情動を感じるはずです．刺々しいという表現も，滑らかだという表現も元々は手の触覚に基づいたものです．それを単なる平面図形に看取できるところには，共感覚の問題が含まれていることも明らかです．実際，カッシーラーや亡命前のウェルナーがハンブルク大学でこの種の研究を行っていた 1930 年代前半は，共感覚や力動的知覚に関する興味深い研究が続々と輩出された時期でした．

　この力動感は，スターン(Stern, 1985/1989)の vitality affect という概念とほとんど重なっています．これは通常「生気情動」と訳されることが多いのですが，私は早くからカッシーラーやウェルナーの影響を受けて，共感覚，相貌的知覚，力動的知覚などの考えに馴染んできましたから，これを意訳して「力動感」という訳語を充てています．この用語の方が，広義の情動が生き生きと動く感じが表現されると思うからです(以下，本章では力動感という用語を用いますが，これはスターンの vitality affect とほぼ同義のものと理解していただきたいと思

(2) 事象に沁み通っている力動感

　事象に沁み通っている力動感についていえば，例えば，同じ川がサラサラ流れる時と，滔々と流れる時と，ゴウゴウ流れる時とでは，同じ川のその流れの持つ力動感が明らかに異なっています．また降る雨が，ポツリポツリ降るのと，シトシト降るのと，ザアザア降るのとでは雨の降る力動感が明らかに異なっています．この例に見られるように，外界の事象にはすべて何らかの力動感が沁み通っています．この滔々，ゴウゴウ，サラサラ，あるいはポツリポツリ，シトシト，ザアザアという副詞的表現は，単に「川が流れる」「雨が降る」という表現だけでは言い表せない，その個々の事象の微妙な力動感の相違を何とか言い表そうとして生まれたものでしょう（これに関しては廣松渉(1989)の『表情現相論序説』に同種の例が多数載っています）．事象に沁み通っている力動感の経験が，どのように言語的に表現されるかは，本章の最後の節で見るように，実は難しい問題があるのですが，それはともかく，同じ事象であれば人と人のあいだでその力動感はほぼ同型的に経験されるというのがこれまでの議論です．

　実際，高山の頂上を窮めた二人がご来光を共に待ち，日の出の瞬間，光の輝きが周囲の山肌を照らし出す瞬間の感動は，まさに文字通り「言葉にならない」感動ですが，その感動はその事象に沁み通っている力動感に基づいています．その力動感の感得の仕方が二人において多くの場合にはほぼ同型的になるからこそ，その感動もまた二人のあいだで同型的であると信じることができ，同じ感動が分かち合われたとお互いに思われるのでしょう．というよりも，むしろ同じ事象について力動感の経験が両者において同型的であることを無前提的に信じ合えるからこそ，その二人は「一つの気分」「同じ感動」を共有したと思えるのだと思います．そこに身近な二人がお互いに「分かり合う」「分かち合う」ことができる基礎があり，それがまた「同類」であること，「同じ人間」であることの意味でしょう．ただし，二人が共にその場を生きようとする志向性をもっている限りで，という但し書きは，ここでも銘記されなければなりません．

(3) 人の心情(情動)の表出・感得に沁み通っている力動感

人の内部で何かの力動感が動いて(広義の情動が動いて)それが無意識的に表出される場合についても，あるいは他者のその情動表出に沁み込んだ力動感がこの私に感得される場合についても，それが自他のあいだで基本的にほぼ同型的になると考えられます．

例えば，人が何かに「驚く」というときに，飛び上がらんばかりに驚く場合，危険を感じて身構えるように驚く場合，意外だという感じで驚く場合とでは，その驚きのもつ力動感の表出の仕方はそれぞれに異なり，その人の「驚き」を感得する人がそこに感じる力動感もそれぞれの場合に応じて異なるはずです．さらには，「嬉しい」という場合にも，その情動に沁み込んだ力動感の違いから，飛び上がらんばかりのかたちで表出される場合もあれば，にんまりした笑顔のかたちで表出される場合もあり，それゆえ，その人の喜びを感得する人の感じる力動感もそれに応じて明らかに異なってくるでしょう．

相手の「悲しみ」が分かる，相手の「喜び」が分かる，相手の「ドキドキ感」が分かる，等々，相手の心情がその相手に対面しているこの私に分かるのは，その心情に沁み込んだ力動感が私に伝わってくるからであり，決して「解釈」して分かるわけではありません．「身に沁みて分かる」と言い表されてきたことは，文字どおりに受け取られるべきです．

このように，私たちが経験するあらゆる事象には，常に何らかの力動感が浸透しており，私たち人間は，ある条件下では，それをさまざまな感覚次元でほぼ同型的に捉えていると考えられます．また私たちの内部で動く情動の力動感は，様々な感覚次元を通してほぼ同型的に表出・感得されていると考えられます．「ほぼ」という形容を加えたのは，表出や感得の感度(鋭い—鈍い)に関してある程度の個人差が想定されるからです．

(4) 力動感は交叉様相的に感得・表出される

先に触れた共感覚の問題とも関連しますが，この力動感は，さらに異なる感覚間で交叉様相的(cross-modal)にも感得・表出され得ることも指摘しておかなければなりません．このことを押さえておくことも，間主観的現象を理解する上に重要です．例えば，赤ちゃんを抱いて子守唄を歌ってやるとき，その人

の声のトーン，パッティングの手の動き，赤ちゃんを揺する動きには，それぞれ「眠たくなるような雰囲気」とでも形容されるような力動感が同じように交叉―様相的に沁みわたり，それが赤ちゃんに浸透していっています．つまり，「眠たい」という広義の情動に浸透している力動感が，その関わり手の声やパッティングの仕方や揺らし方に交叉―様相的に沁み通っていて，それが赤ちゃんに浸透して赤ちゃんを眠りに誘うのです．これは後に情動調律の例としても触れます．

　力動感が異感覚間で交叉様相的に把握され，また表出されるということは，甘い音色(味覚と聴覚)，ざらざらした音(触覚と聴覚)，滑らかな線(触覚と視覚)，尖った味(触覚と味覚)といった共感覚的表現が日常的に生まれる根拠となるものでもあるでしょう．音(音楽)のもつ力動感はさまざまな音楽記号(強弱に関する pp，p，mf，f，ff，強弱の時間的変化に関するクレッシェンド，デクレッシェンド，音の持続に関するフェルマータやスタカートなど)によって表現されますが，この音楽記号によって表される音楽の力動感が指揮者の身体の動きにおのずから引き写されることは，聴衆から見ていても明らかです．そこにも聴覚と運動感覚のあいだの交叉様相性が現れていると見ることができます．そしてそれも広い意味の共感覚現象と考えてよいでしょう．

　音楽が人の心の癒しや身体のリラクセーションに役立つことは，私自身の経験に照らしても，またさまざまな音楽療法に用いられていることに照らしても，さらにはアスリートたちの証言に照らしても明らかです．これも聴覚と身体感覚の交叉―様相性に起因していると思われます．

　あるいは，ラグビーの試合をテレビ観戦していて，双方のノーワードがスクラムを組む瞬間を見ている時，応援しているチームのフォワードが揉み合いの中で押されかける瞬間，見ている私は思わず自分の足に力が入るのを感じることがあります．映像という視覚から入ってくる刺激の僅かな変化が私の筋肉運動を動かすわけですが，これなども異感覚間の交叉―様相的な感得の例だと言えます．

　このように，私たち人間はさまざまな感覚を通して事象に浸透している力動感を感得していますが，これが一人の人間にだけ生じる特異的な経験でではなく，その事象に出会った人(関心を向けている人)にはほぼ同型的に感得されて

いること，これが私たち人間同士が分かり合うことの基盤だと私は考えています．つまり，親密な二者間の言語的，非言語的コミュニケーションの基底には，常にこの力動感の共有があるということです．

第4節　人と人が間主観的に(間身体的に)通じ合えるための条件

さて前節では，間主観的現象が生起する条件として，「いつも，すでに」相手に関心を向けていることを基底的な条件として，二者間で感じ取られる力動感が同型的になること，あるいは同じことですが，ある力動感が二者間で通底することを見ました．この議論を敷衍すれば，人と人が間主観的に分かり合えるのは，この力動感が一方から他方へと浸透することによって，あるいはそれが二者間で響き合ったり，共有されたりすることによって，あるいは二者間をそれが通底することによってである，と考えることが可能になります．

ここで，人と人が「間主観的に通じ合う(分かり合う，響き合う)という事象」を具体的に取り上げてみましょう．

(1) 二者身体のあいだに呼応的，同期的関係が生起するとき

例えば，ギャロップするときの馬の動きと騎手の馬上の動きは，観察する者の目に，見事に呼応していると捉えられ，まさに人馬一体の趣があります．実際，慣れた騎手は馬が自分の身体の一部であるように感じると述べています．本来は馬と人間は別個の身体ですが，同じ動きの中で二つの身体のあいだに文字通り「人馬一体」と言えるような呼応的関係，同期的関係が生まれてくるのです．

あるいは，上手なアイスダンスのペアは，まるで二人で一人とでも言いたくなるほど，その演技の呼吸がぴったり合っています．スケーティングの呼吸はもちろん，リフティングの呼吸もぴったり合う時には，見ている側にも安心感が生まれます．ところが，ほんの少し呼吸が合わなくなると，たちまち二人の動きの呼応性が崩れ，見る側にもぎこちなさが感じられるようになります．そこから考えれば，二者間の呼応性や同期性は，乗馬をすれば，あるいはアイス

ダンスをすれば，必ず得られるというものではなく，技術を磨きあげていく中で，お互いの「成り込み」合いが生まれ，それによってようやくそうした呼応性や同期性が達成されるのだということが分かります．

同じような同期性に関しては，離乳食がある程度進んだ月齢段階の「子ども―養育者」間，あるいは「子ども―保育者」間では，大人のスプーンの運びと子どもの口を開ける動きのタイミングがぴったり同期してくる現象にも見ることができます(鯨岡，1999a)．もちろん，最初はぎこちなかったものが，二者間で志向を向け合う関係を繰り返し生きる中で，相手の動きと自分の動きが自然に同期してくるのです．

幼児がテレビの幼児体操を見て，画面の中の大人の動きにいつの間にか同期して動き，僅かな時間のあいだに画面の大人の動きとぴったり呼応して動くようになってくるというのも同種の事象だと言えるでしょう．意識した模倣ではなく，身体がおのずから感応して相手の動きと同型的な動きが自分の身体におのずから表れてきてしまうということですが，ワロン(Wallon, 1934)が「体位の受胎」と呼んだのはまさにこれでした．

要するに，繰り返しの経験を通して二者身体に呼応性，同期性が生まれるということですが，それは相手の動きの力動感が自分の身体に浸透してくることによって自分の身体にそれに呼応する動きが生まれ(幼児体操の場合)，自分の動きの力動感が相手に通じて相手の呼応的な動きを生みだす，あるいは二者間の動きの力動感が双方で分かち合われてお互いの呼応的な動きになるというふうにして，次第に呼応性，同期性が二者間に生まれてくる(ギャロップの場合，アイスダンスの場合，離乳食の場合)と考えることができます．

トレヴァーセン(Trevarthen, 1978, 1979)ら何人かの研究者は，二者身体のあいだのこの種の呼応的，同期的，共鳴的関係を「intersubjectivity＝間主観性」と呼んできましたが，メルロ＝ポンティ(1945/1967)はこの種の現象を二人で大文字の一つの身体を作り上げることだと述べて，「間身体性」という用語を宛てています．この現象を外部観察的に〈第三者的に〉見る場合には(当事主体の主観においてではなく)，この種の現象は，間主観的現象と呼ぶよりはむしろ間身体的現象と呼ぶ方がふさわしいのではないかと私は考えています．

いま私は経験の積み重ねを通して二者間に連動性，呼応性，同期性が生まれ

てくる例を掲げましたが，スポーツの多くは，この連動性，呼応性，同期性を巡って展開されるといっても過言ではありません．野球でいえば，投手対打者という関係の中で，一方の当事主体である打者は，相手投手の動きに如何にタイミングを合わせてバットを振るかが問題であり，逆に投手からすれば，打たれないためにいかにタイミングをずらすかが問題です．ボールのスピードに緩急をつけるのも，腕が遅れて出てくるようなフォームを工夫するのも，あるいは投球の「間」を微妙に変化させるのも，タイミングを合わせようとする打者の呼応性と同期性をいかに外すか，ずらすかを考えるからです．バレーボールであれば，トスのタイミングを相手のディフェンスの動きと如何にずらしながら，ジャンプする見方の選手のジャンプのタイミングに合わせるかが問題でしょう．あるいは柔道や剣道などの格技においても，呼応性と同期性を目指したり，それをずらしたりすることがポイントだと言われています．ここでも，この現象を外部観察的にみるか，当事主体の体験として考えるかによって，大きく分岐してくることを指摘しておきたいと思います．

　ここに間身体的現象としての間主観的現象を多数見てとることができます．

(2) 情動は二者のあいだで相互に浸透し，感染する

　一人の主体は自分の身体によって境界づけられ，その身体の中に自己が閉じ込められているようなイメージを私たちはしばしば持ちます．それは主体を閉じた円で表現することに代表され，まさにそれが「個」のイメージになってきたと思います．個＝individual とは，これ以上分割できないという意味ですが，そういう閉じた個と個のあいだの関係は，行動科学の枠内では（外部観察的には），個と個の行動上の相互作用としてしか考えられません．しかしながら，情動に注目して見ると，一方の情動の動きは，相手に関心を向けているという条件の下で，その身体をはみ出して容易に他方の身体に浸透することが分かります（間情動性＝inter-emotionality）．そしてそれが二者間で何かが通じる上で重要な意味をもつのです．

　例えば，相手がイライラしていると，ついこちらまでイライラしてしまうことがあります．あるいは，相手の沈んだ気持ちがこちらに沁み込んできて，自分まで沈んだ気持ちになることも，身近な二者のあいだではしばしば起こるこ

とです．嬉しい気分や悲しい気分はもちろん，ワクワクする気分，ドキドキする気分など，力動感の浸透した広義の情動は，身近な間柄では容易に一方から他方へと通底します．あるいは，身近な存在ではなくても，最愛の家族を災害で失った人の深い悲しみは，映像を通してでさえ，見ている自分に浸透してきて，見ている自分まで身につまされてしまいます．大震災の津波によって住み慣れた町全体が押し流され，跡形も無くなったその土地に肩を落として佇む人を見て，何も感じない人はまずいないでしょう．

　一方から他方へと通底するのは，誰にもそれと分かるような強い力動感（情動に沁み通った力動感）ばかりではありません．周囲の人には分からないけれども，相手の身近にいて，相手に気持ちを向けているときには，ほんのちょっとした力動感さえ相手からこちらへと伝わってくることがあります．そしてそれによって，相手の気持ちが摑めたり，相手の意図が分かったりして，相手に対応することができる場合も少なくありません．というよりも，養育場面での子どもと養育者の関係や，保育場面での子どもと保育者の関係の相当部分は，この種の微妙な力動感の感得やそれに伴う微妙な情動の感得によって動いていっているといっても過言ではありません．

　実際，第1章の大震災のエピソードでも，激しく揺れることの恐怖に感じた力動感は，保育者の声の震え，手足の震え，というかたちになって表出され，あるいは子どものトレーナーをぎゅっと握る力，手を握る強い力に表出されていて，それが相手に浸透し，震度3や4のときの恐怖とは異質の，震度5強ならではの激しい恐怖としてお互いに分かり合えるのです．

　あるいはまた保育園の0歳児の部屋では，一人の子どもの泣きによって，周囲の子どもたちがみな泣き出すというようなことも稀ではありませんが，これもその泣きのもつ負の力動感が他の子どもに容易に浸透する結果として生まれるものでしょう．

　例を挙げればきりがありませんが，お互いに関心を向け合う身近な関係においては，情動は容易に一方から他方へと通じ，その結果，二者のあいだに同じ気分が醸し出されたり，同じ気分を共有できた喜びに浸ることができたりと，二人の関係を大きく動かす結果をもたらします．このようにして別個の主体と主体のあいだには密接な繋がりが生まれたり，両者のあいだで何かが分かち合

われたりするようになります．そうして見ると，行動的な相互作用を考えるときは，各自を円で表して，円と円の相互作用をイメージすることができるとしても，情動の相互浸透を考え始めると，そのイメージ図が合わなくなることに気づくはずです．つまり，情動に着目すれば，行動科学の枠組みとは違った枠組みが必要になるということです．

　これまでの議論をまとめてみましょう．関心を向け合う二人の関係において，二人は別個の身体を持ち，それぞれ別個の主体として生きていながらも，しかし二者のあいだには単なる行動的な相互作用を越えて，身体と身体の連動，同期，一体感，気持ちや気分や情動の通じ合い，分かち合いという不思議な現象が折々に生まれます．なぜそのような不思議な現象が生まれるかといえば，それは上に見てきたように，関心を向け合うという条件の下では，人と人が身体的にも情動的にも同型的に機能するからだというのが，差し当たりの答えです．これは，相手の行動に対する認知的理解〈解釈〉とは異なるものであることを再確認しておきたいと思います．

第5節　行動科学の枠組みの中で理解される間主観的現象

　さて，上に述べたような特定の必要条件の下では，力動感が二者間で浸透し，通底するがゆえに，二者間に密接な繋がりが生まれ，「間主観的現象」と呼ばれる事象が成立するのだというのがこれまでの議論でした．私は本章冒頭で紹介した学会誌論文以来，行動科学の枠組みと対決する意味で，「間主観的現象」を取り上げようとしてきました．しかしながら，行動科学の枠組みにおいても「間主観性」という概念を用いる研究者はいます．だとすると，私の考える「間主観的現象」と行動科学の立場の研究者が考える「間主観的現象」はどこかで重なり，どこかでずれているに違いありません．そのことを明らかにする意味で，まずは行動科学の枠組みの下で，この現象がどのように理解され認識されてきたのかを振り返ってみましょう．

(1) 間身体的, 間情動的な呼応性, 同期性としての第1次間主観性

行動科学の枠組みに立つ研究者も, 二者の行動が同期する様子, 二者が共鳴する様子, 二者間がぴったり呼吸のあった動きになる様子を「間主観的現象」と呼んで取り上げてきました. 事実, 詳細なビデオ分析によって二者の行動の同期する様や呼応する様を客観的に描き出す研究があります.

例えば, トレヴァーセン(Trevarthen, 1979)は, 母親が話しかけるのに3ヵ月の乳児が応じる様子をビデオ分析で詳細に調べ, 二者間に見事な呼応性や同期性が見られることを明らかにしました. 母親は乳児の興味に合わせて言語表現を生みだし, 乳児はその母親の言語表現に呼応して反応するというのです. そして彼は乳児と母親が行動的にぴったり同期するこの様子を第1次間主観性と呼びました. ニューソン(Newson, 1977, 1978)もまた, 乳児の行動にタイミングがぴったり合うかたちで母親が声や言葉を掛ける事実をとりあげ, その時の母親の声や言葉を音声的符牒(vocal marker)と呼びました. さらにスターン(Stern, 1985)は, 母親が自分の情動状態を変化させて子どもの今の情動状態を母親の願う方向に無意識的に調律する事実を取り上げ, これを「情動調律」と呼びました. これらはみなトレヴァーセンが第1次間主観性と呼ぶ意味での間主観的現象と考えることができます.

要するに, 子どもと母親という二者が, 身体的あるいは情動的に繋がれる様や, 二者間で何かが分かち合われる様を外部観察的に記述する際に, そこに見出される呼応性や同期性を中心に間主観性という用語が用いられてきたということです. この意味での間主観的現象は, トレヴァーセンやスターンもそう述べているように, 身体と身体が重なったり, 一体になったりという意味では間身体的(inter-corporal)現象といってもよいでしょうし, また情動と情動が二者間で相互に浸透したり, 通底したりしていることを取り上げている点では, 間情動的(inter-emotional)現象と呼んでもよいものです. これらの現象の成り立ちは, 前節でみた, 力動感の同型的な感得・呼応という考えで十分に理解することができます. このような間主観的現象が二者間を繋ぎ, そこに発達初期のコミュニケーションの原型を見ようとするのが, 上記の研究者たちの関心の一つだったと言えます.

そしてスポーツ心理学にとっても, この意味での二者間の連動性, 呼応性,

同期性が問題だということは，先にもいくつか例をあげて述べました．他にも，舞踏や音楽など広範な人間の事象に，この間身体的，間情動的な関係の問題が関係してくることを指摘することができます．ただし，行動科学の枠組みの下では，当事主体の「主観」の問題としてではなく，外部観察において捉えられる限りでの二者身体の連動性，呼応性，同期性が問題なのであって，その間身体的現象をその当事者がどのように経験し，どのように連動性，呼応性，同期性を打ち立てようとしているのか，あるいはそれを外そうと努めるのかという問題は，むしろ行動科学の枠内では議論できないことを指摘しておかなければなりません．そのような行動科学の枠組みとは違って，当事主体の体験（主観的経験）に踏み込もうとするところに，私の考える間身体的現象，間主観的現象の問題があるのだとさしあたり言っておきたいと思います．

(2)「意図の理解」——行動からの推論として

ところで，トレヴァーセンは 1978 年の論文の中で，母親が箱の中を指さして，「ここに入れてごらん」と言ったときに，9ヵ月の女児が微笑みながら持っていた玩具をその箱の中に入れる様子を取り上げ，「この乳児は母親の意図を把握したのだ」として，これを第 2 次間主観性と名付けました．トレヴァーセンがそのように議論しているというわけではありませんが，母親の意図という主観的なものが乳児の主観の中で把握されたということ（間意図性＝inter-intentionality）は，つまりは母親の主観性と乳児の主観性のあいだが何らかのかたちで通じたということに他なりません．平たく言えば，「母親の思い（意図）が乳児に分かる」，あるいは「乳児の思いが母親に分かる」というこの種の間主観的現象こそ，まさに「間主観的」という用語で記述するしかない事態であると私は考えます．それは本来，行動科学の認識の枠組みを外れた事象ではないか，客観的観察の枠組みで当事主体の主観性の問題を議論できるのか，というのが私の立場ですが，この第 2 次間主観性の問題を行動科学の枠組みの下ではどのように理解するのでしょうか．

9ヵ月頃の乳児に見られるこの種の指さしの理解は，行動科学的には，母親の指が指し示す対象（箱の中）が理解されたこと（共同注意）と，さらに母親の指さしの意味（玩具を箱の中に入れること）が理解されたことをいうものだとされ

第4章　間主観的現象の理解とエピソード記述　　　　　　　　　　199

てきました．これは物―子ども―母親のあいだに3項関係が成り立った事象であるとも呼ばれ，またこれはこの月齢頃の乳児の知的発達の重要な指標として，古くから取り上げられてきたものでもあります．

　この事態において，トレヴァーセンが「この乳児は母親の意図を把握したのだ」と語るとき，それは行動科学の枠組みの中でどのように理解されるのでしょうか．意図そのものは目に見えないので，客観的に観察することができません．にもかかわらず，その目に見えない母親の意図が乳児に把握されるというのです．では，その目に見えない事象を観察者はどのように記述することができ，またどのようにそれを認識することができるのでしょうか．残念ながら，トレヴァーセン自身はそのことに言及していません（これはスターンも同様で，彼らは自らの観察の立ち位置の問題を著書の中で明確にしていません）．トレヴァーセンの1978年の論文を読む限り，彼自身は行動科学の枠組みでは考えていないと主張しているようにも読めます．しかし，研究者としての立ち位置を明確にしない議論は，どう読んでも行動科学の枠組み，つまり外部観察的な立場からの議論としてしか読めません．そこで，以下では行動科学の枠組みに立てば，この第2次間主観性の問題はどのように理解されるかという観点からこの問題を考えてみましょう．

　まず，行動科学の枠組みに立つ以上，この事態を観察する人は，無関与的，客観的な観察者でなければなりません．つまり身体を持たない透明な観察者として，そこで何ものも感じないまま，もっぱら目に見える行動，しかも誰が見てもそのように見える行動だけを取り上げて観察する人でなければなりません．

　無関与的な観察者に捉えられるのは，箱の中を指さす母親の行動と，その後に箱の中に玩具を入れる乳児の行動だけです．ですから観察者がその二つの行動を繋ぐためには，二人の行動から推論して「意図の理解があった」という他はありません．つまり，観察者が推論した意図を乳児の主観の中に移し入れ，そうしておいて，それが乳児の主観の内部で実際に生起したのだというしかありません．これが第2次間主観性についての行動科学的な理解の仕方です．これは，「共感」と呼ばれる現象について，古くからなされてきた説明の仕方によく似ています（推論と感情移入という説明図式）[注34]．そしてこの事態のみならず，二人の外側にいる無関与的な観察者が，二人の行動の結果からその二人

のあいだを繋ぐ心的過程を推論してさまざまなモデルを構成するというのは，これまで行動科学が取ってきた常套手段です．

　しかしながら，推論して捉えるのだというとき，なぜそのような推論が可能になるのかという問いが必ず付いて回ります．さらに今の議論の仕方は，先に間主観的現象を，力動感が二者間で浸透・通底することとして理解してきたこととは相容れない議論の仕方であることにも気づきます．

　私の見方では，ここに間主観的現象をどのように認識するかについての大きな岐路があるように思われます．つまり，行動を外部観察的に捉え，二者間の間身体的現象として第1次間主観的現象を議論することには問題がないとしても，それを越えて，「相手の意図が分かる」というような，一方の目に見えない心的過程（主観性）を他方がその主観の内部で感得するという第2次間主観的現象を取り上げる際に，推論に訴えて行動科学の枠組みを遵守するのか，それとも，推論に訴えずに，ある条件の下での力動感の浸透・通底という説明原理を維持したまま，この現象を理解する枠組みを探るかという岐路です．この岐路は，冒頭で見た，第三者の立場でこの間主観的現象を捉えようとするのか，当事主体の立場に立ってこの間主観的現象を捉えようとするのかの岐路とぴったり重なるものです．間身体的現象としての第1次間主観的現象についても，その連動性，呼応性，同期性については行動科学の枠組みの中でも取り上げることはできますが，スポーツ選手のような当事主体においては，いかにその連動性，呼応性，同期性を達成するか，逆にいかにそれを崩したり，外したりするかが問題です．ですから，この現象をどのような立場で取り上げるかによって，まったく違った議論になるはずです．

　私の立場は，まさに当事主体の体験の立場から考えるところに視点があり，それが質的研究にならざるを得ない理由でもあるのです．

(3) 当事主体の力動感の感得に基づく「意図の理解」
　　　――推論によらない直接的理解

　乳児が母親の意図が分かって行動するという先の例に戻って，推論によらない立場，つまり私の立場からこの問題を考えてみましょう．それによって，行動科学の立場との相違がはっきりしてくると思います．

第4章　間主観的現象の理解とエピソード記述

　さて，この事態を関わり合いの当事主体の一人である母親はどのように受け止めていたでしょうか．9ヵ月の乳児が玩具を箱の中に入れたのを見て，それに母親が「そうね，ちゃんと箱の中に入れたね」と頷いて言葉をかけるとき，この母親は無関与的観察者と同じように，乳児の行動から推論して(自らの過去経験と重ね合わせて)，「この子に私の意図が分かった」と理解するのでしょうか．それとも，母親は，それまでの遊びの流れの続きの中で(その場を共に生きる中で)，自分の思い(「ここにいれてごらん」という働きかけ)に乳児が応えてくれたというふうに「分かる」のでしょうか．言うまでもなく，私は後者だと考えます．「推論」という高次の認知的媒介項を挟むことなく，その場を共有して遊ぶなかで，母親にごく自然にそのように「分かる」のですが，その「分かる」を解釈という認知操作の結果だと言いたくないからこそ，それを「間主観的に分かる」と言ってきたのです．

　当事主体の体験に即する限り，そのように(間主観的に)「分かる」というしかないことを，しかしそれが恣意的ではないことを第三者的に説明するとすれば，共にその場を生き，共に志向を向け合っているという関係の中で，一方があるいは双方がそこで何らかの力動感を感じとっていることがあるからだといわざるをえません．そもそも「相手の意図が(私に)分かる」というような目に見えない第2次間主観的現象は，本来は当事主体の体験として　人称において語られるしかないのではないか(行動科学の客観的観察になじまない現象ではないか)というのが私の主張です．

　ここに，冒頭で述べたように，もっぱら第三者の立場でこの間主観的現象について語るのか，当事主体の立場で(私という　人称の立場で)この現象を語るのかという，認識論的に大きな問題が関わってきます．実際，養育者，保育者，教師，看護師，臨床家というように，当事主体が実際に誰かに関わる人である場合はもちろん，観察者＝研究者であっても，実際にその場に臨んで直接的に人に関わりながら観察している限り，観察者はサリヴァン(Sullivan, 1953, 1954)の言う「関与しながらの観察」の態度を取るしかなく，行動科学の要請通りに無関与的な観察者として振る舞うことは難しいはずです．そしてここに，当事主体の体験が当事主体によって語られて初めて，第2次間主観性という意味での間主観的現象の存在が確認できるという私の立場が明らかになります．

第6節　当事主体の体験において生じる間主観的現象

　いまの議論から分かるように，「相手の思いが分かる」ということは，生活の場にはごく普通に見られるものであり，それがなければ通常の対人関係が営めないはずのものです．それは，研究者が外部観察的に言い当てる事象であるよりは，むしろ当事主体によってごく普通に「生きられる」事象です．ですから，この第2次間主観的現象は，まずもって，当事主体の体験の問題として考えられるのでなければなりません．その際，行動科学の枠組みにこの現象を引き込み，そこに「推論」や「解釈」を持ちこんで強引に説明してしまうのではなく，まずはその当事主体の体験を当事主体に語ってもらうことが重要になってきます．そして，研究者がその当事主体であるときには，研究者自身がその体験を一人称で語ることが必要になってきます．

(1) 研究者の体験として「間主観的に分かる」こと

　さて，先の例で，行動科学の立場では，箱の中を指さす母親の行動と，その箱の中に玩具を入れる乳児の行動から，「乳児は母親の意図が分かった」と観察者が推論するのだと考えました．それに対して，今私は，「意図が分かる」というのは当事主体の体験の中に生じるものだと述べました．

　では研究者はどのようにして，当事主体である母親に「この子に私の意図が通じた」と分かる経緯を「分かる」のでしょうか．研究者は母親が「この子に私の意図が分かった」と語るから，そうなのだと「分かる」というのがここでの問題ではありません．サリヴァン(Sullivan, 1953, 1954)のいう「関与しながらの観察」（以下，関与観察）に従事する観察者，つまり当該母子の外部にいながらも，その場に一緒にいてその母子に関心を向け続けている観察者が，「この子に私の意図(思い)が分かった」と母親が語るこの間主観的現象をどのように体験しているのかと問うことが問題です．つまり，母親に間主観的に分かることを，その場の当事主体の一人である関与観察者がどのように間主観的に分かるか，という，二重になった「間主観的に分かる」が問題になるからこそ，一

方の主観が二人のあいだを通って他方の主観に移動するのだとか，一方の主観が他方に共有されたのだとかというかたちで，「間主観的」という用語を使わなければならなかったのです．

　先の例でいえば，もしも観察者がその場に居合わせて，当該母子の関わり合いを間近に見ていたなら，母親が「この子に私の意図が分かった」と思ったとき，観察者もまた「その子に母親の意図が分かった」と分かっただけでなく，母親にそのように分かったことも分かったでしょう．それは乳児が玩具を箱の中に入れて一瞬母親を見上げて笑顔になる様子，さらにはその子の様子をみて母親が頷く様子から「解釈」するのではなく，むしろその場に沁み通っている曰く言い難い力動感が，直接私に感じ取られる結果として生まれる「分かる」です．もちろん，もしも乳児が言葉を話せたら，「ほら，いれたよ」と言うであろう表情やまなざし，あるいは母親がまるで「そうね，いれたね」と言語的に応じるかのような確認のまなざしや表情がそこにあるのは確かです．それが「解釈」の根拠だとされるのですが，そのような表情やまなざしの背後にある力動感がその場に沁み通っていて，それを関与観察者も共有できるからこそ，間主観的に「分かる」のです．ちょうど母親がそのように分かるのが，何の造作もないことであるように，生身の身体を携えた関与観察者にとっても，そのように「分かる」のは複雑な解釈の結果ではありません．ただし，本章の冒頭でも述べたように，そこには，子どもの思いに寄り添ったり，母親の思いに寄り添ったりというように，その場を共に生きようとする志向性が関与観察者にあることが背景的条件になっています．それがあるがゆえに間主観的に分かることが可能になるのです．

　「間主観的に分かる」というと，この表現のいかめしさに，何かしら難しい操作がそこに介在しているように響くかもしれませんが，それは日常の生活の中に溢れている，至る所に認められる事象なのです．

　自分が関与者であって観察者でもある当事主体の立場にとって，いま自分に「このように感じられた」「このように分かった」という事態は，いま見たように，多くの場合，単なる推論や解釈ではなく，まさにその場を共に生きる中で，何らかの力動感が通底してきた，浸透してきた，あるいは身に沁みてきたというかたちで「分かる」事態です（傾聴的態度の下で聴いているときに，来談者

の言うことが臨床家に「身に沁みて」分かるときのように）．それゆえこれは，「私が分かった」というように能動の相で描き出されるよりも，むしろそのように「分からされてしまった」「感じさせられてしまった」というように，受動の相において描き出された方がぴったりきます．

　そのような一人称の体験を当事主体である研究者＝観察者が描き出すとき，これまでは直ちに，「それは恣意的である」とか「それは主観的な言説だ」と一蹴され，行動科学の枠組みにはなじまないとされてきました．しかし，それを恣意的という意味で「主観的」と理解して一蹴してしまうのではなく，その種の一人称の体験が実際の対人関係においては重要な意味をもつことをまずもって認める必要があります．

　というのも，実践や臨床の場においては，その体験のあるがままを当事主体が積極的に描き出して読み手の了解可能性に訴え，その体験を実際に体験していない読み手に共有してもらうことが，その後の実践の展開にとって重要になってくるからです（いま，保育の世界で展開されているエピソード記述の職場内での読み合わせの動きは，このことに対応しています）．相手の主観内の出来事について，当事主体がその場に沁みとおった力動感の感得に基づいて，「このように感じられた」「このように分かった」というように一人称でその体験を述べることは，人の内面の動きを知ることが求められるすべての実践や臨床において欠かせないものではないでしょうか．

　これまで私は一人の関与観察者として，自分の目と身体を通して経験したものをエピソードに描くというかたちで，自分の研究の基礎資料を提示してきました．関与観察者とはいっても，ある場合には，やや観察者の側に位置して，関わり合う母子の間主観的な関係を間主観的に見るというかたちでエピソードを描く場合や，自分自身が関与の当事者として相手の下に何かを間主観的に感じ取る場合がありましたが，いずれの場合も，それは行動科学の枠組みには収まらない，私の体験の一人称での記述であったと言えます．

　ところが，最近になって，他の人が間主観的な体験を交えて書いたエピソードを多数読む機会が増え，その経験を通して，研究者である私が直接その場に臨んでいたわけではないのに，書き手の描くエピソードを通して，書き手が間主観的に摑んだことを読み手として理解できるという事態にしばしば直面する

ことになりました(本書第1章，第2章)．そしてそのことが間主観的現象の理解にこれまでとは違う一面を付け加えてくれたように思います．

(2) 他者の経験した間主観的体験を一人の読み手として了解できること

　研究者が実践の立場に身を置いて，実践者の一人称の体験を記述したエピソードを読んでみると，そこに描き出された間主観的現象は，当事主体が描き出さなければその現象の存在そのものが浮かび上がってこないものであることに改めて思い至ります．というのも，行動科学の枠組みでも捉えられる間身体的現象としての間主観的現象は目に見えるのに対して，当事主体の体験の中に現れてくる間主観的現象(私に「分かる」という現象)は，目に見えないからです．確かにその人が体験したことなのに，書き出されなければ，周囲にいる他者にはその現象の存在そのものにさえ行き着くことができません．

　そのような一人称の体験であるにもかかわらず，それがその体験を直接味わっていない他者にも了解できるということ，そしてそのことが，学問の硬い認識の枠組みにとってはともかく，実践の立場の人にとっては，具体的に人に関わる日々の仕事の展開に極めて重要な意味をもつということ，それが問題です．臨床家がクライエントの語りを聴いていてそこから何かが了解できるというのも，基本的には今述べたことと同じだと思います．

　話を具体的にするために，次のエピソードを取り上げて，具体的に振り返ってみます．これは前章の愛着問題を議論した時に引いたエピソードですが(本書161頁)，ここでは当事主体の体験として「間主観的に分かった」ところを浮き彫りにするかたちで簡略化しています．

1) エピソード：「抱っこして」　　　　　　　　　　　　　　K保育士

〈背景〉

　Aくんは家庭での虐待があって児童相談所に措置された辛い経験のある4歳児である．保育者である私は乳児の頃から母親の対応が気になって，それとなくAくんを見守ってきた．けれど，2歳を過ぎた頃から，Aくんはその不安定な気持ちを周囲にぶつけるようになり，乱暴が目立ち，友達がAくんを避けるようになったのが気になっていた．私とのあいだではまったく気持ちが繋がらないというのでは

ないが，抱っこしてもしっくりこず，何か物足りないものを感じ，信頼関係がまだ十分には取れていないのではないかとも感じていた．

その日はBくんを中心に何人かの子どもたちがお母さんごっこをしており，Bくんが赤ちゃんになってエーン，エーンと泣いているので，私がお母さんの声色を出して「赤ちゃん，そこで泣いているのね」と言葉を掛け，Bくんを抱いてあやしてやるという遊びをしていたときのことである．

〈エピソード〉

Bくんたちがお母さんごっこをして遊んでいる横から，「エーン，エーン」の泣き声が聞こえてきた．振り返るとAくんで，Bくんのように床に寝転がって泣きまねをしている．そんなAくんの姿は初めて見るものだったので，私はちょっと驚き，Aくんは何を求めているのだろう，どう言葉をかけたらいいのだろうと一瞬迷っているうちに，思わず私の口から「あらあら」と声が出た．私のその声に恥ずかしくなったのか，Aくんはテーブルの下に入り込み，見つけて欲しい感じで泣きまねを続けている．そこで「どうしたの？　テーブルの下で泣いているのね．抱っこしてほしいのね，おおよしよし」とお母さんの声色で声を掛け，テーブルの下から出てきたAくんを，赤ちゃんをあやすように抱きかかえてみた．

今までAくんが赤ちゃんを演じる姿はなく，またAくんの方から抱っこを求めてくることもなかった．また私が抱っこやおんぶをしても，体と体のあいだで何かしっくりこない感じがあり，すぐに降りてしまうことが多かった．

ところが今回は抱っこをしても降りようとすることはなく，しばらく赤ちゃんになって「エーン，エーン」と声を出し続けていたので，抱っこしたまま部屋の中をゆっくり歩きながら，赤ちゃんをあやすように話しかけてみた．この時はまだお互いの体のあいだにしっくりこなさが少しあったが，少し経つとAくんは泣きまねをやめ，そっと私の肩に頭をもたせかけてきた．この時，<u>Aくんの体から緊張がサッとぬけ，二人の体のあいだがしっくりきて，気持ちよく抱っこすることができた</u>(a)．私はそのとき一瞬，<u>「やっと甘えられた，こんな風にしていいんだね」というAくんの心の叫びが聞こえた気がした</u>(b)が，そう思ったのも束の間，Aくんはすぐに「おりる」と言い，何事もなかったように他の遊びに移っていった．

2) このエピソードを読み解く

(ア) アンダーライン (a) の部分について

このエピソードの (a) のアンダーラインの箇所を振り返ってみましょう．抱

第4章 間主観的現象の理解とエピソード記述 207

っこしても何かしっくりきません．しかし，Aくんが肩に頭をもたれかけてきたとき，K保育士の体に感じられる力動感に明らかな変化が生まれます．それをK保育士は「緊張がさっと抜け，二人の体のあいだがしっくりきて，気持ちよく抱っこすることができた」と述べています．緊張→弛緩の力動感の変化の部分については，傍観者的な客観的観察によっても（ビデオ分析などで）ある程度は押さえることができるかもしれませんが，しかし，K保育士が感じた「しっくり感」はどうでしょうか．これは目に見えるものではなく，それゆえ客観的に取り押さえることのできないものです．この「しっくり感」は，二人の身体と身体のあいだに生まれたという他はなく，それゆえK保育士だけが感じ取っているのではなく，Aくんも同型的に感じ取っているに違いありません．しかもそのようにして分かち合われた「しっくり感」は，二人のこれからの関係の持ち方に大きな影響を及ぼしていくのです．

　二者間で感じ取られた力動感（ここではK保育士の感じた「しっくり感」）は，しかし，一方の当事主体が一人称で語る以外に，その現象の存在そのものも，その現象のありようも，第三者には分かり得ません．つまり，ここではK保育士がその「しっくり感」の体験を一人称で語ったからこそ，ひとまずその分かち合われた力動感の存在が第三者である私たちに知られることになるのです．

　そのような一人称の語りであるにもかかわらず，このエピソードを読む私も，またこの本を読む大方の読者も，K保育士のこの記述をいろいろな水準で了解することができるに違いありません．なぜ了解できるかといえば，K保育士のいう「しっくり感」や，緊張→弛緩の力動感の変化がいかなるものかについて，私も（読者も）同じ人間として，それに近い感覚的な体験を持ち合わせているからです．さらにはK保育士の置かれている状況に我が身を置くという想像上の操作が可能だからです．こうした一人称的体験を，客観的に確証できないから議論することに意味がないというのは，あくまでも行動科学の枠組みを遵守しようとするからであって，日常的な対人関係は，ほとんどこの種の了解可能性の上に築かれているといっても過言ではありません．たとえそこに誤解や思い込みが働く場合があることを認めるとしても，です．重要なことは，その了解可能性を含めて，この種の現象が対人関係の展開に大きな意味をもつことを

認めることだと思います．

(イ)アンダーライン(b)の部分について

さて，K保育士はこの緊張→弛緩の力動感の変化を「しっくりきた」と記述する一方で，(b)ではこの変化を「やっと甘えられた，こんな風にしていいんだね」というように，Aくんの心の叫びを聴いた気分になったと述べています．「しっくり感」を感じているときに，なぜK保育士はそれに重ねてAくんの「心の叫びが聞こえた気がした」と書くのでしょうか．(a)の部分は何となく了解可能だとした人も，(b)の部分については，K保育士の主観的解釈ではないかと受け止める可能性は多分にあります．しかしながら，これは単にK保育士がその緊張→弛緩の力動感の変化や「しっくりきた」という感じに対して後付的に付与した純然たる解釈にすぎないものなのでしょうか．

家庭でしばしば虐待があったこと，これまで甘えてきたことがなかったこと，しっくり抱っこされたことがなかったことなど，Aくんのこれまでの育ちの歴史を知っているK保育士にとっては，そこでの緊張→弛緩の力動感の変化や「しっくり感」が，Aくんについてのそれらの背景的理解をくぐり抜ける瞬間に，まさにAくんの心の叫びとして聴こえたということではないでしょうか．そして，Aくんのような子どもに何度となく出会ってきた人にとっても，自分をK保育士に重ねてみるとき，その背景の理解と相俟って，「心の叫びが聞こえた気がした」という記述が純然たる解釈ではなく，むしろ了解できるもの，よく「分かる」ものになるということではないでしょうか．

少し一般化して言えば，いま生じているある力動感を「しっくりきた」と捉える部分は，類的に同型的であるとしてほとんどの人に容易に了解可能であるでしょう．しかし，その力動感がそれを感じた当事主体のもつさまざまな背景的手がかり(固有性)をくぐり抜けるとき，それが当事主体にとっての固有の意味として(ここでは「心の叫び」として)捉え直され，その力動感がK保育士にとっては「やっと甘えられた」「こんな風にしてもいいんだね」という意味をおのずから纏ったということだったのではないでしょうか．言い換えれば，当事主体の固有性が各自において異なるために，それをくぐり抜けるとき，その力動感が誰にとっても「心の叫び」や「やっと甘えられた」という言葉を纏

うとは限らないということです．他の保育士なら「A君もやっと甘えられるようになったね」とつぶやくかもしれません．

何ヵ所か「として」の部分に傍点を施したのは，そこで感じ取られた力動感の変化がどのような意味を纏うかに関して，つまり，それをどのような意味「として」分かるかに関して，背景の理解も含めて当事主体の固有性・独自性が絡んでくること，それゆえ，「誰もがそのように表現する」わけではないことを確認しておこうと思うからです．

このようなややこしい議論をしてきたのは，要するに(b)の部分は，Aくんの「思い」をK保育士が「分かる」という内容であり，しかもそれが純然たる解釈や恣意ではなく，まさにAくんの「思い」という主観的なものが，K保育士の主観の中に沁み込んでくるかたちで生起した事態だということ，それゆえに主観性と主観性が繋がれるという意味で，この(b)もまたトレヴァーセンが第2次間主観性と呼んだものと同種の現象だと主張したいからです．

ここで問題になるのは，「誰もがそのように」表現するわけではない，その「として」の意味，けれども当事者本人にとってはそこで感じ取られた力動感に根差すがゆえに「こう表現するしかない」と感じられるその意味を，読み手として了解できるかどうかです．実際，先にも述べたように，Aくんのような子どもに何度となく出会った人には，この「甘えていいんだね」や「心の叫び」は，まさにK保育士がそのようなしっくり感に基づいてそのような言葉を紡ぐしかなかった体験として了解できるでしょう．

「誰にとっても同じ」を満たさなければ真実ではないというのは，これまでの行動科学のパラダイムに準拠するからです．それを経験している当事主体，あるいはその当事主体に自分を重ねることのできる多数の人にとっては，その一人称の記述をあり得る一つの真実として理解できる，あるいは一つの真実と認めることができる，と私は主張したいと思います．現に，(b)のようにAくんの心の叫びを聴いたと思ったからこそ，このエピソードの後でK保育士は「Aくんのそれまでの育ちを思って悲しみが込み上げてきた」と語るのです．そしてそれゆえに，Aくんをもっと大事にしていこうという心構えが生まれて，その後の保育に繋がっていくのです．最後の一文を読むと，保育者は単に子どもの世話をする人なのではなく，一人の主体として保育に取り組み，それを通

して保育者として，あるいは一人の主体として成長することができるのだということも分かります．

　人と人のあいだでは，今見たような体験が無数に生まれ，それが実際に対人関係を動かしていっています．その体験的真実を，「誰にとっても」という公準を満たさないから無意味だ，恣意的だというのは，実践や臨床における対人関係の機微をすべて捨てよというに等しいのではないでしょうか．「誰にとっても同じ表現」にならないから無意味なのではなく，むしろ，背景的情報が読み手に多数得られれば，読み手は書き手のその状況に自分を重ねることが容易になり，その結果，その了解可能性が増すというところに注目すべきです．当事主体がどのような背景的情報をもっているか，どのような保育観や子育て観をもっているか，といった当事主体の独自性・固有性が〈背景〉で示されることによって，そこで感得された力動感がどのような「として」の意味が纏うことになるかが了解できるようになります．ですから，それらの手がかりを〈背景〉を通して読み手が多数持つことができればできるほど，それだけ了解可能性は高まると考えられるでしょう．先のエピソードで，冒頭の〈背景〉が重要な意味をもつ所以です．

　さて，これまではK保育士の側に読み手である私を重ねて議論してきましたが，Aくんの側に寄り添っていまのエピソードを見た場合にはどうでしょうか．Aくんの側でも，お母さんの声をかけて抱っこしてくれるK先生のその抱っこの感じ，声，雰囲気に沁み通った力動感を，まさに「甘えてもいいんだよ」と言っているかのように間主観的に感じるからこそ，そこで頭を先生の肩にもたせかけることができ，抱っこに身を任せることができ，そこに「しっくり感」を感じることができたのではないでしょうか．このAくんの体験の中身は，Aくんが語ってくれない以上は推測にすぎませんが，「しっくり感」を二人で共有するということは，「間主観的な分かる」が双方において成り立っていると考える余地が十分にあるように思われます．この点については本書では十分に立ち入って議論することができません．今後の私の課題としたいと思います．

第7節　いくつかのエピソード記述に現れた間主観的現象

本節では，保育者が書いたエピソードの中に含まれる間主観的現象を取り上げ，それを読みながら，書き手が間主観的に感じ取ったものが読み手にどのように了解可能なのかを考えてみたいと思います．ここでも，書き手が何かを間主観的に感じ取ったところに焦点化して，オリジナルのエピソード記述をコンパクトに書き直していることをあらかじめお断りしておきます．

(1) エピソード1：「せんせー，まっとったんだよ」　　　S保育士

〈背景〉

　Yちゃん（2歳2ヵ月）は16人の1歳児クラスの女児．3歳10ヵ月の姉と両親との4人暮らしである．姉には重い障碍があり，医療的ケアが必要で，母はほとんどを姉の世話に追われている．病院通いや入退院もあって，それに母が付き添うため，Yちゃんも園でしばしば不安な様子を見せていた．それでもYちゃんは辛抱強く我慢し，そのような家庭環境の影響もあってか，Yちゃんは保育園ではとてもお世話好きで，着替えや手洗い，午睡時などの時に，保育士がしているようにお友だちに関わったりする姿も多く見られた．

　そんな折，母が第3子を妊娠されていることが分かり，母のお腹が日立ち始めた頃より，Yちゃんの甘えたい気持ちが保育者に強く向けられるようになってきた．1歳児クラスは複数担任なので，担任同士で連携を取りながら，Yちゃんの甘えたい気持ちを受け止めていこうと話し合っていた．以下はその頃のエピソードである．

〈エピソード〉

　その日の午前中はYちゃんのリクエストに応えて二人だけでたっぷり楽しんだあと，給食の時間になり，私はいつもどおり私の担当のテーブルについて食事の介助をした．食事の時間が終わり，後片付けをしていると，私に対して人一倍甘えの強いSくんがいつものように，（背中を）「かいかいしてーよー」とやってきた．私は「おふとんで待っててね，先生お片づけ終わったらすぐSくんのとこ行くし」と言ったが，Sくんは「やーやー」と大きな声で言いながら，一人で布団に行くのを渋り，私が片付けをしている横でしばらく待っていた．それから片付けが終わっ

て，私が「おまたせしました」とSくんのところに行くと，Sくんは機嫌よく私の手を引き，一緒に布団に向かった．
　いつものようにSくんの背中をさすっていると，しばらくして「せんせー」と一人で布団に横になっていたYちゃんが私のことを呼んだ．「なぁにー？」と聞くと，「あし，もみもみしてー」と足をマッサージするよう求める．でもそのとき私はSくんの側にいたので，「Yちゃん，Sくんが寝たらせんせYちゃんとこ行くし，待っててね．」と言うと「……やーや」と言う．しばらくして再び「せんせー」と私を呼ぶYちゃんの声．「はぁい」と返事をすると「あし，もみもみしてーよー」と再び言う．そこで私はYちゃんに，「Sくんもうすぐ寝るし，もうちょっと待っててー，ごめんなぁ」と答える．すると今度は「やーや！」と怒り，泣きながら布団やバスタオルをぐちゃぐちゃにして，Yちゃんなりに不満な思いを出していた．そのとき側にいたT保育士が「S先生（私）が来るまで，T先生でもいいか？」と聞くが「やーや！」とますます怒りはじめた．
　しばらくしてYちゃんはT保育士の声掛けに泣きながら抱っこされ，しばらく抱かれてゆらゆら揺られていた．その時，抱っこで揺られているYちゃんの目と，Sくんの背中をさする私の目とが合った．そのYちゃんの目に，「せんせーきてね」「まってるよ」の思いが溢れ，私は「眠たいのに待っていてくれてごめんね」「約束守るからね」という思いを込めてまなざしを返した．Yちゃんは今にも眠ってしまいそうだったが，がんばって起きていようとしていることが伝わってきていた．そうするうちにSくんが眠りについた．
　私が「Yちゃん，ほんとにごめんね．おまたせしました」とYちゃんのところへ行くと，Yちゃんは私にぎゅっとしがみついてきた．「だっこで寝る？」と尋ねると「おふとんいく」と言うので一緒に布団に向かい，布団に入ると，「これとー，これもかけて！」とどこか嬉しそうに笑顔で言うYちゃんに，バスタオルや掛け布団を掛けてやった．Yちゃんの足をマッサージしていると，「せんせー？」と私を呼ぶので，「なぁに？」と聞くと，「Yちゃん，せんせーまっとったんだよ」と言う．「そうかー……ごめんなぁ，Yちゃん待っててくれてありがとう」と言うと，「いいよー」と言い，その後すぐに眠りについた．

〈考察〉
　私に対する甘えや独占欲の強いSくんは，普段からわざと大きな声を出したり，大きな声で泣いて訴えたりして，私を独り占めしていることが多かった．そんなSくんと私の関わりをこれまでずっと見ていたYちゃんは，私を求めてくることもたくさんあったが，我慢している事もたびたびあったのだと思う．この日，私はい

いつものように私を求めるSくんの側に先についた．Yちゃんが私を求めているのは分かったが，側を離れるとSくんが大声で怒ると思い，直ぐには応じてやれなかった．T先生に抱かれて目があったときに，「まっているよ」というYちゃんの思いがそのまなざしから伝わってきた．

　Sくんが寝てホッとし，"やっとYちゃんのところに行ける"と，Yちゃんのところに行くとYちゃんはぎゅっと私にしがみついてきた．"やっとせんせい来た"と安心した思いと，"もう行かないでね"という思いが伝わってきた．私は本当に申し訳ない気持ちになり，「Yちゃん，ほんとにごめんね」と謝った．本当はとても眠かったのだろう．「おふとんいく」と布団に入ったのだが，そのあと，「これとー，これもかけて！」とどこか嬉しそうに言うYちゃんとのやりとりを楽しみながら，私自身どこか救われたような気持ちになった．

　しかし，そのあとの「Yちゃん，せんせーまっとったんだよ」の一言を聞いたときには一瞬，胸がつまってしまった．Yちゃんの今の家庭環境，母の妊娠や入退院を繰り返していることなどの背景を含め，Yちゃんの甘えたい気持ち，寂しい気持ち，「待っていたら先生(私)がきてくれる」という思いなど，様々な思いが私の中をぐるぐると駆け巡った．「待っててくれてありがとう」と言うと「いいよ」と私のことを許してくれ，安心したように眠ったYちゃんを見つめながら，再び申し訳ないような，救われたような気持ちになった．

　母のお腹が目立ちはじめてからこれまで，寂しい，甘えたいという思いを何度ももちながら，それをストレートに表現できないYちゃんだった．けれども，この日を境に私に対する甘え方が変わり，しっかりと，強く，思いを表現してくれるようになった．ほんの少しの時間だったかもしれないが，私の心がYちゃんに通じ，それによってYちゃんは，"先生はちゃんと見てくれている，受け止めてくれる"と思えたのではないだろうか．家でもがんばっているYちゃんにとって，保育園が安心できる場所になればと思う．

〈私からのコメント〉

午睡時には，どの子どもも大好きな先生にトントンしてほしい，傍にいてほしいと思います．気懸りなことがある子どもほど，その思いが強くでるようです．姉に重い障碍があって両親に十分に甘えられないYちゃんをS先生はしっかり受け止めてあげたいと思いながらも，いつもSくんが強く自分を求めてくるため，Yちゃんは後回しになります．そのSくんを寝かせている先生とYちゃんが目が合ったとき，Yちゃんから，「先生来て，まっているから」と

いうYちゃんの思いが先生に届くところ，そして先生が「いまいくからね，まっていてね」と先生が無言のメッセージを目の力で届けるところが，いま「間主観的に感じ取る」という本章でのテーマが関わってくるところです．そしてSちゃんが眠って，やっと先生がYちゃんのところに来たとき，Yちゃんはぎゅっと先生に抱きついて，「Yちゃん，まってたんだよ」と先生に告げます．そこは前章の愛着の主題にもぴったりの場面です．

さて，下線部を吟味してみましょう．子どもと目が合っても，それまでのいきさつが背景から摑めていなければ，それは単に目が合ったとしか書きようのない経験かもしれません．しかし，何度も「せんせい」と呼んで，先生に来てほしいことを告げてくるYちゃんの様子と，Yちゃんがいま家庭で置かれている状況が背景として分かっているとき，S先生はYちゃんのまなざしに「きてほしい」「まっている」というYちゃんの強い思いを感じ取ります．前節末尾の議論に倣って言えば，S先生はYちゃんのまなざしに沁み通った力動感を「きてほしい」「まっている」という意味として感じ取ったということになるでしょう．眠たくて，とろんとしかけながらも，一生懸命起きていたいというYちゃんの思いがまなざしに現れているというのは，おそらく，もしも私がその場に居合わせてそれまでのいきさつを把握していたら，きっとそのように感じ取ったに違いありません．S先生がYちゃんの思いを間主観的に摑んだという今のエピソードが，読み手である私に了解されるのは，それまでのいきさつが二人のまなざしが合うまでのところの背景として分かっているからです．

おそらく，行動科学のエヴィデンス主義の立場の人なら，まなざしがあったという事実を「きてほしい」「まっている」という意味にとったのは書き手の解釈に過ぎないと言うでしょう．確かに，Yちゃんの心の中を覗き込んでもそのような言葉を目で見ることができない以上，証拠を示すことができないのですから，そのような論難に対して真正面からの反論はできません．ただ，この場合はあとでYちゃんが「せんせい，まってたんだよー」と自分の言葉で言ったので，まんざらの解釈ではなかったと反論できそうですが，しかし，たとえYちゃんの最後の言葉がなくても，まなざしが合うまでの経過の背景から，S先生がそのように間主観的に感じ取ったことに疑問の余地はありません．実際，普段の生活の中では，豊かな文脈や背景に支えられて，今見たように間主

観的な理解が生まれるのはごく普通のことで，そのように分かるから，S先生のYちゃんへの思いが強まるのです．むしろそこで何も感じないことが，保育の上では大きな問題だと言わなければなりません．

　いまのエピソードを読むと，保育者が子どもの思いを間主観的に摑むということが，保育の展開の鍵を握っている事情がよくわかると思います．特別なこととしてではなく，ごく普段の生活に立ち帰って，その生活の営みの真実を掘り起こそうとするとき，間主観的に分かるという問題を避けることはできないのではないでしょうか．

　そしてYちゃんの側に立って考えれば，アンダーラインの部分で，S保育士の「眠たいのに待っていてくれてごめんね」「約束守るからね」という思いが，その目の力や姿勢などの力動感からYちゃんに間主観的に摑めているから，起きて待っていようという気持ちになったのに違いありません．まなざしが合うということは，そこでの力動感を二人が共有することに通じています．それに基づいて，双方に「間主観的に分かる」が生まれるということではないでしょうか．

(2) エピソード2：「つばしても，すき？」　　　　　　　K保育士

〈背景〉

　Aくんは0歳からの入所で現在は4歳8ヵ月の男の子．母親は感情の起伏が激しく，Aくんに対して体罰を加えたり，激しい口調で叱ったりすることが0歳のときからみられ，当時は私が担任だったので目を離せない家庭環境だと思っていた．2歳頃から友達とのトラブルが多くなり始めた．Aくんは会話で自分の希望や意志をうまく伝えられず，すぐに手が出てしまい，3歳，4歳と成長するに従い，友達やその保護者にまで「乱暴な親子」と見られることが多くなった．人なつっこい面もあり，友達と遊びたい，仲良くしたい，という思いも強いのだが，関わり方が一方的でしつこくなってしまうこともあり，同年齢の友達と長い時間遊びを継続させることが難しい．担任をはじめ，園全体でAくんが友達と仲良く遊べるように，また安心して園で過ごすことができるようにと願って，ケース会議などを重ねている．少し表情がおだやかになってきたかなと思えば，乱暴な言動がみられたり……という毎日だ．私は今は主任なので，担任の苦労を共感して受けとめながら，Aくんに対して毎日話しかけたり，抱っこしたり，乱暴な言動に気づいたときには，頭ごな

しにならないような叱り方で「みんなの中の大切なAくんだよ」ということを分かってもらえるような，関わり方を心がけている．

〈エピソード〉

夕方，お迎えを待つ自由遊びの時間に，「Aくんがブロックを黙って取ったー！」とBちゃんが泣きながら私のところに訴えて来たので，Aくんのそばにいって話を聞こうとした．するとAくんは「だってこれが欲しいんだもん！　これがいるんだもん！」と顔を真っ赤にして大声でまくしたてる．そこで「うん分かった．このブロックを使いたかったんだね．欲しかったんだね」というと，Aくんは「そうだよ！　Bちゃんがかしてくれないんだもん．だからとったんだよ」とだんだん興奮してきて，話を聞こうとしている私の顔につばを吐きかけた．私は自分の顔につばがとび，一瞬とても不快で，腹が立ち，多分露骨に嫌な顔をしたと思う．Aくんもハッとして私と目が合い，「しまった」という顔をした．私は内心の怒りをおさえて，「Aくん，先生，Aくんのつばが顔にとんで，すごく嫌な気持ちだよ」と言った．Aくんはうなだれたまま黙っていた．「先生は，Aくんと話をしたいんだよ」と言うと，Aくんは上目づかいに私を見て，「つばしてもA君のこと好き？」と小さな声で訊いてきた．私もそこでハッとして，「うん，つばしてもAくんのこと好きだよ」と答えると，Aくんは自分のTシャツの裾で黙って私の顔のつばをふき，うなだれていた．私もすっかり気持ちが落ち着いたので，「Aくん，Bちゃんのブロックを使いたいときには『貸して』って言うんだよ．そしてBちゃんが『いいよ』っていったら貸してもらおうね」と言うとAくんは黙ってうなずき，それからBちゃんにブロックを返しに行った．Bちゃんはびっくりしてそれを受け取り私を見たので，私が頷くとそのままそのブロックで遊びはじめ，Aくんも別な友達のところへ行って遊び始めた．

〈考察〉

日頃から友達やその保護者にまで，仲間はずれにされがちな雰囲気が一部にあり，自分は他の人から嫌われているということを何となくAくんも肌で感じ取っているようで，私はそのことがとても気になっていた．Aくんにも良いところはたくさんあるのだが，その良さを認める前に，乱暴な言動や職員を手こずらせるような言動が目だってしまい，Aくんの良さをなかなか認めてやることができない．周りから否定的な関わり方をされるため，Aくんには自尊感情や自己肯定感が育ちにくいし，そのことでますます言動が乱暴になってしまうという悪循環を感じている．そのことを何とかしたいとの思いはあるのだが，いまは主任という立場でそれほど密

に接することがないので，朝夕の自由遊びの時や姿を見かけた時に意識して認め，「Aくん好きだよ」という私の思いを伝えてきたつもりである．しかし，今回の件で本当にそうなのかと鋭くAくんに問われたようで，ハッとした．「スキだよ」と言葉で言うことは簡単だが，本当に心から自分の子どもを思うように愛しているのかと問われれば，返事に窮する．それでも，Aくんに対しては担任の二人もとても一生懸命に関わっているし，私たちは諦めたり投げだしたりせずに，Aくんが安心して自信を持って楽しく友達と園生活を送ることを願って，保育していきたいと思っている．

〈私からのコメント〉

　K先生とAくんについては，『エピソード記述で保育を描く』(鯨岡・鯨岡，2009a)でいくつかのエピソードを詳しく取り上げました(興味のある方はそれらを参照してください)．K先生には私自身何度かお会いし，Aくんについての背景的情報を詳細にうかがっています．Aくんは0歳の時から保育園にやってきましたが，その時の担任がK先生で，その当時から乱暴な言動の多い母にK先生は何度も傷つく思いをし，ある時など，あまりの暴言に震えて固まってしまったことさえあったそうです．K先生は過去に児童養護施設の保育士をしていた経験があり，そこで出会った子どもたちの可哀想な様子から，Aくんと母が何とか一緒に生活できるようにと念じて，懸命にAくんを抱えて2歳まで担任を務め，その後主任の立場になったのだと言っていました．その後，Aくんに対する虐待が発見され，児童相談所の一時保護も経験しましたが，母の言動は変わらず，少し穏やかになったかと思うと，急に保育園に怒鳴りこんでくるなど，浮き沈みの激しい様子を繰り返して現在に至っているということでした．

　そういう養育環境の問題もあって，Aくんは他の子どもに対して乱暴が多く，他の子どもからも避けられる感じがあって，保育園の中で何とかAくんが落ち着いて，他の子どもたちと穏やかに過ごせるように，園内ケース会議を開き，Aくんを巡る保育をいろいろ検討してきていたところだったようです．

　このエピソードには後日談があって，Aくんが年長になった頃には，K先生や担任たちの日頃の努力が少し実を結び，相変わらずのところがありながらも，Aくんに周りを思いやる変化が表れてきたようです．しかし，母は相変わらずの様子らしく，そんな母を前にAくんが先生方に気を遣う姿を取り上げたエ

ピソードの中で，「(Aくんが)もう少し大きくなったら，自分の母親を少し客観的にみることができるようになるだろう．その時に，がっかりしたり嫌悪感をもったりせずに，『いろいろあるけど，僕にとっては良いお母さんだ』と思ってほしいと心から思う」と書いているのが印象に残っています．

さて，K先生とAくんについて詳しい背景を述べたのは，それがこのエピソードの理解，ひいてはアンダーライン部の間主観的に分かる部分の理解に欠かせないと思ったからです．事実，そこで鍵を握るのはAくんとK先生とのこれまでの関係の歴史です．0歳の時からこの時点に至るまでの4年間のうち，前半の2年間は担任としてAくんに関わり，その後の2年間は主任としてAくんを見守ってきたという経過がこのエピソードの理解に欠かせません．

いつものようなトラブル場面で，あいだに入ったK先生の顔にAくんはつばを掛けてしまいます．これも後にK先生や担任の先生に聞いたことですが，このときトラブルの仲介に入った先生は，Aくんと目を合わせて話をしようと思ってしゃがんだのだそうです．またAくんは普段から，興奮すると必ずしも相手に当てるつもりがないままに周りにつばを吐くことがよくあり，担任はそのために何度もつばを掛けられたことがあったと言っていました．

自分の思いが通じずに興奮してつばを吐いたら，そこにはしゃがんだK先生の顔があった，ということのようでした．K先生は普段は穏やかな，物静かな感じの先生です．その先生でもやはりつばを掛けられて平気ではおれず，自身「多分露骨に嫌な顔をしたと思う」と書いています．その後のアンダーライン部分が「間主観的に分かる」が関係してくる部分です．つばがかかって腹が立って思わず諫めようとしたその瞬間，「AくんもハッとＺ私と目が合い，『しまった』という表情になった」わけですが，Aくんが「しまった」と思ったとK先生に分かるところがまさに「間主観的に分かる」という問題の部分です．

これまでの詳しい背景を知り，つばがかかるまでの経緯を知れば，つばがかかった瞬間のAくんがハッとした様子，そして次の瞬間にK先生と目が合った時の，Aくんの表情の変化，目の色の変わる様子，固まった姿勢，それら全体が醸し出す瞬時の力動感が「しまったという表情」というK先生の言語表現になったことは明らかです．

第4章　間主観的現象の理解とエピソード記述

　このアンダーライン部の一人称の表現こそ，K先生がAくんの心の動きを間主観的に捉えたと私が主張する部分です．というよりも，この表現こそ，間主観的現象の存在そのものを告げるものだといっても過言ではありません．Aくんが本当に「しまった」と思ったのかどうかの証拠は示すことができませんが，つばがかかった瞬間にAくんの内部になにがしかの力動感の変化が起こったことは，「ハッとして」という表現だけで十分私たち読み手に了解できるでしょう．それがおのずから先生の顔を見る動きになり，目が合い，表情が変わるとき，その力動感の変化がK先生には「しまった」という表情として捉えられるのです．これも前節末尾で言及したように，その力動感が「しまった」と表現されなければならないかどうかは，どこまでいっても決着のつけられない問題です．次節ではこれを「言分け」というテーマで議論してみますが，いずれにしてもそこで感得された力動感を基に，それが「ある意味Xとして」K先生に意識化されたということでしょう．「ある意味X」はそれを体験する人のそれまでの経験，つまり，ここではAくんと長く付き合ってきたK先生の蓄積された経験が土壌(固有性)としてあって，そこをこの力動感がくぐり抜けるときにこの意味を纏ったというのが，「間主観的に分かる」ことの基本構造だと私は主張しているわけです．つまり，それは体験する人の単なる恣意的解釈ではなく，あくまでもその場で感得した力動感に基づいて，そのような「分かる」が生まれたのであり，その事情を言い当てるために(そして恣意的解釈だという行動科学からの論難と対決するために)，いかめしい「間主観的に分かる」という言い方をしてきたのでした．

　しかしながら他方で，K先生がAくんのその時の表情(そのときの力動感全体)を「しまった」と捉えたということは，AくんがK先生とのあいだでこれまで築いてきた何かが揺らいだことをも同時に伝えています．その「何か」とは，「先生のこと好き」と「先生も僕のことが好き」という両方の思いです．そしてそれは「優しいK先生」というイメージと，それと結びついた「先生に嫌われたくない＝僕はいい子」という自己イメージの両方が揺らいだ瞬間でした．

　思わずつばを先生にかけてしまったけれども，それは興奮から衝動的に出てしまった行為でした．それに対して先生が思わず見せた怖い顔は，いまAく

んにとって最も大切な人であるＫ先生との信頼関係，つまりは「優しいＫ先生」のイメージを壊してしまったのではないかという不安を生みます．Ａくんからすれば，先生のいつにない怖い顔とその姿勢全体から醸し出される力動感は，まさに先生が怒っていることが間主観的に分かった瞬間だったでしょう．こうしてＡくんはうなだれますが，そのとき気持ちを取り直した先生が，「顔にツバが飛んで，嫌な気持ちだよ，先生はお話したかったんだよ」と自分の気持ちを伝えます．そこでＡくんは上目遣いに先生をみて，小さな声で「つばしても，ぼくのことスキ？」という言葉を紡ぐことになったのです．

　この言葉には，これまで培ってきたものと，それが危うくなって揺らいでいることとが見事なまでに浮き出ています．乱暴な子と見られているＡくんですが，ＡくんはＫ先生の優しい関わりの中で，先生を信頼する心をこれまでに育み，大事な先生から嫌われたくないという思いを抱くようになっていました．そのことが，はっとする様子，しまったという表情から読み手にも了解されます．そして「つばしても，ぼくのことスキ？」という言葉の裏で動くＡくんの思い（心の動き）がＫ先生に間主観的に摑めたことによって，先生もはっとして，怒り狂うことなく気持ちを鎮め，「Ａくんのこと好きだよ」と言葉を返すことができたのです．これはＡくんの「優しいＫ先生」のイメージが壊れないで生き残るために，そしてそれと結びついて成り立っているＡくんの「先生に嫌われたくない」という思いが生き残るために，決定的に重要な対応でした．

　この先生の対応によって，壊れかけた大切なものが壊れなかったのだという安心感の中で，いけないことをしたのだから謝らなければならないという気持ちが動き，Ｂちゃんに取り上げたものを返しにいくという行為が生まれたのに違いありません．

　こうして見てくると，Ａくんの表情の変化の裏に，Ａくんの心の動きを「しまった」と捉えるＫ先生の心の動きと，「つばしても，ぼくのことスキ？」と言葉を紡ぐＡくんの心の動きは，明らかに繋がっているのが分かります．「間主観的に分かる」というのは，ですから，何も特別な事態を取り上げようとしたものではなく，私たちの日常生活のなかの親密な人間関係の中には数多く紛れ込んでいるものです．相手の下に何かが感じ取られた時の心の動きは相手へ

第4章　間主観的現象の理解とエピソード記述　　　221

の対応を導きますから，それは現実の対人関係を大きく動かす力を持っています．というより，それは対人関係を動かす原動力の一つとさえいえるものです．その間主観的現象，つまり「人が人の思いを分かる」という事態をこれまでの行動科学の枠組みは捨て去ってきたのでした．

　それにしても，K先生が一人称でこの日の出来事をエピソードに描いてくれなければ，この間主観的現象そのものの存在が第三者には分かりません．そのことを思えば，現場の皆さんが，エピソードを書いてその関わりの機微を他の人に伝えようとすることが，まずもって重要であることが分かります．

(3) エピソード3:「キライなら　キスするな」

　このエピソードは私の編著『障害児保育』(2009b)に収録したものです．K先生は幼稚園に併設されている通級指導教室の先生で，通級の場でR男くんという子どもに出会い，R男くんに関わった1年間を月1回に近いペースで10個のエピソードに綴りました．高機能自閉症といわれているR男くんは，当初はクラス担任が悩んだ通りの難しい姿を見せていましたが，K先生との一対一のゆったりした関わりの中で，日に日に変化していく様子がこのシリーズになったエピソードから生き生きと伝わってきます．以下に示すエピソードはその中でもクライマックスとなるエピソードです．〈エピソード〉と〈考察〉の部分はK先生のオリジナルの文章，冒頭の〈背景〉は草稿段階の資料と，10個のエピソードの流れを踏まえて私がK先生に代わってまとめたものです(この事例の全容は前掲書の88頁から101頁を参照してください)．

　〈背景〉（私がまとめたもの）

　私はK幼稚園に付設されている「通級指導教室」(旧ことばの教室)の担当で，構音や吃音の子どもはもちろんだが，最近では高機能自閉症と言われる子どもも通ってくる．そこで子どもたちといろいろな遊びをしながら，それぞれが安心して自分の力を発揮してくれればと願っている．

　R男さんは5歳児で父・母・姉(2歳上)・本児の4人家族である．4月時点の学級担任の話によれば，「面白いことにぱっと目が輝き，屈託なく笑う子どもらしい面」がある一方で，「自分の思いが通らないと激しく怒り，周りの友

たちにも突発的に手が出てしまう」「興奮すると見境がなくなる」「じっとして話を聞くことが出来ない」「目線が合わない」「みんなと一緒に活動することが難しい」（帰りの会の時に，一人違うところに座る，給食中もすぐに出歩く，みんなが体操をしていても一人で寝転がる，等々）「友だちの間に割って入って，並んで順番を待つことが難しい」など，難しい面もたくさん持っているらしかった．

　ゆったりと子どもと向き合う通級指導教室の個別支援の場では，なかなか集団での一面が見えにくいが，R男さんの興味にとことん付き合い，向き合うことで培われる育ちを見つめ，楽しいと感じられることを一緒に経験して，それを生活へ生かしていくことを心がけたいと思っていた．

　関わりの当初は，ぎくしゃくする部分もあったが，お化けごっこやザリガニ捕りなどを一緒に楽しむなかで，次第に信頼関係ができてきて，楽しいと思って一緒に遊べることが増えてきた．そうするうちにR男さんの中に自信めいたものも生まれてきて，年が明けた頃には，4月にクラス担任から聞いた負の様子がかなり影をひそめてきた感じがした頃のある日の出来事である．

〈エピソード〉　　　　　　　　　　　　　　　　　　　　　　　　　　K教諭

　違う日に通級指導教室にやってくるR男さんとA男さんとE男さんとY男さんと一緒に教育展の見学に出かけた．初めて出会う友だちなので，どこか不機嫌なR男さんである．路面電車の駅に向かう道すがらも，「おれが一番やで，おれを抜かしたらいかん」と，周りを威嚇しながら先頭を歩く．もちろん電車にも一番に乗り込む．「先生，ここに座っていいよ」と自分の隣を空けてくれた．甘えたような口調に，R男さんの不安や私を頼りに何とか自分を支えていることがひしひしと伝わってきた．前にも増してR男さんが愛おしく想えた．

　T町で降り，繁華街を抜けて市民会館を目指す．「まだー，つかへんの」「もう，だからおれは行きたくないって言ったんだ」と，行き先が分からないことや，知らない友だちと一緒にいることや，歩き疲れたことが重なって，R男さんのイライラが募ってきた．

　電車通りのアメリカフウの並木の歩道を歩いていると，フウの実が落ちていた．「ほら，見て，フウの実だよ」と，トゲトゲの丸い木の実を見せると，やはり歩き疲れていたみんなの顔がぱっと輝いた．我先にとみんながフウの実を探した．その

時「あった！」とE男さんのうれしい声が響いた．途端にR男さんのいらいらが頂点に達し，「そんなの，にせものや」「汚いで，いらんわ」「邪魔になるだけや」と，E男さんに悪態を並べ，肩にぶつかったり，足を引っ掛けたりした．よっぽど悔しかったのだと思い，その行為をとめることなく，私はもう1個のフウの実を探した．あいにくもう冬なので見あたらなかった．

気が収まらないR男さんは，目的地についても気が晴れず，ゲームの体験をしても，消防車やパトカーに乗せてもらってもどこか気がそぞろで，E男さんを見つけてはぶつかっていく姿が見られた．その度にさり気なく二人の間に入って気持ちを他へ向けようとしたが，だんだん私の堪忍袋が一杯になってイライラしてきた．

昼食のときである．ベンチにたまたま隣り合わせたE男さんが気に入らなく，R男さんはぐいっぐいっとE男さんを横に押す形でベンチから落とそうとしていた．私は「もう，Rくん，いい加……」と怒鳴り声をあげかけ，じっとR男さんの顔を見ると，とてもしょんぼりとした顔をして私を見上げてきた．その目が，自分も引っ込みがつかず自分をもてあましていると訴えているように見え，「もう，Rくんたら……」と抱きしめておでこにチュッをした．するとR男さんは「嫌いなのにキスするな」と言いながら私にしがみついてきた．それからはR男さんの身体からとげとげしさがなくなり，一緒に食べたおやつのアイスクリームの甘さがじんわり染みた．

〈考察〉

「嫌いならキスするな」．身体に残っているエネルギーの全部を使って言い放ったR男さんのことばに，私の気持ちもすうーっと落ち着いていった．

R男さんの初めて出会う人たちの中での不安や，フウの実を見つけられなかった悔しさを丸ごと受け止めてと思っていても，ついことばや態度に目がいき，私の視野はどんどん狭くなり，止めさせようという気持ちが強くなっていった．R男さんの目を見て寸前のところでR男さんの思いに気づき，叱ることばを飲み込むことが出来て良かった．

悔しくてたまらない自分と，仕方ないよなと分かっている自分との間で揺れ葛藤し，自分を見いだそうとしているR男さんの育ちを，なにより尊重したい．

「嫌いならキスするな」といいながらしがみつくR男さんの身体からとげとげしさが取れていくのを肌で感じた私は，保育の積み重ねの中でR男さんとの信頼関係が培われ，R男さんが安心してその揺れる気持ちを私に預けてくれたのだと思った．そして，私もまた，R男さんの気持ちを見続けることが出来なかったことをR男さんに受け止めてもらえ，R男さんの中に私を見つけることができて心が落ち着

いていった．

　私のいたらなさを受け止めてもらったことをお母さんに伝えると，家では消防車やパトカーに乗ったことや，先生がアイスクリームを買ってくれたことをうれしそうに話していて，不安げだったことやフウの実の話は一切しなかったそうで，「だんだんちょっと都合が悪かったりかっこ悪かったりすることは言わなくなるのかなぁ……男の子は特にね……そのうち0点のテストも見せなくなるよね」と話してくれた．言わないことも一つの成長であることを認めつつ，子どもが大きくなることはうれしくもあり，でもどこか寂しくもあるという親としての勝手な思いを二人でしみじみ感じあい，R男さんのこれからに思いを馳せた．

〈私からのコメント〉

　同じ通級指導教室に通う子どもたちが先生に引率されて教育展を見に行くということになりました．初めて一緒になる友達への不安や，知らない場所に行くことへの不安がある中で，先生を頼りに何とか耐えてきたRくんが，フウの実を見つけられなかった悔しさからEくんに事あるごとに八つ当たりし始めました．最初は不安な気持ちからそうしているのだと分かってゆったり構えていたK先生も，Eくんをぐいぐい押しのけようとするRくんの様子に，次第にいらいらをつのらせ，とうとう堪忍袋の緒が切れて，思わず「もう，Rくん，いい加減に……」と言いかけます．そのとき，先生を見上げるRくんと目が合います．その目や表情に「しょんぼり」した様子がうかがえ，それが先生には「引っ込みがつかなくて自分を持て余していると訴えている」ように受け取られます．そこが「間主観的に分かる」とこれまで述べてきた部分です．

　「しょんぼり」という表現は，先生がRくんの表情，目の色，姿勢など，「いま，ここ」のRくんの様子全体から受け取った力動感を言い当てようとしたものでしょう．その部分だけを切り取れば，それが誰にとっても「しょんぼり」という表現になるような力動感だったかどうかは，確かに確かめようがありません．もしかしたら，先生に叱られると思ったことも，その「しょんぼり」には沁み込んでいたかもしれません．しかしともあれ，それまでの経過を背景に先生に捉えられたその力動感は，まずは「しょんぼり」と感じられ，次にそれは「引っ込みがつかなくて自分を持て余していることを訴える」雰囲気をもつものだったと言い換えられます．それはK先生の固有性を媒介してそ

のように言い換えられたとしか言いようがありませんが，だからこそ，それはK先生がまさに一個の主体としてその場を生きていたことの証なのです．

　先生がRくんの思いをそのように「間主観的に分かる」背景には，この半年間の関わり合いの歴史，つまり少しずつ信頼関係を深めてきた歴史があります．4月当初のRくんならいざしらず，最近のRくんなら，いくら面白くない気持ちだからといって，私の目の前でEくんにそこまでしなくてもいいでしょう？　という先生の苛立つ思いは，面白くない気持ちはEくんにぶつけるのではなく，私にぶつけてきてもいいのよという，Rくんをこれまでのように抱えようという思いと重なっていたに違いありません．そういう二重の思いを背景にその「しょんぼり」の力動感を感じたとき，先生はそこにRくんの「もう，引っ込みがつかない，自分でもどうしていいかわからない」という思いを感じ取ったのでしょう．

　そのようなRくんのどうしようもない，引っ込みのつかない気持ちが一瞬分かり，そうだった，やはりRくんをこれまで通りしっかり抱えなければいけなかった，ごめんねという思いと，思わず叱ろうとしてしまった自分を恥じる気持ちとが重なって，思わずRくんのおでこにキスをすることになったのでしょう．

　Rくんにしてみれば，K先生の声や表情から，先生のいつにない怒りの力動感が感じられ，「先生は怒っている」と間主観的に感じ取り，先生に叱られる，先生に嫌われると一瞬思ったに違いありません．その裏には，これまでEくんに意地悪をしてきて，いけない自分は先生に叱られるかもしれないとRくんが思っていたこともあったと思います．ところが次の瞬間にK先生は「Rくんたら……」と言いながらおでこにキスをします．Rくんは一瞬とまどったと思いますが，自分でも引っ込みの付かないもやもやした気分と，叱られると思ってしょんぼりした気分と，それでも先生に抱えてもらった嬉しい気分とがないまぜになる中で，それらを一気に吹き飛ばすような思いで「嫌いなら，キスするな！」と言い放ち，先生にしがみつくことになったのだと思います．

　ここには，Rくんの両義的な心情と，K先生の両義的な心情が絡み合って，そこに「抱く─抱かれる」の交叉する関係が生まれています．つまり，RくんはK先生がキスすることでRくんを抱えようという気持ちにしがみつくかた

ちで応え，逆に，そのようにしがみつくことで，抱え続けられなくてごめんという先生の気持ちをRくんが抱え込んでいます．K先生の〈考察〉を読むと，二人のあいだのそうした心情の動きがよく分かります．「間主観的に分かる」が双方に生まれているのです．

こうしたちょっとした経験が，しかしそれぞれの心に沈殿し，それぞれの自己性に結晶化していくのだと思います．「心の育ち」という言葉はよく耳にしますが，具体的には今見たように，子どもの側からすれば，自分が心細くなったり，引っ込みがつかなくなってどうしようもなくなったりしたときなど負の心の状態にあるときに，それを大人にしっかり受け止めてもらえた喜びがバネになって生まれてくるものです．そして大人の側も，子どものそのような負の心の状態をしっかり受け止めてやることができるとき，自分の中に子どもを育てる者としての自信が生まれ，その経験をバネに大人の側にも「心の育ち」が生まれると考えることができます．

そのように考えれば，両者のあいだに間主観的な繋がりが折々に生まれることが，双方の「心が育つ」重要な契機になるといえるのではないでしょうか．このような貴重な経験の重要性を理解するためにも，まずは当事者の一方の大人がその経験を一人称の言葉で綴り，そこに含まれる「間主観的な分かる」を抉り出して示す必要があります．

後の節でも触れますが，この〈私からのコメント〉は，私がどのようにK先生の一人称の記述を理解するかを示したものでもあります．つまり，K先生がそのようにAくんの心の動きを摑んだことを，一人の読み手としての私がこのように「分かる」ことができるということです．もちろんテクストの読みの常として，読み手の固有性(この場合には私の固有性)に関わるところはあるでしょうから，誰もがいま私が述べたようにK先生のこのエピソードを分かるとは言えないかもしれません．しかし，K先生が「間主観的にRくんの気持ちを分かる」ことになったその基の力動感が多くの読み手に伝われば，それだけ共通理解が生まれる可能性が高くなることが，このエピソードからも分かるのではないでしょうか．

(4) エピソード4：「わかってる」　　　　　　　　　　　　　　　S保育士

〈背景〉

女児Hちゃん(5歳1ヵ月)は，4人家族で上に兄がいる．0歳のときから保育園に通ってきている．私はこれまでHちゃんの担任をしたことはないが，延長保育や朝の保育ではこれまでにも一緒に遊ぶ機会が何度もあった．お兄ちゃんがいるせいか，Hちゃんは小さい時からとても負けん気が強く，4歳児クラスになってからは一番になりたいなどの思いが強くある．運動会のかけっこの練習では，一等になりたいがために，ゴールテープ目掛けてジャンプして飛び込んでくるほどであった．しっかりしているところもあるが，自分の思いが叶わないときには，泣いてすねてしまうことがしばしばあり，女の子同士の友達関係でも，しょっちゅうトラブルがあって，少し気になる子どもと受け止めていた．今年度，私はフリー保育士として各クラスに入っていたが，なぜかHちゃんのいる4歳児クラスに入ることが多かった．

〈エピソード〉

その日私は朝の10時からクラス応援に入った．雲梯のところで4歳児クラスの担任とHちゃんが話をしていた．一列に並んで順番に雲梯をしようというときに，一番になりたかったHちゃんは他児を押しのけて先頭に並ぼうとしたらしい．そこで担任がそれはいいことかなとHちゃんと話をしていたところだった．けれども担任の話はHちゃんの耳に入らない様子で，Hちゃんは担任に砂を蹴ってかけたり，叩いたり，かなり気持ちが昂ぶっている様子を見せ，Hちゃんは雲梯から離れていった．それからしばらくクラスの子どもたちの雲梯遊びが続いた．その遊びが終わりかけた頃，Hちゃんが雲梯のところに戻ってきたので，私は最後に一緒に雲梯をやってみようと誘ってみたが，Hちゃんは応じなかった．

クラスのみんながお部屋に帰り始め，Hちゃんもすねながらもみんなについてきたが，部屋の入口のところで立ち尽くしてしまった．少し俯いて立ち尽くしたまま，目はしっかりとクラスのみんなや担任の姿を捉えていた．そんなHちゃんの姿を私は気づかないふりをしてそっと見ていた．クラスのみんなから，立ち尽くすHちゃんに「先生に叱られた」などと男の子達の少しはやし立てる言葉が投げかけられ，それを聞いたHちゃんはそんな男の子達をキッと睨みつけた．

このままではと思い，まずは二人きりになろうと思ってHちゃんを誘ってみた．「先生，ヤカン返しに行くけど，Hちゃんついてきてくれる？」と私が言うと，Hちゃんは初めはとても厳しい顔でこちらを見ていたが，空のヤカンを差し出すと，

すんなり手にとってついてきてくれた.

　ヤカンを返し終わって，さあ話でもと思ってHちゃんを振り向くと，上目づかいでこちらを見るHちゃんと目が合った．するとHちゃんは緊張したような何とも言えない顔つきになって「わかってる」と一言つぶやいた．そこで私は「そうか」とだけ告げ，黙って園庭の見える廊下に一緒に座った．するとHちゃんは私の肩に手を載せてきた．ならばと，すこし嫌がる素振りのHちゃんを膝に抱っこして，しばらく気持ちが落ち着くのを待った．私の膝やお腹にじんわりとHちゃんのぬくもりが伝わってきたところで部屋に戻った．

　その帰り道，Hちゃんは黙って私の手を引いていく．抱っこしていたのはほんの2, 3分だったと思うけど，それがよかったかな，などと考えているうちに部屋に着き，部屋に着いたと思ったら，Hちゃんはまた下を向いてすねた顔をし始めた．やっぱりちゃんと話をしなければいけなかったかなと思っていたら，Hちゃんと目が合った．私がそこで軽くうなずいて見せると，Hちゃんはしばらくもじもじしたあと，担任の先生のところに行き，「(叩いてしまって)ごめんなさい」と謝った．Hちゃんが自分で考えて謝りにいったのだと担任に伝えるとともに，私は素直にHちゃんを褒めた．担任も一緒になって褒めてくれたので，Hちゃんはやっとほっとした落ち着いた表情になった．

　部屋での活動に一区切りがついたとき，Hちゃんはすっと私の傍にやってきて，ちょこんと私の膝に座った．そして私の顔を見上げてニヤッと笑ったので，ゆっくり抱っこして「おねえちゃんになったね」と少し抱きしめて話しかけた．Hちゃんは「うん」と言った後，私の膝に乗っていたのはHちゃんの方だったのに，「先生，重いわー」と笑いながら，私の膝から離れていった．

〈考察〉

　ちょっとのことだけれど，Hちゃんが「わかってる」と言ったときに，その気持ちに寄り添えてよかったと思った．その一言に，ずっとHちゃんが抱えていたいろんな思いがにじみ出ていた．Hちゃんの自分の思いが叶わないときの気持ちの切り替え方，自分の思いを言葉にして切り抜けていく力は，これからHちゃんがいろいろなことを通して学んでくれたらと願う．

　そして今回，このエピソードを書き起こしてみて，もし自分が担任だったらどう対応したのかなと考えた．ことば掛けも違っただろうし，保育室から離れることもなかっただろう．フリーの保育士だったから，今回のようにHちゃんに関わることができたのではないかとも思う．ずっと子どもに関わり続けているわけではないフリーの保育士は，なかなか信頼関係が築けず，信頼関係がないままに子どもに関

わるのはいろいろな点で難しさを感じる．しかし，どんな関わりであれ，子どもたちと接し，それぞれの子どもの思いを受け止めて保育をしていきたいと思った．

〈私からのコメント〉

　一番になりたい気持ち，叱られて面白くない気持ち，先生にけって砂を掛けたり，叩いたりしていけなかったという気持ち，男の子にはやし立てられた腹立たしい気持ち，誰にも分かってもらえない気持ち，等々，Hちゃんの心の中にはいろいろな思いが渦巻いていたに違いありません．フリーの立場でHちゃんが担任の先生に憤懣をぶつけているのを見ていた保育者であれば，たいていはHちゃんが雲梯から離れて一人になった時を捉えて，Hちゃんに「先生を叩いてよかったかな？」などと話しかけ，一緒に謝りに行くことを提案するのではないでしょうか．しかし，そういう「謝らせる」対応では，Hちゃんに必ず不満が残ります．自分の中で自分から「謝ろう」という気持ちが起こることが保育では大切です．

　多くの保育者がそのような出方をするところで，S先生がそのような出方を取らずに，まずはHちゃんが気持ちを鎮めることができるように関わり，それから二人きりで話をしようと思ったことが，その後の一連の関わり合いを導くことになりました．

　言うまでもなく，ここでの「間主観的に分かる」は，最初のアンダーライン部のところにあります．言葉だけ拾うと，「わかってる」「そうか」しかなく，それはまるで禅問答のように聴こえますが，Hちゃんの「わかってる」と言ったことの中身がS先生に「分かった」から，「そうか」という応答になったのでしょう．ここでも，目が合った時の「緊張したような何とも言えない顔つき」という表現にS先生が感じ取った力動感が示唆されています．その表情や姿勢から伝わってくる力動感にさらにSちゃんの「わかってる」という声に籠る力動感と意味が被さるとき，先生にはHちゃんの葛藤する気持ちが間主観的に伝わって，「そうか」という言葉が紡がれるのです．禅問答のようなちょっとした言葉のやりとりの背後に，Hちゃんの思いと先生の思いの複雑な絡み合いがあります．S先生の「そうか」こそ，本章で述べてきた「間主観的に分かる」の中身です．もしもそのようにHちゃんの気持ちが間主観的に分

からなければ,「わかってる」というHちゃんの言葉に,「わかってるって,何が?」というような艶消しの言葉しか紡がれないでしょう.

そしてS先生の「そうか」という声の力動感や表情,雰囲気などが,自分を諌めようとしているのではなく自分を抱えようとしてくれているのだとHちゃんに間主観的に感じ取られたからこそ,Hちゃんは先生の肩に手をかけてくるのです.ここでは先生がHちゃんの気持ちを間主観的に分かるだけでなく,HちゃんもS先生の気持ちを間主観的に摑んでいることがうかがえます.雲梯に誘ってくれたこと,ヤカンを返しに誘ってくれたことなどから,Hちゃんが先生の気遣いをも間主観的に「分かって」いたのかもしれません.

そして後の方のアンダーライン部の,目が合って,先生が軽くうなずいてみせたところで,少しもじもじした後,Hちゃんが謝りに行くという場面も,一言も言葉が介在していないにもかかわらず,Hちゃんには先生の「ほら,いまよ!」という後押しする心の声が聴こえて(間主観的に摑めて),一歩前に踏み出せたのでしょう.

保育の場面には,このように保育者が子どもの気持ちを「間主観的に分かる」場面が数多くあります.普段,保育者たちはそれを「子どもの思いが分かる」としか表現しません.しかし,たいていは,それは何らかの力動感の感得に根ざしていて,決して恣意的な「分かる」ではありません.そのように保育者が間主観的に分かるとき,子どももその力動感を共有しているので,保育者の思いがしばしば間主観的に摑めるのでしょう.

もちろん,保育者の思い込みによる「分かる」もしばしば生じます.その種の「分かる」で事態が動いていく場合もあり得ます.しかしそのような場合はたいてい事態が関わり手の思う方向には動いて行きません.そのとき,関わり手はその「分かる」が力動感の感得に根ざしていないことに気づき,自分の思い込みだったことに気づくことができます.そしてそこから対応を修正していくのが日々の実践なのです.

ともあれ,保育者に限らず,実践の場に従事している人が何らかの力動感の感得に根ざして「分かる」というとき,それは当事主体にとっては紛れもない真実と受け取られています.しかしその多くは,ただ「分かる」としか表現されないため,主観的だ,恣意的だとされ,その一人称の記述さえ不要だとさ

れて，第1章でも述べたように，多くの実践の場の人たちはその主体としての声を失っていったのです．

けれども，こうして保育者の描くエピソードを読んでみると，「間主観的に分かる」部分は一人称でしか描けないことが分かり，その「分かる」の基になった力動感がエピソードに書きこまれることによって，その「分かる」が決して恣意的ではなく，その人の体験そのものであることが読み手にも理解することができます．そしてそのように読み手に自分の「間主観的に分かった」部分を分かってもらえれば，書き手である保育者は，まさに自分の体験が分かってもらえた，ひいては自分が保育の場の主体なのだということが肯定されたという気分になり，自分の実践に自信をもつことができるようになるのです．ここに，「書くこと」と「読み手に分かってもらう」ことの意義を確かめることができるように思います．

第8節　「言分け(ことわ)」と間主観的現象の認識論の問題

前節では保育者の描く4つのエピソードを取り上げて，そこに含まれる「間主観的に分かる」という問題に焦点化して議論してきました．その際，「分かる」が恣意的でないことを言うための鍵を握るのが，〈背景〉を読み手と共有することであり，相手とその場を共に生きることから生まれる力動感を提示することでした．そして，その力動感の感得に根ざした「分かる」を，それに根ざさない認知的解釈による「分かる」と区別するために，「間主観的」といういかめしい表現を用いざるを得ないのだというのが本章のこれまでの議論でした．

ここで触れておかなければならないのは，『エピソード記述入門』でも僅かに触れたことですが，そこで感じ取られた力動感をどのように描くかという問題です．ダーウィンの8つのカテゴリー的情動(嬉しい，悲しい，等々の)のように，この力動感がいくつかの限定された用語で規定できれば話は簡単ですが，実際には力動感は常に「いま，ここ」で起こっていて，それは常に個別具体の相において立ち現われていますから，決まり切った言葉で言い当てることはなかなかできません．前節にみた保育者たちの描くエピソードでも，その力動感

がうまく言い当てられている場合もあれば，どう言ってよいか分からない，曰く言い難い場合もあって，そこに当事主体が「間主観的に分かった」ことを読み手が了解できるかどうかが懸っていると言わざるをえません．

(1) 言分けること

　1970年代から1980年代にかけて，哲学の分野で言語への関心が高かった当時，丸山圭三郎(1984)の「言分け論」が一世を風靡しました．一人の人間が自分の体験をどのように言分けるのか，ということです．例えば月見の席に集まった人々が和歌を詠むときなど，同じ景色を見ていながら，しかし，それが歌に詠まれるときに，そこには言分けの違いが如実に表れてきます．そして言分けられたものを通して和歌の詠み手の心情の理解が生まれるのです．

　その際，その体験がどのように分節されるのか，それがどのように言分けられるのかが難しい問題となります．体験がこれこれのものとして先に分節され，その分節されたものを言分けるのか，それとも，言分けられるように体験が分節されるのかというややこしい問題が絡むからです．ここではそのような言語論的な難題には立ち入りませんが，言分けの問題そのものは避けて通ることができません．

　本章の第1節で力動感を論じたとき，イライラ，ワクワクといった言い方で今の気持ちの力動感を表現したり，雨の降る様子の力動感の違いをポツリポツリ，シトシト，ザアザアと表現したりしてきましたが，これとても，「いま，ここ」で体験しているその事象をぴったり言い当てているとは限りません．それを言い当てようとして，多数の言葉を重ねなければならない場合もあります．そのことを考えると，言分けること自体，ある意味での曖昧さ（その唯一無二の出来事をぴったり言い当てているわけではないという意味で）と，ある意味でのカテゴリー性（ある範囲の事象をその表現で包み込むという意味で）の両面を担っていると言わなければなりません．そして，当事主体にすれば，その曖昧さを減じて，その唯一無二性を言い当てようとしているにもかかわらず，読み手は，その表現のカテゴリー性に依拠して，自分の近縁の体験と繋ぎ合わせ，その表現から当事主体の言いたいことを了解したと考えるのです．これは，一般に言語表現とその理解の枠組みそのものですが，「間主観的に分かる」とい

う当事者の体験を，外部の第三者が了解できるためには，この言分けの枠組みを離れることができません．

第6節の「抱っこして」のエピソードにこのことが如実に表れています．書き手が「体から緊張がサッと抜け，二人の体のあいだがしっくりきて，気持ちよく抱っこすることができた」とその体験を言分けるとき，読み手である私たちは，その力動感の描写が書き手に自分を重ねるなかですぐさま了解できたり，あるいは読み手のこれまでの近縁の体験に響き合う限りにおいて了解できたりと，書き手が間主観的に感じ取った力動感をおおよそ了解することができます．前者の場合は，もしも自分がこの書き手と同じ立場におかれたら，自分もこのように「感じる」だろうというかたちで了解できるということです．それは書き手の体験と寸分違わないかたちで「感じる」というわけではなく，おおよそそのように感じるだろうという，言葉のカテゴリー性に依拠した信憑です．しかしそのように感じ取られた力動感が「やっと甘えられた，こんな風にしていいんだね」という心の叫びとして聴こえたと言分けられるとき，そこには読み手の側のこれまでの経験(固有性)の違いに従って，それが「そうだ，よく分かる」から，「それは言い過ぎではないか」「本当に心の叫びが聞こえたのか」という疑問の声が上がるまでの，了解の幅があることもまた認めなければなりません．

ここには，自分に「間主観的に分かった」ことを，そこにいない第三者に伝えることができるのかという，エピソード記述の根本問題の一つがあります．「間主観的に分かった」事柄は，第三者に客観的に見えるものではないので，当事主体がまずその体験を言分けなければ，その出来事の存在そのものが当事主体以外の人には分かりません．ですから，それは他者に伝えようと思って言分けられるわけですが，しかしそこには当事主体の体験そのものと言分けられたものとのあいだのズレ，ないしは照応性の問題が必ず含まれてきます．そこで書き手は，できるだけ体験そのものに忠実に描こうと努めますが，そもそも体験そのものが言葉によって完璧に言分けられるなどということは最初から不可能です．

ロゴス中心主義の立場なら，「言分けられないものは存在しない」とさえ言うでしょう．まさに「間主観的に分かる」という一人称の体験的事象は，「言

分けられなければ存在しない」と言っても過言ではありません．しかし，それは第三者にとって存在しないということであって，体験の当事者にとって，言分けが難しいからといって，その体験そのものがなかったというわけではありません．その体験を他の人に何とか分かってほしいと思って言分けるのですが，そこでは体験そのものと言分けられたもののあいだになにがしかの乖離が生まれます．日常生活の中でも「言葉にすると嘘になる」という表現がしばしばなされますが，それはこの乖離を意識するからでしょう．その感覚は，自分が夜中に見た夢を他の人に語るときに実感されるはずです．夢を見たのは確かで，不思議な夢なのだけれども，語れば語るほど実際に見た夢から離れていくあの感じです．もちろん，実際に体験したことは夢とは違って，自分にとってのあるがままのこととして明確にあり，出来事の客観的な流れを言葉で表現することは問題なくできます．しかも，他者にその体験を伝えるという行為はビデオ映像を分秒単位で詳細に描いていくことではありません．体験とのズレというのはその種のものではなくて，自分にとってもっとも肝心な，まさに「間主観的に分かった」部分をどのように伝えるかに関わっています．

　ある程度のズレや乖離は不可避ですが，しかし，目指されているのはズレや乖離が100％無い言語表現なのではありません．まずは自分に納得のできる程度の照応性があるかどうか，それで他の人に分かってもらえるかどうかが問題です．そこで，自分の体験した力動感を言分けるところ，そしてそれに基づいて，その力動感をある意味として捉え直して言分けるところの吟味が，エピソードを書く段階では必要になってきます．

　繰り返しますが，第6節や第7節のエピソードは，書き手に「間主観的に分かった」ことがそのエピソードの核になっています．その種の経験は日常生活の中には無数にあって，それが対人関係を動かす上で重要な意味をもっています．そして，日常生活ではそれらの体験は言葉にならないままに生きられ，個人的な体験として自己の中に蓄積されることはあっても，他者からみればそのまま過去に消え去っていくことが多いものです．ですから，その体験を言葉にしなければ「間主観的に分かった」ことの存在そのものが他者には分かりません．だから人はそれを言分けるのですが，しかしそこには常に体験と言葉の乖離の問題があります．その揺らぎの中で，何とか自分に納得のいく，あるいは

手応えを感じさせる言分けに至ろうと努め，「さしあたりはこれでよいか」ということろで，他者に伝えられていくのです．

それは実践の立場の人の書くエピソードであれ，研究者の書くエピソードであれ，すべてのエピソード記述に当てはまる問題です．そこには自分にとって「これでよい」という上限はありません．しかし，「これでは読み手に分からない」ということはあります．そこで吟味を重ねて，「さしあたりはこれで分かってもらえるはず」まで洗練し，〈背景〉と併せて提示するときに，書き手に「間主観的に分かった」ことが，読み手に伝わるのです．

(2) 一人称の体験の記述という問題

エピソード記述そのものは，「事象の流れはかくの如くであった」と第三者的に見て書く客観的な面と，「私はそのときAの気持ちが〇〇であると間主観的に分かった」と書く一人称の体験の記述の部分が混在しています．一人称の体験の記述の部分は主観的だから駄目，恣意的だから信用できないというのがこれまでの学問の枠組みの扱いでした．しかしながら，本章で見てきた「間主観的に分かる」という問題は，恣意的に流れる危険，思い込みに流れる危険を認めながらも，それは対人関係を動かしていく重要なものだということを認めないわけにはゆきません．まず一つの岐路は，このような間主観的現象の意義を認めるかどうかに関わります．その上で，如何にしてその恣意性を免れるか，どうすれば他者に自分のその体験を伝えられるかが問題になるのです．

ある人の体験の一人称の記述は，その〈背景〉と併せて提示されるとき，それを読む人が自分を書き手に重ねて書き手の立場を了解する上でも，あるいはそこから自分の中に眠っていたさまざまな体験が想起される上でも，さらには他者のそのような生きざまから多くのことが啓発される上でも，人の生にとって重要な意味をもちます．それというのも，私たちは唯一無二の個として生きながら，同時にまた身近な人たちと仲間として共に生きているからです．他者はもう一人の私であり，私は他者にとってのもう一人のその人です．そこに，それぞれの体験があたかも私に生起した体験であるかのように経験される素地があります．それを媒介するのが共に生きる構えの下で感得される力動感なのです．

第1章で述べたように，私はこの数年，保育者が描くエピソード記述に多数接して，その人の体験とは，一人称で描く部分なのだということに改めて気づくことができました．そして保育者と子どものあいだの重要な営みは，ほとんどが一人称で描かれる保育者の体験にあるのだということにも改めて気づくことができました．そこから振り返ってみるときに，これまでの保育記録がいかにその保育者の体験の部分，つまり一人称で描かれる部分を切り捨ててきたか，客観的な記録にとどめようとするあまり，そこに生きる保育者の声をいかに消し去ってきたかを考えないわけにはゆきませんでした．これは現場の問題でもありますが，学問のパラダイムの問題もあります．

　ですから，保育者がエピソードを描いて，そこに自分の体験を一人称で描き込むとき，保育者は自分が保育する主体であることを再確認し，自分の声を取り戻すことができたと実感して，この試みに賛同してきたのだと思います．

　問題は研究者です．研究者が従来の学問の客観主義のパラダイムをあくまでも守ろうとして，当事主体が自分の体験を一人称で綴ったものを心理学から排除し続けるのか，それともそれを心理学にとって重要な基礎資料と認めるかどうか（本書で取り上げた保育者の描くエピソードを学問にとっての重要な資料と認めるかどうか）が問題なのです．

　これまでの客観科学は実証性，反証可能性を旨とし，すべてを三人称の出来事として，「誰にとってもそのように」というかたちで示す必要があるとしてきました．そのためにこの一人称の記述をほとんど排除してきたのです．しかし，これまで見てきたように，現実の対人関係においては，そこで生起する事象を当事主体がどのように体験しているかが何よりも重要な意味をもっています．特に，対人関係の中で相手について「自分がこのように感じた」「自分にこのように分かった」というような間主観的に感じ取ったことについての一人称の記述は，そこでの出来事を生き生きと伝える上でも，またその出来事を踏まえてその対人関係がある方向に動いていくことを考える上でも，重要な意味をもっていることを認めないわけにはゆきません．

　そのことを率直に認めるとき，本章で述べてきた間主観的現象は，二人（ないしはそれ以上の人たち）のあいだで何かが通じ，何かが分かち合われる重要な出来事として取り上げないでは済ませられないものだということが分かりま

第4章　間主観的現象の理解とエピソード記述　　　　　　237

す．特に二人の間で何かを感じ取る，相手の情動の動きがこちらに沁み込んでくる，相手の思いが分かるというように，そこでの体験を一人称でそのまま忠実に描き出すとき，そしてそれが恣意ではなく，気持ちを向け合う二人のあいだに生起した力動感の変化に根差しているのだということを強調したいときに，「間主観的に分かる」という表現が必要になってくるのです．

　しかし，確かにそれは従来の客観主義的な行動科学の枠組みには収まりません．そのような一人称の記述には，ほとんどの場合，客観的な証拠を提示できないからです．そのような事情にあってなお間主観的現象を扱うというからには，敢えて従来の行動科学の枠組みを越えた認識論を構えなければなりません．本章での試みは，従来のパラダイムに対決するための認識論といえるほど整理はされていませんが，しかし，間主観的現象を学問的に扱うための認識論の基本的な方向性は提示できたのではないでしょうか．

第9節　ある人が「間主観的に分かる」ことを分かること

(1)「間主観的に分かる」の構造と基底要因

　本章では，Aさんに「BさんがXと思っていることが分かる」という事態を取り上げ，なぜAさんにそのように分かるのかと問い，その答えを，AさんがBさんに気持ちを寄せ，Bさんに成り込む姿勢の下にあるときに，Bさんの表情，声，姿勢などの基底にある力動感（広義の情動）を感じ取り，それに基づけられて，それを**Xという意味**として捉えたからだと考え，そのことをAさんは「間主観的に分かった」のだと述べてきました．そのような「わかる」が生まれるのは，志向を向け合う二人のあいだで力動感が容易に通底，浸透するからであり，それはまた私たち人間が同型的に創られているからだとも述べてきました．そしてさらに，Aさんが「BさんはXと思っている」と間主観的に分かることが，その二者間の関係を動かす重要な意味をもち，そのようなことが多くの対人関係の基礎をかたちづくっていること，そしてAさんがそのように分かった体験を一人称で語らない限り，その体験に第三者が接近することができないことにも触れてきました．

上に述べてきたことのすべてが，私の間主観的アプローチのエッセンスであり，この「間主観的に分かる」ということは行動科学の枠組みでは捉えられない，私の質的研究の方法論の核心部分をなすものだと言えます．

(2) 普段の対人関係において「分かる」ことと，それに基づく対応の是非

上の(1)で述べたことは，私が研究者の立場で自分の間主観的に分かった体験を反省的に捉え直して行きついた結論です．もちろん，普段の対人関係でそのように「分かる」体験がいちいち「間主観的に分かる」と捉えられているわけではありません．普段の対人関係では，その「分かる」を言葉にすることなく，無言のうちにその「分かる」に基づいて次の対応を導いていっているでしょう．

しかしながら，実践においては，そのように「分かった」ことから導いた対応の是非が問題になったり，ひいてはそのように「分かる」こと，あるいは「分からなかった」ことが，その後の対応の是非との関連で問題になったりすることがしばしばあります．第6節や第7節で示したエピソードは，保育の実践の観点から見て，ため息が出るほどの素晴らしい保育者の対応だと思いますが，それはまさに当該の保育者にそのように「分かる」ことによっています．しかし，多くの実践は，そのようにエピソードに描かれることなく，時間の流れの中で，子どもと保育者の無言の関わり合いとして過ぎ去っていきます．これまでは公開保育の場などにおいて，ある人の保育を参加者たちがつぶさに見て，そこでの対応を振り返り，そのとき保育者は何を思ってその対応をしたのか，まずは当の保育をした当事者に自評というかたちで語ってもらい，その対応の基になった「分かる」の部分を語ってもらうのが，「分かる」と「対応」とを繋ぐ，ほとんど唯一のやり方だったと思います．それというのも，これまでは実践者が自分の実践を一人称で描くということがほとんどなかったからです．確かに，同僚との会話の中では，自分の「分かる」と「対応」との繋がりを語ることもあったでしょう．しかし，書かれた記録の中にその「分かる」から対応への繋がりを描くことはほとんどなく，「分かる」が自分だけに閉じられてしまっていたといえます．

第 4 章　間主観的現象の理解とエピソード記述　　　　　　　　　　239

(3) エピソード記述において,「間主観的に分かったこと」が描かれる

　第 6 節と第 7 節のエピソード記述を読んでみると，そこには私がアンダーラインを付したように,「分かった」ことと「対応」との繋がりが描き出されているのが分かります．そしてそれを書いたのは，それを意識するかどうかは別にして，その繋がりの大切さを読み手に分かってほしいからでした．ここに，エピソード記述によって,「間主観的に分かる」という一人の人間の体験，つまり，エピソードに描かれなければその人に閉じられてしまった体験が，読み手という他者に開かれることが分かります．逆に私たち読み手は，エピソード記述を通して書き手の個人的な体験に立ち会わせてもらえるわけです．当事主体に閉じられていた体験が，書くことを通して読み手に開かれるということこそ，エピソード記述の基本構造だと言ってもよいでしょう．

　ところが，本来は個人的な体験としてあったその「分かる」を，読み手に分かるように書こうとするとき，自分にはそのように分かったのだとただ宣言するだけでは，読み手の了解は得られません．読み手に分かってもらうためには，その「間主観的に分かった」こと，つまり経験していない他者には見えない，まさにその人にしか分からない出来事を，何とか分かってもらえるように描かなければなりません．その時の鍵を握るのが〈背景〉の記述と力動感の記述です．〈背景〉を書くことによって読み手を書き手の経験した場に引き寄せ，そこで感じ取った力動感を丁寧に描き出すことで，読み手にそれを共有してもらう可能性を拡げます．あるいは読み手の近縁の体験に訴えることを可能にすることもあるでしょう．前者の場合，読み手は自分があたかも書き手であるかのように自分を書き手に重ねてその体験を了解することができる場合もあります．また後者の場合，第 2 章の末尾で触れたように，その出来事の〈背景〉に入り込む中で，読み手に固有の「心の池」が用意されます．そして書き手がその力動感に基づけられて X として提示したその力動感の意味が，小石を投げ込むように読み手の「心の池」に投げ入れられ，その池に波紋を広げる場合もあるでしょう．その「心の池」は読み手によって，その大きさも深さも違います．ですから，読み手によって異なるその「心の池」に同じ「石」が投げ入れられても，そこに広がる波紋は読み手によって当然異なります．つまり，エピソードの意味の理解は読み手によって微妙に異なる可能性があるのです．

(4) 読み手にとって，書き手の「間主観的に分かる」が「分かる」とき

　京都大学を定年になるまでのところで私が書いたもののほとんどは，研究者である私がフィールドに臨んで「間主観的に分かった」ところを何とか読み手に分かってもらおうと，悪戦苦闘してきた内容です．エピソードを提示するとき，いかに読み手を説得するかにいつも意識があったと思います．ですから，「間主観的に分かる」ということも，私の体験を描き，それを読み手に分かってもらうという方向からしか考えてきていなかったと思います．つまり，それまで私はいつも書く側だったのです（といっても，私は自分の書いたものを読む最初の「他者」でもありますから，私は最初の「読み手」でもあったといわなければなりませんが）．

　しかしながら，定年後に保育の場に足繁く通い，保育者の求めに応じてエピソード記述の研修につき合い，それによって，保育者の描くエピソード記述に多数接する経験は，私を読む側におき，読み手として，保育者が「間主観的に分かった」ところをどのように理解（了解）するかという問題に幾度となく直面することになりました．

　今回，第6節，第7節に示した私のコメントは，これまでのような書く側ではなく，読む側として，自分以外の他の人の書くエピソードを自分がどのように読むかを，改めて考える機会となったことを踏まえてなされたものでした．それを通して，これまで私が述べてきたことが裏側から確認できるように思われてきました．

　実際，これまでは自分の体験にできるだけ忠実にと思ってその体験をできるだけあるがままに書いてきたのですが，他者の書いたものを読むとき，まず〈背景〉が詳しく書かれていると，私は容易に書き手の立場に身を置くことができます．そしてエピソードの本体部分で力動感が示されていると，読み手として何かしら同型的な力動感を感じることができます．ところが力動感が書かれていないと，書き手の体験の中身は〈背景〉から推察するしかなくなります．そして〈背景〉が薄いと，読み手としてその場に身を置くことが難しくなり，エピソードが理解しにくくなるのです．

　つまり，詳しい〈背景〉があって，その状況にすっと身を置くことができ（用意された書き手の舞台に立つことができ），その〈背景〉とも絡んで，書き

手が感じた力動感が伝えられると，そこに自分を重ねたり，さらには自分の過去の体験がおのずと引き出されたりして，それとの関連で「なるほどそうか」という理解が生まれてきます．時には読み手である自分にその事態が「間主観的に分かる」と思えることも少なくありません．つまり，読み手である私は，常に読み手の位置に踏みとどまるわけではなく，時には書き手の立場に，時には相手の子どもにいわば読み手が成り込むかたちで，「分かる」と思える場合さえありました．

そこから振り返れば，「間主観的に分かる」という，体験する当事主体に閉じられていたかに見えるその体験が，書き出されることを通して，まるで読み手自身の体験であるかのように思われてきて，身につまされたり，身に沁みたり，というふうに共感的な「分かる」が私の内部に生まれてきます．

(5)「間主観的に分かる」を職場内で吟味することの意味

さらにこのことは，保育園の職場の中でエピソードを読み合う場面に私が参加した折にも確かめられました．書き手の「間主観的に分かった」部分が，必ずしも他の職員に分からないことがままあるのです．その時，他の職員は「もっと〈背景〉を詳しく書いてほしい，〈背景〉が薄いので，その場面に自分が身を置けない」と発言したり，「このときなぜこういう対応になったかわからない，先生はそのとき子どもの気もちをどう捉えていたのですか？」と疑問を呈したりします．それは，〈背景〉が分からないので，その場面をイメージすることが難しい，書き手の気持ちの動きが分からないということに尽きるようなのです．

そういうことも起こりますが，職場全体で一つのエピソードを読み合わせることを通して，これまで黒衣の位置におかれていた保育者が，自分の声をもった一個の主体として甦り，保育の場での生き生きした様子を取り戻すことができることも事実です．またそのような読み合わせを通して，書き手は自分の「間主観的に分かった」と思ったことを再吟味し，そこで感じ取ったことをより詳細に描き直そうとしたり，〈背景〉を読み手に分かり易く書き直したりして，改めて「まわりの人に言われて気づいたことがあった」とか「書いてみて，改めて気づくことが多々あった」と述べることもしばしばありました．それは

また，一人の人間の体験を共に生きる者同士で分かち合い，共通の理解を築こうとする努力でもあったと言えるでしょう．
　ある人に「間主観的に分かった」ことが，そのまま読み手に分かるわけではないこと，時には読み手に「分からない」と思われることがあること，従って，その「分かる」を共有するために，読み合わせと討論が必要になること，こうしたことは，考えてみれば私が京都大学時代，大学院のゼミで繰り返しやってきていたことだと改めて気づかされました．そして「間主観的に分かる」という個人内の体験が，実際には他者に共有可能なのだということも，この間に繰り返しなされたエピソード記述の研修会を通して，実感することができました．このことが質的研究の方法論にも直ちに繋がってきます．

第5章・エピソード記述のこれから
―― インタビュー研究と事例研究に向けて

これまでの章では，他の人の書いたエピソード記述を読むという観点から，いくつか議論を重ねてきました．本章ではこれまでの議論を大雑把にまとめるとともに，エピソード記述のこれからを考える上で，今後是非とも深めてみたいいくつかの点に簡単に触れてみます．一つはインタビューや語り合いという対話場面から得られるエピソードを書き手や協力者の固有性という観点から掘り下げるという問題です．もう一つは障碍のある子どもや慢性疾患をもつ子どもの事例研究など，事例研究にエピソード記述をどのように活かすかという問題です．これからのエピソード記述の拡がりがそこから展望できそうに思われるからです．

第1節　これまでを振り返って

これまでの諸章での議論を大雑把にまとめてみましょう．

(1) 第1章のまとめ

第1章では，私が十余年のブランクを経て保育の現場に戻った経緯に触れ，そこで現行の保育に強い危機感を覚える一方で，エピソード記述が保育の世界に浸透したことによって多数のエピソード記述を読む機会を得，そこからいくつかの気づきを得ることができたことを述べました．それをまとめると次のようになります．

まず第1に，エピソード記述を読むことは，何よりも書き手の「声」を聴き届け，そこに描かれた事象，つまり，そこに繰り広げられる生の営みに入り込み，それを了解しようとする行為だということです．実際，〈背景〉を詳しく知り，エピソードに描かれるその個別具体の出来事に深く入り込むことが可能になれば，それによってそのエピソード記述に対する読み手の了解可能性が高まります．この議論を裏返せば，書き手が読み手に自分の書いたエピソード記述を分かってもらうためには，読み手を自分の体験の舞台に招じ入れることができるように，まずはその〈背景〉を示し，それからその出来事を読み手がイメージできるように描かなければならないということでもあります．このよう

にして，私たちは他者の書いたエピソード記述を読むことによって，実にさまざまな他者たちの生きざまに触れることができるようになります．これが何といっても，エピソード記述を読むことの第1の意義だと言えるでしょう．

　第2に，読み手はエピソード記述を読むことによって，そこに描き出された事象に入り込み，まずはそれを書くことになった書き手の意図を了解しようと努めるわけですが，しかしそれにとどまらず，示されたエピソード記述を一つのテクストにして，そこに読み手自身の固有の経験を重ねながら多面的に読むことも可能です．エピソードを書くことがまさにその人の固有の体験を書くことであるように，それを読むことも，その読み手の固有性をくぐり抜けるかたちで読むということなのです．

　実際，エピソード記述をじっくり読めば，たいていの場合，読み手自身のそれまでの経験がおのずから振り返られ，それを経験した際には気づかなかった新しい気づきがそこから得られることがしばしばあります．その意味では，他の人の書いたエピソード記述を読むことは，自分自身の経験から一つのエピソードを書くことに匹敵する意義があるとさえ言えるでしょう．要するに，書くこと，読むことに，書く主体，読む主体の固有性が絡んでくるということですが，この固有性の問題こそ，私が数量的アプローチを取らずに私なりの質的研究に向かう理由だということが改めて分かります．このことへの気づきを得たことが，エピソード記述を読むことの大きな意義だったと言えるでしょう．

　第3に，エピソード記述を読むことを通して，書き手の「声」が聴こえるような経験をしたことから，エピソードを書くというのは一人の主体の体験を書くことなのだということ，しかもその体験の中核部分を一人称で書くことなのだということが，かえって裏側からはっきり見えてきた感じがしました．体験を一人称で書くというのは，言葉にしてみれば当たり前のことですが，自分がエピソードの書き手であるときには，そのことをなかなか自覚することができませんでした．しかし，他の人の書いたエピソードを読むことによって，むしろそのことがはっきりと実感されてきたのです．そして自分の体験を一人称で書くということは，書く人が自分も一人の主体なのだということを再確認する契機になるということを含意しています．そのことへの気づきもまた，エピソード記述を読むことから得られたものでした．

第4に，書き手においてエピソードが立ち上がるのは，書き手の心が揺さぶられたからだということはこれまでにも何度となく触れてきたことですが，何人かの保育者は子どもの心の面の「なる」への変化に立ち会えたことを自分の心が揺さぶられたこととしてエピソードに書いていました．そのようなエピソードに出会えたことも，私にとっては，大きな意味を持ちました．

　私は最近の出版した著書（鯨岡，2011a）の中で，未来の大人である子どもは，今の「ある」を大人に受け止めてもらった喜びをバネにして「なる」へと向かおうとすること，そこに子どもという存在の不思議があることを指摘し，**「ある」から「なる」へ，「なる」が「ある」へ，そして再度，「ある」から「なる」へと変化していくことが本来の発達である**と主張しました．このような理論的な整理を考えていたからでしょうが，保育者の書くエピソード記述の中に，上記のような心の面の「なる」への変化を自分の喜びとして取り上げたエピソードに出会えたことは，まさに私にとっては，自分の理論的整理を裏付けてもらえたような気分，そう言ってよければ，確かな手応えが得られた気分になれました．

　それだけにとどまりません．このことへの気づきからさらに，能力発達の枠組みによって疎外された子育てや保育の現状を乗り越える契機がそこにあるのではないか，子どもの心の育ちに保育者や養育者が目を向け直す契機がそこにあるのではないか，ひいては，このような保育者の描くエピソードを多数集積していくことによって，子どもの心の発達をこれまでとはまったく新しいかたちで描き出せるのではないか，という考えさえ生まれ，今後の私の研究の方向が見えてきた感じさえしました．

　こうした第1章での議論は，以下の各章でさまざまな角度からもう少し踏み込んで議論されることになりました．

(2) 第2章のまとめ

　「エピソード記述から読み手に何が読み取れるか」と題した第2章では，他の人の書いたエピソード記述を読むことから得られる気づきは，読み手にとって一種の「生きられる還元」の意味をもつものであるという考えを提示しました．「生きられる還元」というのは，私の四半世紀前の処女作である『心理の

現象学』の中心概念ですが，これは要するに他の人の生きざまから自分の生が振り返られ，それまで気づかれなかった自分の足元が見えてくる経験を言うものです．実際，私の院生たちの書いた私にとって忘れ難いいくつかのエピソード記述は，まさに私にとって「生きられる還元」を迫る意義をもつものでした．そこから敷衍して考えれば，他の人が書いたエピソード記述を読むということは，単にその内容を受け取って理解すれば終わりというようなものではなく，そこから読み手の経験が振り返られてさまざまな新たな気づきが得られる可能性がある営みだということが分かり，その限りで，それも一種の「生きられる還元」であるといえます．そして読み手にどのような気づきがもたらされるかは，当然ながら，読み手の固有性が大きく関わってきます．こうして，『エピソード記述入門』で簡単に触れられた読み手の了解可能性という問題は，この第2章では**書き手の固有性と読み手の固有性の交叉**という観点から考察されることになりました．これはまた，私たちのエピソード記述の読みが，唯一の正しい読みを明らかにする方向を目指すものではなく，また多数の事象を概括する方向で一般的な言説を導こうとするものでもなく，あくまで一つの事象を掘り下げて，その多元的な生活世界的意味を掘り起こすことを目指すものであることを意味します．

　書き手の事象の把握の仕方や読み手の理解の仕方に影響を及ぼす各自の固有性は，ここでは各自の「心の池」という比喩で考えられて，ある出来事が書き手にどのように体験されるのか，また読み手にそのエピソードがどのように理解されるのか，その両者のあいだの了解可能性とズレの可能性は，両者の「心の池」の類似性と異質性という視点から考察されることになりました．

(3) 第3章のまとめ

　次の「エピソード記述からみた愛着・甘えの問題」と題された第3章では，私の関係発達論の立場から従来のアタッチメント研究を振り返り，ボウルビィのアタッチメント理論の展開の方向性は，はたして実り多い道だったのだろうかと疑問を呈する一方，私の関係発達論の基本的な人間の見方，つまり人間は自己充実欲求と繋合希求欲求という二つの根源的欲望を抱える存在だという観点から，愛着や甘えの現象が立ち現われてくる理由を考え，実際の保育の場の

中で生きる子どもたちの愛着や甘えに関する多数のエピソード記述を取り上げて，多面的な考察を加えてみました．これは，アタッチメント理論によって愛着や甘えに関する具体的な事象を安易に説明してしまう前に，まずは愛着や甘えという事象に深く入り込んで，その事象のもつ意味をしっかり押さえてかかることが必要だという，私の関係発達論の立場を表明するものでもありました．つまり，愛着や甘えという事象は「子ども―大人」関係の中において生まれるものであること，それゆえ子どもの愛着や甘えを受け止める大人側の姿勢や，大人側の抱くさまざまな思いと切り離せないこと，しかしこの点がアタッチメント理論では十分に議論されていないことを主張したのでした．

実際，子どもからの愛着や甘えを受ける大人の側は，自分がいま置かれている状況と，その子どもと築き上げてきたそれまでの関係の歴史と，自分自身の愛着や甘えの経験という，その大人自身の固有性をくぐり抜ける中で，さまざまな思いを抱くのです．そして，愛着や甘えに関するエピソード記述を読むと，そこでも書き手である当事主体の固有性と読み手の固有性とが絡み合って，そこにさまざまな思いを醸成するものであることが分かり，それらは少なくとも従来のアタッチメント理論では整序できないように思われました．そして，大人との関係の中で子どもが甘えを紡ぎ出すその仕方の中に，子どもの心の面の「なる」への変化がうかがわれるようにも思われました．

(4) 第4章のまとめ

第4章では，二者関係の機微に入り込むためには欠かせない間主観的現象を取り上げ，まず行動科学的に記述可能な，二者身体が間身体的に同期・連動・共鳴するという水準の間主観的現象と，私が問題にしたい他者の心情が「間主観的に分かる」という水準の間主観的現象とを区別しました．その上で，後者の現象は，「間主観的に分かった」（感じ取った）その体験を，その当事主体が一人称で描き出す以外に，その体験の外にいる第三者にはその現象の存在を確認することも，その現象のありようを知ることもできないことを指摘し，エピソードによってその体験を描き出すことが，唯一，その体験に他者が接近することができるルートであることを強調しました．

そのような議論を踏まえて，保育者の描くエピソードの中核にある「間主観

的に分かる」場面をいくつか取り上げ，それは二者間に生れた力動感を当事主体が感じ取りながら，それを何とか言分けるかたちで描き出されたものであることを示し，そこに書き手の固有性が絡んでくることを明らかにしました．そして，第2章でもみたように，読み手が書き手の「間主観的に分かった」場面が了解できるのは，読み手の「心の池」にその出来事が波紋を広げるからであること，それゆえに，そこにどのような波紋が広がるかという，その了解のありように読み手の固有性が絡んでくることを指摘しました．「心の池」が読み手によって微妙に異なる面と，読み手同士で同質の面があることを考えれば，それを読んだときに読み手同士のあいだで共通の了解が生まれる理由と，独自の理解が生まれる理由の双方が分かるだろうと思われました．

　この第4章では，書き手が「間主観的に分かった」ことを読み手がいかに了解できるかという観点で議論したので，子どもの側が大人の心情をどのように間主観的に摑んでいるかという問題には十分に踏み込めませんでしたが，それでも，それぞれのエピソードの読みの中で補足的に言及してみました．そして子どもが大人の心情を間主観的に摑んで何かの様子を示したり，何かの言葉を紡いだりした場面は，第1章で指摘した子どもの心の面の「なる」への変化を示唆するものになっていたと思います．この点をさらに深めていくことが，今後の私の課題の一つだと考えています．

＊＊＊

　以上が本書のこれまでのまとめですが，ここから，いくつか今後の課題が見えてきます．最後に指摘した，子どもの心の面の「なる」への変化を保育者のエピソード記述から多数取り出すことができれば，従来とは異なるかたちで，つまり心の面を重視して，子どもの発達を描き出す試みが可能になると思われます．それも今後の私の課題の一つですが，それに加えて，エピソードを書くことと，エピソードを読むこととを交叉させる本書の試みのキーワードが，書き手や読み手の「固有性」の問題であったことを踏まえると，この観点から，インタビュー法や語り合い法の方法論上の問題にも言及することができそうに思います．また，その固有性の問題は，書き手や読み手の「立ち位置」を議論することにも繋がるはずです．本書では「読む」ことに重点を置いたため，書

き手や読み手の現場に「関与する」そのあり方にはほとんど言及することができませんでした．しかし，『エピソード記述入門』で明らかにしたように，私のエピソード記述の方法論は，関与観察という観察の方法的態度と深く結びついたものです．この関わり手の「関与する」姿勢を問うことは，直ちに実践者や研究者の「立ち位置」を問うことに繋がるはずです．そのあたりのことも，今後深めていく必要のある私の課題です．

　最後に，いま「発達障碍」については百花繚乱の議論が繰り広げられていますが，私はかねてから，診断基準として示されているものは絶対的なものではなく，症候群診断の基準に過ぎないのだから，障碍の「特性」を既定のものとして安易に議論する前に，一つひとつの事例について，もっと丁寧に子どもの状態像を家族との関係を含めて多面的かつ縦断的に描き出す必要があると主張してきました．にもかかわらず，我が国の現状は，もう診断基準は確固不動のものであるかのように思いなして，それに基づいた対応を教示する漫画入りのハウツーものが出回るなど，こういう場合にはこういう対応をして，というような「分かりやすい」議論が横行しています．そういう状況であるからこそなおさら，「発達障碍」と呼ばれる子どもたちの生きる世界がどのようなものであるかを，もっと丁寧に描き出す必要があるのではないかと考えます．

　言い換えれば，健常な子どもとの比較から，その違いとして外部観察的に捉えられる「特性」ではなく，その子の生きる世界の特徴をその子の内側から描き出すような作業が必要ではないかということです．しかも，年齢が進むに連れて，当初の状態像が変化するという事実も視野に入れてそれを描き出すことが必要です．そのとき，一つの事例について，多面的（横断的），時系列的（縦断的）に描き出された複数のエピソード記述は，その事例の中心人物である子どもが周囲の人と共にどのような世界を生きているかを捉え，かつまた，その子と共に生きる人たちの苦悩や生きにくさ感をも同時に明らかにするものになるはずです．こうした点についても，今後，考察を深めていきたいと思っています．

　以上，本書のこれまでの議論から展望される今後の研究方向をざっとスケッチしてみましたが，この第5章では，今後の研究を展望する意味合いで，インタビュー資料と語り合いの資料を提示し，それを提示する人の立ち位置と，そ

れを読む人の立ち位置，つまり，書き手と読み手の固有性の問題に触れ，最後に，発達障碍に関するエピソードを一つ取り上げて，上に見たような私の問題意識の一端を示して，今後の私の取り組みの予告に代えたいと思います．

第2節 固有性という観点からインタビュー研究の問題を考える

質的研究という枠組みでは，インタビュー研究がもっとも多いのではないかと思います．一見したところ，インタビュアーが質問を向け，これに対してインタビュイーが答えたプロトコルを客観的な資料として提示して，それにあれこれ考察を加えて研究にまとめるという手法は，簡単に取り組める研究方法のように見えます．それがこの種の方法に基づく質的研究が数多くなされる理由なのでしょうが，はたしてこの方法はそれほど簡単な方法なのでしょうか．よく考えると，これは極めて難しい方法なのではないかという気がしてきます．本節ではこれまでの書き手と読み手の固有性という問題意識を踏まえて，インタビュー研究の問題点に言及してみます．

私自身はインタビュー研究を行っていないので，手持ちの資料がなく，私のかつての院生が自分の論文に取り上げた資料を用いて，それに考察を加えてみたいと思います．

(1) 私の院生のインタビュー資料から

以下の資料は『エピソード記述入門』に収録されている，当時私の院生だったAさんのインタビュー資料とその考察を若干アレンジし直したものです．Aさんは，多くのインタビュー資料の提示の仕方が，インタビュアーの相槌や合いの手を消去して，インタビュイーの語りだけをまとめて提示し，それに考察を加えるという体裁になっていることを批判し，インタビューのあるがままに接近しようと思えば，インタビュアーのそこでの対応のありようまできちんと提示する必要があるという議論をそこで展開していました．

この議論は，もちろん，私のエピソード記述の方法論の主旨に沿ったもので，「事象のあるがままに迫る」という現象学的精神にも合致した，指導教員の立

場から読んでも首肯できる内容でした．

『エピソード記述入門』の当該箇所でＡさんは，自分のオリジナルのプロトコルをまず提示し，次にそこからインタビュアーの相槌や合いの手を消去して協力者の語りだけを繋いだプロトコルを提示して，その比較をするというやり方をしています．ここでは，その議論を紹介するのが主旨ではなく，また両方の資料をそのまま提示すると長くなりすぎるので，ここではそこに収録した内容を少し切りつめて，Ａさんのオリジナルのインタビュー資料とその考察を中心に提示することにします．以下の〈導入〉は私が本書の読者のために，書き手であるＡさんと協力者であるＮさんについて，簡単に補足的な〈背景〉を示したものです．これがないと，このままではこの資料が読みにくいと思われたのがその理由です．

〈導入〉（私がまとめたもの）

　Ａさんはこれを書いた当時，私の大学院のゼミに所属する修士課程の女性の院生でした．当時Ａさんは癌患者のホスピスケア病棟にボランティアで通って，癌患者から癌が判明したときの心境，そのときの家族との関係のありようなどを聴き取るかたちで資料を集め，家族との生活の中で癌という病がもつ意味を明らかにしようとしていました．そこから関心が広がって，博士後期課程では緩和ケア病棟でのインタビュー研究から「家族の中の死」を考えようとした若手の研究者です．第2章に紹介した「母の威厳」のエピソードの書き手でもあります．このインタビューの時点では，まだ緩和ケア病棟での研究には携わっておらず，ホスピスケアのボランティア経験を経た段階でした．

　この日のインタビューは，Ｎさんの奥さんが甲状腺癌であることを知人から聞いてインタビュー研究への協力をお願いし，いずれ癌の当事者である奥さんにインタビューを行う予定だけれども，その前にご主人に奥さんが癌だと分かったときの経験をインタビューしようと思って出かけた折のものでした．ところが，ご主人のＮさん自身，7年前に大腸癌を患い，現在も検査や治療を行っていることが，インタビューの中で急に語り出されてきて，インタビュアーが戸惑いながら聴くことになったというインタビュー内容です．なお，プロトコルに付されたアンダーラインと記号は私が付したものです．

第5章　エピソード記述のこれから　　　　　253

〈事例の背景〉　　　　　　　　　　　　　　　　　　　　　　大学院生 A

　Nさん(男性，62歳)．1996年に全周性S字結腸癌を患う．現在，転移状況を調べるために血液検査を年数回，エコー検査を年1回行い，投薬治療中である．
　Nさんは大学時代に心理学の講義を取ったこともあることから，インタビューという手法を用いたこの調査に関心を示してくれていた．家族の一人(妻)が癌を患ったということについて質問をするつもりでいた私は，患者さん本人に話を聞くよりも楽な気持ちでいた．ところが，Nさんは，どういう話をすればよいのかといった内容についての話ではなく，手法についてあれこれ話をするばかりで，なかなか本題に入ろうとせず，どことなく内容に入って語り始めるのを躊躇しているような感じを受けた．話を聞きにくいな，というのが私の第一印象であったが，Nさんの語りは突然の自分自身の癌告白から始まり，それから癌の告知をどのように聴いたかを語り始めた．

〈語り：負い目〉

　N：どうだったろうかな？　うん．
　①私：うん
　N：大腸癌ってことは……やっぱりあの，癌っていうもに対しては，やっぱり，なんかこうあるんですよね
　②私：うん
　N：気持ちのなんていうのかなー，いずれ人って必ず死にますよね
　③私：うん
　N：ただ癌で苦しみながら死ぬだとか，癌を患っていることに対するなんというか言葉に言い表せないような負い目のようなものがあるっていうのかなー
　④私：負い目？
　N：うーん(深く考え込むように)
　⑤私：うーん
　N：負い目っていうか，確かに3割ぐらい，死亡者の3割ぐらいは癌ですよね，それから脳血管障害が17%か20%ぐらい，それから心臓の方が十何%ってことになりますよね，それで，多いんだからいいんだろうと思うんだけど，他の人と意思疎通があんまりないというか，そんなこと，あんまり重い癌だとかなんだとか話さないですよ
　⑥私：うん，うん
　N：だからね，結局相手は，周りのみんなはね，言葉はおかしいけれども健常者

ではないかって，健常者っていったらおかしいけれども，なんも病気をもっていないんでないかっていうような，それに対する負い目のようなものがね．
　⑦私：うーん
　N：感ずるんですよ．
　⑧私：うーん
　N：僕の場合はだよ．

〈考察〉

　この事例は修士論文に載せた事例の一部であり，私がもっともこだわりを持っている事例でもある．その理由の一つとしては，これまでインタビューしてきた中で，自分がインタビュイーにもっとも近づけたと思う瞬間があったからである．この近づけたという感覚が「分かる」ということと深い繋がりを持つと思われるが，まずは，この事例をどう記述するかで考えて見たい．

　逐語録をみてもらうと，私の発言のほとんどが，「うん」「うん，うん」「うーん」という相槌である．まずは協力者に語ってもらうということを第1に考えているインタビューの多くはおそらくこういうかたちで進められているのであろう．

〈私の相槌の裏面で動いている私の思い〉

　先の逐語録を見ても分かるように，私はほとんどNさんの言葉に相槌を打つ形で話が進んでいる．「うん」という言葉は，ここでは私にとって一番使いやすい言葉であった．インタビューの1回目ということ，Nさんから自分の癌の話を聞けるとは思っていなかったこと，聞いてしまうことへの後ろめたさなど，さまざまな思いがあって，Nさんとのインタビューにはまだまだ向き合えていなかった．Nさんは自分の告白を皮切りにどんどん言葉をつなげていった．話がどう展開されていったのか，私の返答を順に追ってみよう．

　まず①の「うん」は，Nさんが話をどう組み立てていこうか，整理する意味であり，自分の思いを語るということへの勢いづけの意味で出されたNさんの「うん」に乗せられるように言った「うん」である．そして②の「うん」は，Nさんの癌に対して何かあるという言葉を受けて，その後どう話が展開するのか読めない，「何か」ってなんだろう？　おそらく癌という病のイメージからくる負の感情の語りが続くのかな？　などと思いながら，どう言葉をつないだらよいのか迷いながらの「うん」であったため，勢いがない．そして③の「うん」はNさんが自分の気持ちを語ってくれるということが分かり，話の方向性が見えたこともあったが，「いずれ人って死にますよね」という言葉に引っ張られたかたちで思わず言ってし

まった「うん」である．Nさんと私は座卓を挟んで真向かいに座っていたこと，Nさんが長年教育関係の仕事をしていたこともあってか，しっかり私を見ながらのインタビューであったので，Nさんは私がどのように受け止めているのかを見て，言葉を繋げているようであったⓐ．④の「負い目？」という問い返しには，Nさん自身の中でも未消化な感じがしたこと，そして何よりも私の中で「わからない感」を強く感じ，思わず出た言葉であった．その後すぐの⑤の「うーん」は，「負い目」という言葉が一体どういうことを指すのか，私が持っている「負い目」という言葉とNさんから伝わってくるものに大きな開きがあるように思われ，この宙に浮いた——Nさんから出された言葉ではあるが，Nさんの内にも帰らないし，私の内にも染み込まない，両者のあいだで出た言葉ではあるがどこにも回収されないという意味でⓑ．——言葉をどう噛み砕くかを深く考え込んでなされたものである．そして，おそらくこの瞬間に，語りが大きく変化したのであろう．私の中のこの「分からない感」がNさんをもっと分かりたいと私の身体を開かせ，自分の口から出てきた言葉でありながら，自分の内面を表していないためにどこか違和感を覚えたNさん自身，この未消化の気持ち悪さを解消したい気持ちが重なって，語りに更なる勢いを持たせ，両者のあいだを一気に近づけたⓒ（少なくとも私にはそう感じられた）．⑥の「うん，うん」には納得の意味が込められている．そしてこの私の「そうですよね，分かる」という思いを感じ取ったNさんの語りは力強いものになり，さまざまな言葉を繋ぎながら，最終的に「負い目」という言葉に戻ってきた．そして少しは分かり始めた感じがしたNさんの思いが，やはり分からない，正確に言えば言語化されていない部分は何となく分かるのだけれど，語られた言葉が分からないという妙な感覚を覚える．そんな私を受けて，Nさんは「僕の場合はだよ」と言葉を繋いだのである．

〈「負い目」についての語りを巡って〉

Nさんが大腸癌を患ったのは7年前のことである．医師からも命に別状がないことは既に告げられている．しかし，癌という病のもつNさんなりのイメージがあり，今もそのイメージと格闘しているNさんは自分の思いを語り始めた．

癌患者の語りや手記を読んだことのある私は，「どうして自分だけが」という癌になった理由探しの場面が癌患者の語りに多く見られることから，そのような展開を思い浮かべていたのだが，Nさんの「負い目」という意外な言葉に改めてNさんとの距離を感じていた．「負い目」という言葉が何を意味するのか，癌という病と上手く繋がらない思いでいた私と同じように，「負い目」という言葉で表したものの，その言葉をもう一度自分の内に返した時に，自分の気持ちを今一つ表してい

ない違和感のようなものを感じたNさん自身が自分の表した言葉の意味を追いかけることになり，私もそれに付き合うことになった．この時の私は何とかNさんに近づきたいと思うのと同時に，自らの経験に重ね合わせてNさんの言葉を分かろうとしていたⓓ．

　Nさんの語りは，常に自分と他者の明確な区別によってなされていて，他者とは違う自分，少なくとも周りが思っている自分ではない自分という，他者の目からの自分の違いに迷いを感じているようであった．おそらくそれは，語りの冒頭の癌という病のイメージ，実際に大病を患ったことで対峙することとなった自らの現実味を帯びた死への思いをも孕んだ複雑に絡み合った思いである．他者との関わり合いの中でNさんが感じている思いというのは，例えば癌の話を全て語ったとしても解消されるものではないだろう．例えばそれは私でもなく，妻でもなく，誰でもなく，Nさんという人が癌を患ったという他でもない「私」のうちに起こったこと，決して他者に代わってもらうことのできないという意味においての孤独性を孕んだものである．そしてこのNさんの思いは，先にあげた癌患者の心理としてすでに明らかにされている「なぜ私が」という問いと深くむすびついているのである．

　以上，Nさんと私のやりとりがどのように行われたのかを私の返答を中心に見てみた．同じ「うん」という相槌でも，そこにはそれぞれ違った意味が含まれている．そしてその私の相槌は，現前しているNさんとのあいだでなされたものでありながら，私の内で考えていたことも繋がっている．

　この相手とのあいだで感じるということ，受け取るということが非常に大切である．その時に「〇〇」と受け取った自分の聞き方を考えていたり，後に記述を読みながら「〇〇」と感じていたけれど，別の感じ方がでてきたりするということで，その事象，相手を多面的に見ることができ，事象への理解が深まっていくのである．

　以上のようなAさんのインタビュー資料は，インタビューという営みを振り返った反省の試み（メタ観察）としては，十分に理解できるものだと思います．しかし私は，『エピソード記述入門』の当該箇所で，Aさんが試みたように，インタビュアーの相槌や合いの手を消去したプロトコルの提示では実際のインタビューの内容に迫れないという議論そのものはまったく首肯できるとした上で，Aさんの相槌の分析と「負い目」の考察に若干の疑問を呈しています．それは本書の文脈で言えば，私がこのプロトコルをどのように読んだかに関わり

第5章　エピソード記述のこれから　　　　　　　　　　257

ます．そこで，それを以下に紹介して，固有性という観点からインタビュー資料を読むことの議論に話を繋いでみたいと思います．

〈Aさんの考察への私のコメントの一部〉

　ところで，Aさんはここで自分の発した「うん」の意味を解き明かしていますが，カウンセリングなどの面接技法の観点からすると，相槌の打ち方はそれなりに難しいといわねばなりません．つまり，聞き手が自分の「ここ」で納得するときや，語り手の「そこ」に自分を重ねて相手の思いを確認するときなど，相槌も（共感のパターンといってもよいかもしれませんが）いろいろにあり得ます．「うん」をニュアンスを違えて相手に届けることができればそれでもよいのかもしれませんが，「うん」「ええ」「ああ」「そうですね」「黙ってうなずく」等々，相槌の打ち方は極めて多様です．そしてそれだけに，その相槌における自分の位置が極めて多様になり得るのです．「近づけた」というのが自分ひとりの納得ではなく，Nさんにとってはどうだったのか，「負い目」という言葉を巡るNさんの語りは，Nさん自身の中で腑に落ちなかったからだけではなく，Aさんの応接の在り方に話しにくさを感じさせた部分があったからではなかったのか，等々，ここでも脱自的な「第3の目」をもっと働かせてほしいところがあります．しかも，インタビューは待ったなしで動いていくものですから，そこでの応接のあり方は，ほとんどカウンセリング場面に近いものだといわねばなりません．インタビュー研究がインタビュアーを黒衣にする背景には，この自分の応接の部分が見えることへの都合の悪さも一役買っているのに違いありません．そこを批判する以上は，応接の際の自分の内面の動きに，今やった以上のメタ観察を加えていかねばならないと思います．

(2) インタビュー資料が提示されるまで

　さて，いま固有性という観点からインタビューの問題を取り上げようと思っているのですが，本書ではエピソード記述を書くことと読むことの両面から考えてきていることに鑑み，ここでは研究者がインタビュー資料をどのように提示し，読み手がそれをどのように読むかをまず考え，そこからインタビュアーとインタビュイー双方の固有性の問題を考えてみたいと思います．

　読む側からすれば，インタビュー資料はエピソード記述と同じく，一つのテクストとして読み進めることができます．ですから，そこにそのテクストの一

般的な読みと，読み手に固有の読みとが絡んできて，読み手の固有性の問題としてこれまで議論してきたことがそのままここにも当てはまります．

　この資料を提示する研究者側からすれば，この資料はすでにインタビューにおいて語り合われたものの中から，研究者にとって「これだ」と思われた核心部分が切り取られて提示されたものでしょう．それはエピソードが書き手に「これだ」と思われて立ち上がるのと類比的です．そしてエピソード記述の書き手が「これだ」と思われたその体験をどのように言分けるのかに書き手の固有性が絡んできたように，インタビューの場合にはインタビュアーがその語り合いの中でどのように自分の語りを紡ぎ出すか，つまり，どのように相槌を打ったり，合いの手を入れたりするかに，インタビュアーの固有性が絡んでくるというふうに言えると思います．

　ただし，エピソード記述の場合は，書き手に「これだ」と捉えられた核心部分は，こう書いてよいか，これ以外の書き方はないか，という吟味を経て書き直すことが可能ですが，インタビュー資料は，その語り合いのテープ自体を変更することはできませんから，「これだ」という部分はそのままプロトコルとして提示するしかありません．それだけに，インタビューの場面でどのように相槌をうち，どのように合いの手を入れ，どのように新たな質問をぶつけるかは，通常，「半構造化面接」と言われているインタビューの構造の中で，極めてスリリングな，先を読めない瞬間的な応接が求められることになり，まさにカウンセリング場面のセラピストの応接と同じように，その応接がインタビュイーの語りの展開の鍵を握ることになります．その応接の部分には，単なるインタビュアーという立場と，インタビュイーに向けられた問いというインタビューの基本構造を超えた，インタビュアーの固有性の問題が絡んでくると思うのです．

　同じように，インタビュイーの側の固有性の問題もインタビューの展開には重要です．先の「負い目」のインタビューでも，協力者は当初，妻の癌に直面した夫という立場であるとインタビュアーには想定されていました．それが覆されるかたちで語り合いが始まったというのは，このインタビューの場合には決定的に重要な意味をもっていたと私には思われました．Aさんの〈この事例の背景〉だけでは，この資料の読み手はすっとこの資料に入っていけないと思

い，あえて私が〈導入〉を書くことになったのはそのためで，AさんおよびNさんの固有性の一端を示しておかないと，以下のプロトコルが読めないのではないかと思ったからでした．このことが次の固有性の問題に関係してきます．

(3) インタビュアー，インタビュイーの固有性の問題

　先のインタビュー資料の最後の〈私からのコメント〉の中で，私はAさんの「うん」の分析を評価しながらも，しかし，インタビュアーの応接としてそれはどうだっただろうか，Aさんの応接の仕方の中にインタビュアーの「分からない感」が滲み出ているので，Nさんから「負い目」についてのさまざまな語り直しが生まれた可能性はないだろうか？　という議論を展開しています．カウンセリングの応接を念頭に置けば，もっといろいろなことが考えられるかもしれません．

　確かに，「負い目」という言葉を紡ぎだしてしまったNさんが，自分でも引っ込みがつかなくて，あれこれ語っている部分もあったに違いありません．それはAさんがその場で間主観的に摑んでいたことだろうと思います．そしてそこに，Aさんも書いているように，Nさんの固有性が表れていたことも事実でしょう．現に上記の資料の下線部ⓑやⓒには，そのことが示唆されています．しかし，そのNさんの語りに対してインタビュアーが「うーん」というかたちで差し挟んだ合いの手に，インタビュアーの「分からない感」が滲み出ていて，それゆえにNさんはさらに語り継ぐことになった部分もあったのではないでしょうか．院生のAさんは，インタビュアーの相槌や合いの手を除いて，ただインタビュイーが語ったことだけをまとめてプロトコルを提示することは，インタビュー資料の提示の仕方として問題だと指摘しているわけですが，それはその通りだと思います．そして，相槌や合いの手によって，インタビュイーの語りが引き出されているという指摘もその通りだと思います．

　しかしながら，そのように考えるのであれば，インタビュアーの応接のあり方はもちろん，インタビュアーがインタビュイーにどのように受け止められているかという，双方の固有性の問題にも踏み込む必要があったのではないかとも思われてきます．そのことは下線部のⓐやⓓに仄めかされているように見えます．つまり，インタビュアーが若い女性の大学院生で，インタビュイーがこ

の院生の父親とほぼ同じ年頃の男性で教育関係の仕事に就いていたというようなそれぞれの固有性，つまり，研究者と協力者という一般的な構図を超えて，インタビュアーとインタビュイーの双方の固有性とその交叉が，このインタビュー資料全体の展開を下支えしているのではないかということです．

　「癌の告知を受けたときに，あなたはどのようなことを思いましたか」という一般的な問いがインタビュイーに向けられ，それに対してインタビュイーが何とか答えようとするというのが一般的なインタビューの構図です．それに対する答えから，「一般に癌の告知を受けた人はこのように考える」というような一般的言説を導こうとするのが通常のインタビュー研究の成り行きでしょう．そのような場合，インタビュアーは問いを向けたところで自分の役割を終え，あとはインタビュイーの語りを記録するだけということになるのでしょう．そのように考えれば，相槌や合いの手はインタビュイーの語りにとってむしろ邪魔なものになり，ましてやインタビュアーの固有性を問題にする必要などさらさらないということになってしまいます．

　これに対して，関係発達論の立場でのインタビューの目的は，そのような一般的言説を導くことではなく，その告知を受けたときのその人のショックや，そのショックからの立ち直りの機微を家族との関係を絡めて丁寧に描き出して，「Ｎさんの場合はこのようであった」という，Ｎさんの固有性にとことん迫ろうとするのが私たちのアプローチの特徴です．これはエピソード記述の場合と同じです．つまり，一般的言説にまとめ上げる上に利用されて，その役割が終われば捨てられてしまうような資料としてではなく，あくまで個別具体の事例をその根元に向かって掘り下げ，その生活世界的意味を捉えようとする姿勢です．ですから，インタビュアーはインタビュイーの言葉が紡がれるその様子を自分の応接も含めて描き出し，その言葉の裏で動くインタビュアー，インタビュイー双方の思考の流れにまで迫りたいと願うのです．

　そこから振り返って見るとき，私がここで〈導入〉を挿入したことの意義が改めて明らかになると思います．私たちの求めるインタビュー研究は，不特定多数の人にインタビューをして，何らかの回答を求めるという性格のものではありません．あくまで，その人の回答がなぜそのようなかたちで出てきたのかを含めて理解しようと思うからこそ，インタビューに臨むのです．

(4) インタビュー資料を読み手はどのように読むか

　さて，先のインタビュー資料を読み手である私はどのように読むのでしょうか．まず，テープ起こしされた二人のやり取りを読み進める中で，私はエピソード記述を読むときと同じように，私をインタビュアーの位置に置いたり，インタビュイーの位置に置いたりしながら，この語り合いを読み進めます．そして読み手として，「うん」と書き出されている部分がどのようなトーンで言われたのか（院生のAさんは〈考察〉でそれを示していますが）が気になりながら読み進めるなかで，やはりNさんの「負い目」という言葉のところで引っ掛かり，読みが中断し，前に戻って読み直しがなされ，Nさんの思考の流れに従おうとします．

　もちろん，この資料はNさんの「癌の告知を受けたときの体験」の全体を取り上げようとしたものではなく，あくまでもプロトコルの提示の仕方の問題に議論の焦点があったわけですが，しかし読み手としてはNさんの語りの内容を何とか理解しようとして思考が動き始めます．

　その中で，読み手である私の固有性もその思考過程に絡んできます．Nさんはおそらく私と年齢がそれほど離れていない方でしょうから，私が癌の告知を受けて，若い女性のインタビュアーにその時の体験を語るように求められた場面を想像してみます．自分の娘のようなインタビュアーにそのような質問を向けられたとき，自分ならどんなことを考えながら答えるだろうかというような思考が，資料を読み進める過程に重なってきます．つまり，一般的な問いに答えるというのではなく，むしろインタビュアーとインタビュイーの関係性からインタビュイーの答えの中身も答えの仕方も微妙に方向づけられてしまうのではないかということです．インタビュイーと同じ歳格好の私がもしもインタビュアーとしてNさんの前に立って同じ質問を向けるなら，Nさんはまったく違った語り口調で，違った内容の答えを持ち出したに違いありません．

　そのようにして先のインタビュー資料を読んでいくと，私にはNさんの「負い目」という表現が何となく分かるようにも思えてきます．それまで同じ側（健常者側）にいて，というより同じ側にいるという意識さえないかたちで普通に生活していたのに，告知を受けた後の世界は一変して，「健常者の側」と「癌になった者の側」というように，世界がきっぱり二分されてしまった感じ

がしてきて，自分が予想さえしなかった「癌になった者の側」に押しやられてしまったという感じが生まれてきます．その感じが「負い目」という表現を紡ぎ出すことになったのではないかと思われるのです．ちょうど，第2章で慢性腎疾患の青年が急な入院を言われてショックを受けたときも，同じようなことを言っていたのが思い出されます．「負い目」という表現がそのように了解できると思えるようになると，今度は逆に，ⓐやⓓのAさんの読みがはたしてどうだったのか，私がコメントのところで示したように，NさんがAさんを気遣って，懸命に言い直した部分もあったのではないかと思われてきます．

　もちろん，ここではどの読みが正しいかを言おうとしているのではありません．いろいろな読みが可能な中で，そういう読みの可能性はないのかと言っているのです．

　このようなことを考えながら読み進めると，これまでインタビュー資料として提示されるプロトコルの問題が，院生のAさんの主張を超えて見えてくる感じがします．つまり，本来，インタビューのプロトコルは，インタビュアーとインタビューイーの関係性を離れてはあり得ないはずのものだということです．その語りの中身は，インタビュアーとインタビューイーが二人で共同して作り上げていると言っても過言ではないほどに，それぞれに主体である人の心に生まれるさまざまな思いが複雑に絡み合いながら展開をみるはずのものではないでしょうか．その両者が分断されて，インタビューイーの語りだけが「客観的な語り」として提示されることの問題は，Aさんの主張の通りです．しかしそれぞれの思いが生み出される背景にはその人の固有性があるわけですから，本来，インタビューはインタビュアー，インタビューイー双方の固有性が交叉する中に生まれ，しかもそこに読み手の固有性が絡んでくると考える必要があるのではないでしょうか．

(5) インタビュー研究の難しさ

　インタビューは，事前に用意した質問を協力者にぶつけて答えてもらう簡単な方法のように思われてきた面があると思いますが，上記のように考えてくると，実はきわめて難しい方法なのではないかという気がしてきます．インタビューは，まず何よりも，インタビュアーとインタビューイーのあいだのコミュニ

ケーションなのであり，単に紙に書かれた質問に答えを書き込んでいくような営みではありません．そこには双方とも，相手の質問の意図や相手の応答の意味を汲み取りながら，どのように次の語りを紡ぎ出せば相手に分かってもらえるかを勘案しながら，インタビュアーとインタビュイーは自分の質問や答えを考え，相手にそれがどのように届いたかを間主観的に読み取り，話の方向を変えたり，分からない点を突っ込んだり，双方が目まぐるしく思考を働かせて，そこにさまざまな語りが紡ぎ出され，それが織り成されていきます．本来，インタビューのプロトコルが示すのはそのような語り合いのありようでしょう．

　そこには双方の固有性が響き合っています．インタビュアーがインタビュイーとどのような関係に立つのか，同じ年恰好の同性としてか，異性としてか，年恰好は近いのか離れているのか，同じ仲間同士なのか，見知らぬ関係なのか，教師と学生という関係なのか，等々，それぞれの立場がおのずから醸し出す固有性はもちろん，さらにそれを越えて，当事主体ならではの固有性もそこに絡んでくるはずです．インタビュアーはインタビュイーの語り内容からはもちろん，語りのトーンやその表情から間主観的にいろいろなものを感じ取り，それに基づいて臨機応変に応接しながら，研究意図との兼ね合いも同時に考えていかなければなりません．

　その上で，話の展開を勘案しながら，インタビュアーとしての「立ち位置」をめまぐるしく変化させる必要も出てくるかもしれません．「いまはもっと近づいて」「いまは少し距離を置いて」「いまはこの角度から」というような立ち位置の取り方が，合いの手の入れ方，質問の向け方に反映されてくるでしょう．インタビューの展開がそのようなものだとすれば，そのプロトコルを当の研究者がどのように読み取るか（メタ観察）もまた，かなり複雑になってくるはずです．そして，膨大なインタビューのプロトコル資料から，自分の研究にとって「図」になるものを切り出す作業は，エピソード記述と同じように困難な作業になるはずです．

　しかしながら，先の「負い目」の語りのように，インタビュイーに固有の経験が聴き出されることは，インタビューならではの貴重な資料です．それは「一般に癌患者は」と概括される方向ではなく，むしろＮさんの固有性に向かって掘り下げていく方向性です．

ここではほんのスケッチ風の試みしかできませんでしたが，エピソード記述を読むことから導かれた気づきをインタビュー研究に広げるなら，少なくとも上記のようなことが考えられなければならないのではないでしょうか.

第3節　固有性という観点から語り合い研究の問題を考える

(1) Wさんの語り合いの資料から

以下に示すのは，第2章でも紹介した慢性腎疾患の子どもをもつ一人の母親でもあるC大学助教のWさんが，慢性疾患をもつ子どもとその家族がどのような困難を抱えてそれぞれの生涯発達過程をくぐり抜けていくかを，数々の語り合いや聞き取りの資料に基づいてまとめようとした研究資料の一部です.

第2章でも紹介したように，Wさんは自分の子どもが慢性腎疾患を発症してしばらくしてから，患者会である「キドニー・クラブ」を立ち上げ，以来，母親として，患者会の中心メンバーとして，また研究者として多くの患者やその家族に関わってきました．その中で，患者会のもう一人の中心人物のTさんとじっくり語り合う機会があり，そのときの語り合いの中身をテープ起こしして，それに考察を加えたものが以下の資料です.

〈前置き〉　　　　　　　　　　　　　　　　　　　　　　　　　C大学助教 W

　筆者は，慢性疾患の子どもをもつ母親の立場から，子どもと家族が抱える困難な問題を考えていこうとしている．その際，慢性疾患をもつ子どもと家族を，外側から距離をとって観るアプローチではなく，彼らと共に内側にあって，「感じながら観る」アプローチが必要であると考える．というのも，患者を治療する側の医療提供者や教育する側の教育関係者から見えているものと，患者やその家族の側から見えているものとが，かなり異なっている可能性があるからである．患者のQOLの改善や患者中心の医療を唱えるのであれば，患者の住む世界について，「言葉で言い表せない部分」，すなわち，「そうそうそう」と共感しあうことに象徴されるような感覚的な部分までをも含めて，理解する必要があるのではないだろうか.

　以上のような問題意識から，本研究では，筆者自身が患児の母親として体験したことや仲間から聴いた話をもとに，患者と家族の体験を詳細に描いていきたいと思

っている．きっとそこから，患者や家族がどのような支援を求めているのかがおのずから浮かび上がってくるだろうし，またそこから，小児慢性疾患に関わる人々へ何らかの提言ができるのではないかと考えている．以下に示す語り合いの資料は，患者会のメンバー同士で話し合ったときのものである．

　筆者は，昨年，患者会の発足以来17年間活動を共にしてきたTさんと，初めてじっくり話す機会があった．この会話は，研究のデータとして使用する可能性があったので，Tさんの了解のもと，録音してあった．以下は，それを逐語に起こしたものに考察を加えたものである．

〈背景〉

　Tさんの2番目の子どものYくんは，生後6ヵ月で腎不全になり，2歳で移植をした．その後，18歳で再び腎不全となり，19歳で2度目の移植をした．最初はYくんの父親がドナーとなり，2度目は母親のTさんがドナーとなった．2度目の移植から1年経過した昨年の夏，Tさんは自分の母親の介護のために，遠く離れた生まれ故郷にしばらく滞在することになった．私は，急にTさんの話をじっくり聞いておかなければという気持ちになり，Tさんが旅発つ1週間前に私が滞在している山荘に泊まりに来るように誘った．これまでいっしょに旅行に行くこともなかったし，2人だけで長く話すこともなかった．しかし，その日は時間の制約もなく，過去を振り返りながら延々と話をした．

　話題は，麻酔薬の副作用で子どもが躁状態になるという話になった．腎臓の検査のために幼い子どもが何度も麻酔薬(睡眠薬)を投与されると，だんだん効かなくなり，量が増えてしまう．そうすると，子どもは眠れなくなりハイな状態になるので，どの母親も，「うちの子じゃなくなっている！」とびっくりする．「なんでこうなるの？　大丈夫なの？」とTさんに相談してくる．そんな時，Tさんが「薬中(薬のせい)だよ．1ヵ月，2ヵ月経って何にも検査しなくてほっといたら普通になったよ」と説明すると，安心して動揺が治まるという話だった．

　Tさんは，「今の母親は学力が高いから，理詰めできちんと説明すれば，自分の気持ちをある程度整理できる」と言った．私は，「いつも理詰めで話すTさんらしいな」と思いながら，「あれ？」と思った．「理詰めで説明すれば」という部分に引っかかりを感じたのだ．理詰めで説明するのは，医師がいつもやっていることではないか？　それなら，Tさんが説明しなくても，医師の説明で納得するはずじゃないか？　矛盾している！　それを指摘したら，Tさんは一体どう答えるだろうか？　と，少しいたずらっぽく，Tさんを試すような気持ちも混ざりながら，私はわざともったいぶった口調でゆっくりと質問した．(W:私，T:Tさん)

エピソード1:「からだの中に入ってきてないの」

W「でもさあ，そうしてみると，先生(医師)は説明してるはずなんだけど，それがー，先生の説明の仕方では，理解されてないってことじゃない？」

T「あのねえ，理解してないんじゃなくって，あのね，からだの中に入ってきてないの．」

W「うん，だからさ，からだの中に入ってきてないってことは，先生の方法では，その説明の仕方では理解されてないってことじゃない？」

T「あのねえ，理解っていうのとからだの中でこれがこういう状態になるっていうのとは違うと私は思う．例えば筋肉痛にしても，運動力学とか教えられても，勉強している間は痛くもなんともないよね．ノート上の知識があって，ここまですれば物理的に痛みが出るということは頭でわかっていても，実際にどういう痛みが生じるのかは，やってみて動かして，初めて筋肉がそういうふうに悲鳴をあげなければわからないよね．この筋肉痛の状態が，お母さんたちが抱える恐怖だと思う．筋肉痛で痛い痛いっていう．」

W「そうするとさあ，その感覚的な理解……．感覚的な理解の説明と，脳だけの知識だけの理解の説明とは違うってことじゃない？　だって，あなたは別に，あなたの子どもを連れてきてね，おんなじ状態を見せてね，説明したわけじゃないでしょ？　あなたは言葉で説明して，それがお母さんに感覚的に入っていくわけじゃない？」

T「うん，うん」

W「だから，私が言いたいのは，医者が説明してる仕方と，Tさんが説明してる仕方は違うんではないのっていうことなの．感覚的に入る説明の仕方をしていったんじゃないのっていうこと．」

T「うん，それが医学的な説明として正解かどうかってことは……．正解かどうかって言われれば．それはいっしょじゃないと思うんだよね，私．」

W「だから，やっぱりさあ，お母さんが感覚的に，ストーンと落ちるような説明の仕方をしなきゃいけないってことじゃない？」

T「うん」

W「それを医者がやる，やらないはともかく，要するに医者は，おんなじことを言ってても，知識として理解，脳に理解されていても，それが感覚的にわからないから不安が鎮まらないってことでしょ？」

T「うん」

第 5 章　エピソード記述のこれから

　W「でも，その不安を鎮めるためには，その感覚的に入っていくような説明をしなければいけないってことでしょう？」
　T「……そうだね．でも，それ自体は，あのう，医者が説明できることなのかどうなのか，私にはわからない．」
　W「だからさー，そこは，やっぱりあなたは経験してるから．あの，言葉の重みが大きいのよ．」
　T「で，キドニー［クラブ］という活動が，そういうところでは必要なのかなって．」
　W「そうそうそう．だから．」
　T「おんなじように説明できるってこと．」

〈メタ観察〉

　私がわざとゆっくりとした口調で質問すると，Tさんも，もったいぶった口調で，まるで子どもに教えるように，「あのねえ，理解してないんじゃなくて，あのね，からだの中に入ってきてないの」と言った．私は，「そう！　それ！」と思った．私も，同じ病気の子どもをもつ母親と話していると，相手の話を聞いて自分のことを話しているだけなのに，「気持ちが楽になりました」とか「救われました」と言われることを度々経験している．なぜなのか？　なぜ同じような経験をしているとそうなるのか？　不思議に思っていた．Tさんは，医師の説明は「からだの中に入ってきてない」と言う．逆に言えば，私たちの説明はなぜお母さんたちの「からだの中に入っていく」のだろうか．
　実は，Tさんの「からだの中に……」の発言まで，私はTさんのそれまでの理路整然とした説明の仕方には反発する気持ちがあった．Tさんは患者会の集まりでも，どちらかと言えば威圧的に，理詰めで語るので，Tさんの話についていけない参加者もいる．だから，「理詰めで話せば気持ちを整理できる」という部分には賛成できなかった．だから，「理詰めなら医者と同じ方法じゃない？」と少し意地悪な質問をTさんに向けてみたのだった．しかし，Tさんから，「からだに入ってきてない」という答えが返ってきたとき，私は，「そうだ！」と思った．Tさんは，ちゃんとわかっていたのだ．すっかりうれしくなった私は，それを「感覚的に理解できる」という私の言葉に置き換えて，「あなたの言いたいのは，こうでしょう，こうでしょう」と迫っていく．しかし，Tさんの「からだに入っていく」と，私の「感覚的な理解」というのは，少しズレがあったのかもしれない．話している時はそれほど気づかなかったが，逐語に起こした会話を読み返してみると，この時点では，

Tさんはあまり話に乗っていないようだ．Tさんは，むしろ自分の説明と医師の説明とがどう違うのかを吟味する方向に考えが向いているようである．最後の，「おんなじように説明できる」というのは，「同じ経験をもつ者が説明する」という意味ではあろうが，同時に，「自分の主観に流されず，いつも同じように，即ち，ある程度客観性をもって説明する」という意味を含んでいるようにも思われる．Tさんはきっと，両方必要なのだと感じながら話していたのではないかと思う．
　いずれにしても，ここまで，私とTさんの間では，おおよその部分では了解しているが，少しズレがあり，話がかみ合っていない．そして，次の会話に続く．

　エピソード2：「なんとなく，そうそうそうってとこがあって」
　W「だから，感覚が……．そのときの不安を私たちも経験してるし，不安になったこともわかるのよ．それでも，その先どうなるかってことも経験してるから，だから重みが違うのよ．」
　T「たぶんね．もっと具体的に，お母さんたちのからだの中で，『こういう状態』と私が説明している言葉が，自分の子どもの症状とクロスするときがあって．」
　W「一致するんだよね．」
　T「うん．なんとなく，そうそうそうってとこがあって．」
　W「あ！　そっかそっか！（笑い）」
　T「言葉では言い現せないけど，このお母さんが言ってることは，私も感じたことがある．」
　W「『そうそうそう．だから，こうなるでしょ』って．細かく言わなくても，こっちもわかってるから，『そうそうそう』って．逐一言葉で表現しなくても，経験が合致するんだよね．」
　T「たぶん，そうだと思う．」
　W「だから，ぴったり．あ，この人おんなじこと経験してるって．で，将来どうなるのっていうのは説得力あるよね．」
　T「だから，その先のことを言われても，お母さんの想像がそっちに行きやすいのよ．」
　W「行きやすいよね．」
　T「私とおんなじレベルにもっていきやすいのよ．」
　W「そうだね．『あ，そうそうそう』があれば，『これからどうなる？』ってことは，聞けるよね．」

第 5 章　エピソード記述のこれから　　　　　　　　269

　　T「『そうそうそう』から始まると，お母さんは，自分の経験と私の経験がいっしょだと確認できるもんだから，その先の想像が私の部分に入ってこれる．」
　　W「あー，だから導きやすい部分があるね．」
　　T「だから逆に危ないのよ．」
　　W「うーん．だから的確に．」
　　T「そうそう．ほんとに的確に．お母さんの心情は聞いてあげられるけど．情報として的確に物事を伝えられるのは，こういう会があればこそかなと思ったの．」

〈メタ観察〉

　「経験しているから言葉の重みが違う」という私の言葉から，Tさんは「からだの中に入っていく」ことを，「お母さんたちのからだの中に，私が説明している言葉が，自分の子どもの症状とクロスする」と，具体的に説明した．そして，「クロスする」という言葉を，私が「一致する」と言い換え，そこから，「なんとなく，そうそうそうってとこがあって」という言葉が導き出された．「クロスする」→「一致する」→「そうそうそう」の掛け合いは，ポンポン進み，『そうそうそう』という言葉は，私の中でピッタリはまった感じであった．だから，この『そうそうそう』で，私は掛け合いのときの緊張がふっとゆるみ，笑った．『そうそうそう』は，「なぜ，Tさんが理詰めで説明しても，お母さんたちとわかり合えるのか」という疑問と，「なぜ，同じような経験をした人たちは，互いに多くを語り合わなくてもわかり合えるのか」という疑問の両方を解くキーワードのように私には思えた．この『そうそうそう』という極めて感覚的で漠然とした言葉を媒介に，Tさんと私はより深いニュアンスまでわかり合えた"感じ"がして，その後の会話は軽やかに進んでいく．

　Tさんは，「言葉では言い表せないけど，このお母さんが言ってることは私も感じたことがある」という，自分が経験した"感じ"でつながりながら相談者の話を聞き，相談者も，Tさんの言葉がからだの中で自分の経験と「クロス」して，「そうそうそう」が生まれる．つまり，Tさんと相談者の両者が「からだ」で"感じ"ながら，経験を語り合うところから，両者の相互に了解可能な「そうそうそう」が共有される．そういう状態であると，その先の想像，つまり，相談者である母親が一番知りたい「この先どうなる」という部分に関するTさんの説明に，「入ってこれる」とTさんは言っている．つまり，「そうそうそう」という"感じ"を共有していると，将来の見通しという想像の部分に，母親たちがスーっと抵抗なく入っていけるということである．

しかし，その一方で，「だから逆に危ないのよ」とTさんはクギを指す．エピソード1の最後に，ニュアンスとして含まれていた「自分の経験や感じで話すことの危うさ」について，ここではっきりとTさんは言語化している．Tさんは，「経験によって感覚的につながること」の強さと危うさの両面を知っており，だからこそ，患者会という複数の視点からコメントできる場が必要だと言っている．

続いて，再び，医師の説明と患者どうしの説明との違いが話題になる．

エピソード3：「知りたいのは，我が子のことだけじゃん！」

W「だけどさあ．例えば，さっき，ノート上の知識って言ったけど．そういう知識で客観的に見たら，全部ケースバイケースっていう答えになるんじゃない？」

T「だから先生方は言わないんだと思う．」

W「そうそう．こうも言えるああも言える．でもね，あの，お母さんが知りたいのは，例えばね……」

T「我が子のことだけじゃん！」

W「そうそうそう（笑い）．そうなの！　だから，自分の子，どうなんですかってことが聞きたいんだよね．」

T「そうそう．でも先生方は，その子の個性とかいろんな症状とかあるから」

W「なんとも言えません！」

T「なんとも言えません！　わからないって言うじゃん．わからないって言われたら，私はどうしたらいいの！（笑い）みたいな．そういうところに悶々と入っていくんだけど．あのー，医者から見ていいか悪いかはわからないけど，お母さんにしてみれば，『うちの子はこうこうこうでした』っていうところを知りたいんだよね．」

W「うん，そうだね．」

T「たぶん，そのお母さんの想像力を私のとこまでもってこれるかどうかで変わってくるんだと思う．『そうそうそう』の部分が，きっと多ければ多いほど，私が言ってる先のことに，クッと入れると思うの．だから，私がよく，元気にさせるのは得意だよっていうのは，そこまで引き上げることができるっていう確信があるから．」

〈メタ観察〉

客観性を追求したら，結局のところ，「何も確かなことは言えません」というこ

とになってしまうということについて，私とTさんは合意する．私が「お母さんが知りたいのは」と言うと，間髪入れず，「我が子のことだけじゃん！」とTさんがつなげた．あまりにドンピシャだったので，私は笑う．Tさんも私も，医師から「先のことはなんとも言えません．わかりません」と言われ，「私はどうすればいいの？」と途方にくれたことがある．だから，このあたりはピタリと一致する．そして，私もTさんも，相談してくる母親の「私はどうすればいいの？」という戸惑いがよくわかる．そしてTさんは，自分が患児の母親にする説明が，医師から見て正しいか正しくないかはともかく，相談してくる母親たちを「元気にさせる」ことはできると言っている．この「元気にさせる」ということは重要であろう．薬の副作用で「うちの子どもでなくなっている」とオロオロしている母親の不安をとりあえず鎮めたり，「将来どうなるか」わからないけれど，それを抱えていかなければならない人たちを「元気にさせ」，何とか生きていこうという気持ちにさせることは，医学的に正しい説明をするのと同じぐらい，あるいはそれ以上に重要なことではないかと思う．

(2) 私からのコメント

　私がこの語り合いの資料をここに提示したのは，同じ患者会の中心メンバーで，同じ慢性腎疾患の子どもをもつ母親という共通項をもつ二人の対話が，微妙なズレを含みながら，共通部分を確かめ合ってお互いに納得し合うところと，それでいてなお，微妙なズレを完全には解消できていないところが，お互いが固有性を持った主体であることを際立たせていると思われたからです．

　Wさんの医療側対患者側という二項対立図式に照らせば，二人とも患者側であり，これまでの長い経験の中で医療側の対応の問題点をいろいろに考えさせられてきた二人です．そういう二人は，慢性腎疾患が発症して間もない子どもをもつ母親たちの不安や将来展望のなさからくる悩みを聴き，自分たちのこれまでの経験に基づいてさまざまな助言をする立場にある患者会の中心的メンバーです．そういう二人の対話なので，簡単に了解し合い，納得し合って，「そうそうそう」で終わりそうなものなのに，しかし，微妙な点ではズレを孕み，しかしその対話の微妙なズレがそれぞれにおいて自分の体験を振り返らせ，それをさらに掘り下げることに繋がり，そのようにして深い次元で再び両者のあいだに共通項が見出されて，了解し合える地平が切り開かれていくことが示唆されています．

我が子の状態像や将来について医者の説明を聴いても何かピンとこないし，患者側としてはそれ以上の説明を医者に求めることが憚られ，医者の言う通りにするしかないと思うことが多いところで，患者会の先輩の母親がそれを説明すると，何かストンと落ちるように納得でき，安心できるというのは，他の障碍や疾患を含め，多くの親の会の人たちが共通して認めているところです．特に障碍や症状が明らかになったばかりで動揺をきたしている保護者に対しては，同じ親の会のメンバーが自分のくぐり抜けてきた経験を語ることが，その保護者が一定の安心を得る上で一番の支援だということは，一般にも言われ，私もこれまで多数の保護者からそのような話を何度か聞いてきていました．

　しかしながら，なぜ患者会の先輩たちの話はよく理解できるのかという点は，これまで十分に掘り下げられてこなかったように思います．その点からすると，今の語り合いは，その間の事情が読み手によく分かるかたちになっていると言ってよいのではないでしょうか．同じ患児を持つ親の立場で，相手の体験についての語りを自分の体験とクロスさせたときに，そこに響き合うものがあって，「そうそうそう」と思えるというところは，まさに同じ立場の者同士の共通部分が浮き立つからでしょう．その共通部分の確認は，同じ立場，同じサイドなのだという思いを深め，自分だけが孤立していたと思っていたのにそうではないのだということを確認させ，同じ患者会の「私たち」という括りの中に自分を位置付けることが可能になります．それが「そうそうそう」の言葉に凝縮されているように思います．そのことが安心感を得るのに大きな役割を果たすのでしょう．「自分だけ」という孤立感から「自分だけではない」という連帯感に気持ちが切り替わることが，病気の告知を受けたショックから立ち直って，生活を前向きに整え直していく上に大きな意味をもつのだということがよく分かります．

　さて，この「語り合い」を医療側でも患者側でもない私はどのように読んだのでしょうか．「語り合い」の当事者の側に身を置いて考える時には，上に述べたようなことが当然ながら理解できます．しかし，これまでの固有性という概念を下敷きにしてみると，患者会の先輩の話が新参の保護者に安心を与えるという一般的な言説を超えて，それぞれの固有性がやはり気になってきます．つまり，たとえ「そうそうそう」と分かり合え，連帯感の中で安心感が得られ

るのが事実だとしても，それは患者会のメンバー同士が完全に重なり合うということではないでしょう．「そうそうそう」と分かり合えて共通部分が際立つ瞬間があっても，それぞれにはどこかに各々の固有性の残渣があるに違いありません．実際，同じ慢性腎疾患と括られても，症状の現れ方，再発の頻度，症状の重さなど，微妙な違いがあるのも事実で，それによって生活のしやすさや将来展望も微妙に違ってきて，「みんな同じ」とはいえません．やはり「自分の場合は」というように，自分の固有性を見つめなければならないときもあるはずです．現に個々の患者会のメンバーは，患者会の「うち」では同質性の中で安心感が得られても，普段は患者会の「そと」で生活しているのですから，やはりそこでは自分の立場の固有性が前景にでてくる機会が多いといわなければなりません．

　そのように自分の固有性を突き付けられ，結局は「やはり自分は自分でしかない」と再び思わせられるような経験を何度か経ながら，しかし再度，そのような各自の固有性に発する微妙な差異を踏まえた上で，やはり同じサイドに立つ者同士，共通項を確かめ合い，励まし合って生きていく姿勢を徐々に固めていくということなのではないでしょうか．「自分は自分」「私は私」でしかないのだけれども，しかしそれでもやはり「私たち」でもあるのです．

　おそらく，「そうそうそう」の分かり合いは，その浅い水準では，自分の固有性を消去して同質性の一体感の中に自分を溶かすかたちで生まれるのでしょうが，深い水準では，各自の固有性を踏まえた上で，再び同質性を確認する形で生まれるのでしょう．同じく「そうそうそう」と分かり合いながら，そこにはいくつかの層があるのだと思います．つまり，同じ患者会の立場としての同質性を確認しながらも，どこまで行っても「自分の場合」という固有性としての異質性が残り，それが実際の語り合いの中でさまざまに顔を出してくるということが，今の語り合いから読みとれます．

　そして新しく患者会に入ってきたメンバーが，同質性を確認できて安心することができた当初の水準から，「やはり自分は自分」と再度自分の固有性を見つめ，当初とは違う水準で患者会の他のメンバーとの「距離」を感じたときに，今度はより深い次元で再度連帯し合えるような支援が，患者会の指導的なメンバーには求められるということでもあるかもしれません．ですから，今のよう

な「語り合い」が紡ぎ出されるときにも，またそれを後に読む場合にも，研究者はその都度，自分の固有性と共に自分の立ち位置が意識される必要があるのではないでしょうか．

　それはちょうど，一つのエピソード記述を複数の保育者で読み合わせるときに，それぞれの保育者にさまざまな自分の固有の保育場面が喚起され，そこからさまざまな読みが生まれ，それが交叉させられながら，同じ保育者仲間としての同質性を確かめ合うことができる面と，しかしその保育者ならではの固有性が浮き立つ面の両方があり，それがさまざまな読みが交叉する中で，自分の中で徐々に収斂していくことにも似ています．そして自分が担任の立場なのかフリーの立場なのか，主任の立場なのかなど，自分の役割を含めて自分の立ち位置がその読みに影響してくることも明らかでしょう．

　以上が，私がこの資料を読んだときの感想です．ここでも，WさんやTさんにそれぞれ自分を重ねて読む一方で，私自身のそれまでのさまざまな親の会の人たちとの付き合いの経験が引き出されてきます．その中で，Wさんが〈考察〉で示したものが十分に了解できる面をもちながら，やはり読み手である私の固有性や書き手とは違う自分の立ち位置が絡み，Wさんよりは超越した立場から見えてくるものもあります．ですから，この資料もまた，一つのテクストとして他者の読みに開かれていると言わなければなりません．

　この資料はまさにお互いが対等な立場で語り合ったものであり，質問を向ける者，向けられる者という前節のインタビューにおけるインタビュアーとインタビュイーの関係とは違います．その語り合いをいくつかの局面で区切って，その語り合いの一方の担い手である書き手が，その局面のその語り合いの過程で自ら感じたこと，考えたことを〈メタ観察〉で提示することによって，筆者の立場でのいわば「読み」を示すという手法は，「語り合い」という手法の興味深いところです．つまり，語り合いの当事者の一方でありながら，そこから超越してその「語り合い」を鳥瞰する立ち位置をとり，その「語り合い」を一人の読み手として読むということですが，そこに当事者としての固有性と，鳥瞰して読む研究者としての固有性が重なってきます．他方，読み手は読み手で，語り合いの当事者の双方に自分の経験を重ね，また書き手とは違った立ち位置

から，読み手なりの「読み」を示すこともできるのです．

　ここでも簡単なスケッチしかできませんでしたが，「語り合い」の双方の当事者の固有性と，「語り合い」を取り上げる書き手の立ち位置，さらに読み手の固有性と立ち位置という問題は，今後の「語り合い」研究の中で是非深めて欲しい点だと思います．

第4節　発達障碍の事例をエピソードで描く

　最後に，本書のこれまでの議論で触れられてこなかったことで，しかし，エピソード記述が活かされる領域の一つとして忘れてならないのが，一つの事例を複数のエピソード記述で綴り，それによってその事例の全貌，とりわけ障碍の本態を描き出すという研究の進め方です．

　エピソード記述は，多くの場合，短時間のあいだに起こった目の前の出来事，つまり「いま，ここ」を中心に展開された出来事を取り上げるものです．もちろん，その「いま，ここ」が，「かつて」と「これから」という時間経過に開かれているがゆえに，〈背景〉が書かれ，〈考察〉のなかで「これから」に言及されるのですが，しかし，一つのエピソード記述だけでは，それがどれほどインパクトを持つものであろうと，それだけで複数の場面や長い時間経過で展開される事例の経過を掬い取ることはできません．一つのエピソード記述に複数の場面や時間経過を入れこもうとすると，エピソードがごちゃごちゃしてきて，何がクライマックスなのかが見えなくなり，書き手の言いたいことがかえって分散されて説得力を失う結果になることがしばしばあります．

(1) 時間経過の中で複数のエピソードを繋ぎ合わせる場合

　私自身は，自分の主張する関係発達論，つまり育てられる子どもと育てる親の両者の関係発達のありようを，多数のエピソード記述を時間経過の中で繋ぎ合わせるかたちで展開してきました．それによって，安易に一般的な発達の筋道にまとめられてしまうことの中に，これまで見逃されてきた重要な生活世界的意味があることを丁寧に掘り起こすことができ，手前味噌になるのを懼れずにいえば，従来とは一味違う発達研究を提示することができたと思います．

同じことは，障碍のある子どもに長期間関わる教師や研究者の事例研究にも言えます．特に，時間経過の中で，長期間子どもに関わった研究者（実践者）が，「いま，ここ」で生じた出来事をエピソードに綴り，その「いま，ここ」のエピソードを時間軸の中で繋ぎ合わせて提示する手法は，取り上げられた一人の子どもがどのように成長したかがかなりはっきり見えてくることからしても，かなり有力な事例の提示の仕方であるといえます．要するに，エピソード記述を時系列的にシリーズで配列して示して事例の展開過程を跡づけるという手法です．一つひとつのエピソード記述は，それぞれ「いま，ここ」において生じた出来事を生き生きと伝えるものですから，それが繋ぎ合わされることによって，あいだは飛び飛びになるかもしれませんが，時間経過における変化を生き生きと読み手に伝えることができます．これは事例の時間経過を安易にまとめてしまう研究に対して，それとは異なる重要な事例の提示の仕方ではないかと思います．それに，エピソード記述では，何ができるようになったかという目に見える変化もさることながら，何よりも目に見えない心の面の変化が，関わり手が間主観的に摑んだこととして描き出されるところに最大の特徴があります．現にこれまで，私が関係した養護学校の教員の描くエピソード記述や，通級指導教室に通う子どもの様子の変化を担当者が描いたエピソード記述は，単に行動面の変化のみならず，担当者に捉えられた子どもの内面の変化を描き出した重要な資料になっていました（鯨岡，2001, 2011a；鯨岡・鯨岡，2007a, 2009a）[注35]．

(2) 複数のエピソード記述を横断的に配置して一つの事例を多面的にみる

　もう一つ，事例研究にエピソード記述を用いる方法として，比較的短期間に起こった複数の出来事を別個のエピソードに描いて，それを重ね合わせて提示し，一つの事例をより広範に多面的に捉えようとする方法を挙げることができます．この場合，何らかの中心的なエピソードがあって，それは絶対に外せないけれども，それ単独で提示したのでは，その事例の全体像が捉えきれないというようなときに，その中心となるエピソードの前後に，それを支える他のエピソードを配して，より詳細かつ広範に，その事例の抱える問題を丁寧に提示していく際に有効な方法だといえます．事例研究は本来，(1)に見た時間経過

の中での変容を中心に展開されるべきものだと思いますが，そこに至る前段階として，いまみたような横断的なエピソード記述が「いま，ここ」の様子を捉える上で意義あるものになります．この「いま，ここ」の横断的なエピソード記述を基礎資料にして，それを積み重ねる中で(1)の縦断的な事例研究が目指されるのだといってもよいかもしれません．

　その意味で，「いま，ここ」で捉えられる子どもの様子についてのエピソード記述は，大掛かりな事例研究のための基本的な資料となるものです．ですから，その意義は決して軽くはありません．以下では発達障碍の一人の子どもについての「いま，ここ」の関与観察場面を取り上げて，そこに描き出されたエピソードから，発達障碍の子どもの生きる世界の一端を垣間見てみようと思います．そうすることが第1節の末尾でも述べた発達障碍に関する現行の研究に「蟻の一穴」を穿つ意味をもつと思われるからです．

(3) 事例の背景

　以下に示すのは，現在私の大学院のゼミに所属する一人の院生Hさんがゼミ発表のときに提示した複数のエピソード記述の一部です．この事例の〈背景〉は少々込み入っているので，私が大雑把に解説するかたちでその〈背景〉を示しておきたいと思います．

〈背景〉（私がまとめたもの）

　この事例の主人公のSくん(5歳児)は，書き手である院生Hさんの歳の離れた従弟にあたります．従って，母方祖父はSくんとHさんに共通の祖父，Sくんの母親はHさんの叔母(Hさんの母親の妹)という関係になります．Sくんは両親と父方祖父母，および妹のKちゃんの6人暮らしです．

　Sくんは1歳前から，Sくんの母親の姉であるHさんの母親が「何かこの子は変わっている」としばしば口にしていたようで，Sくんの母親も何かの障碍があるのではないかとかなり早い時期から気にしていたようです．そのこともあって，Sくんが幼い頃から，親類のあいだでもそのことがいろいろと話題になることがあったらしく，Hさんは早い時期からSくんの障碍のことが気になっていたようでした．そういうこともあり，またSくんの母親が自分の母

親の妹(叔母)で，それまでにも姪として叔母家族とは頻繁に行き来があったこともあって，Hさんは学部生の頃からSくんの家庭を訪問し，Sくんを関与観察しながら，Sくんの様子をエピソードに描き，また母親の困り感を描き出そうとして卒業研究に取り組みました．ちょうどSくんが3歳になって，いろいろと家庭の中でも対応の難しい状態が生まれ，医師から高機能自閉症の診断が下された前後の頃です．

家庭訪問してSくんに関わり始めた頃のエピソード記述を読むと，Sくんは確かに，何を求めているのかが分からない，何を言っても通じないというコミュニケーションの難しさがあって，一緒に遊ぼうと思ってもなかなか遊べないという状態であったことが分かります．母親もこれからのSくんの将来や発達のことが心配で，療育機関に通う中で，高機能自閉症についての勉強をするなど，不安と困惑を抱えた生活を強いられていたようでした．母方祖父はSくんがこういう状態を示すのは母親がしっかり言い聞かせないからだというような非難めいたことも時折口にしていたようで，それが母親にプレッシャーになっていること，それに対して，父親は比較的ゆったりSくんに対応していることが，卒業研究の多数のエピソード記述から読みとることができました．

そのような経過の中，Sくんはいろいろな言葉を話すようになる一方，その言葉の意味が大人にはなかなか分からない，部屋から出たがらない，特定のスーパーマーケットには入りたがらない，気分がこじれるとなかなか立ち直れないなど，高機能自閉症の教科書にぴったりの状態像を示し，周囲がさまざまな「生きにくさ感」や「困り感」を抱くことも起こってきました．しかしながら，まったく関わりが取れないかといわれればそうでもなく，身辺自立はかなり身についてきているし，いくつか接点が持てそうな感じのところも生まれ，いつでも関わりがうまく取れるとは言えないまでも，次第に関係が取れるようになってきたようでした．HさんにとってSくんはそのような存在と受け止められていましたが，しかし母親はHさんと同じようにSくんを見ているわけではないようで，突き放したような態度や，Sくんのサインになかなか気づかない鈍感さを示す場合もあり，それはSくんへの対応の難しさからくるものではないだろうかと考えながらも，Hさんとしては「どうして？」という疑問を抱かされてしまう場面もままあり，それを叔母であるSくんの母親にどのよ

第5章　エピソード記述のこれから

うに伝えたものか，Hさんは自分の立場の難しさ，つまり研究者の立場と姪である立場の両立にも悩むようにもなりました．

　大学院に進学後も同じように訪問観察を継続し，Hさん自身，いま述べたような悩みを抱えながら現在に至るのですが，そのような経過の中で拾ってきた数々のエピソード記述の中でも，一つの転換点となるような，Hさんにとっては印象深いエピソード，つまり，HさんがSくんの「生きにくさ感」や「困り感」に本当の意味で出会えたと思えたエピソードに行き着きます．それが以下に示す2つのエピソード記述です．Sくんは現在5歳児で，来年就学です．4歳児の段階では療育機関と保育園の並行通園をしていましたが，今は一般保育園への段階移行がはかられている状況だとのことです．Hさんによれば，「自分が接している限り，家庭での日常生活なら滞りなく送ることができ，Sが障碍のある子どもという感じは自分には必ずしもしないが，集団生活など外に出れば，いろいろと難しい事があるのだろうな，と予想がつくのも事実だ」と述べていました．

エピソード1：「たいひせんがないからできない」　　　　　　　大学院生H

　はみがきのとき，Sは歯ブラシをくわえたままおもちゃに夢中になっていた．なかなか磨こうとしないSを見て私は「シュカシュカしてよ〜」と声をかける．お母さんが「今日保育園で，はみがきの歌あったよね．どんな歌だった？　シャカ，シャカ……なんだっけ？」とSに教えてもらおうと尋ねた．するとSは「歌わない」と小さく呟いてから，顔を上げて私たちに「はみがきの歌があると，はみがきできない」と言った．「できないの？　なんで？　歌がいや？」と私が尋ねると，（ここでお母さんは自身がはみがきをするために席を外した）Sはごにょごにょと何かを言った後，はっとしたように「はみがきの歌があると，ぼくはたいひせんがないから，はみがきできないの」とはっきり話した．耳慣れない言葉であり，「たいひせん？」と私は聞き返すが，Sは「あのー，うぅぅ〜，ときどきなら，うー，大丈夫．いつもは，だめなの」と難しそうに唸りながらも，一生懸命説明しようとしている．「時々歌が流れるなら大丈夫なの？」と聞くと「ときどきでも，いっつもでも，うー，たいひせんがないからだめ」とS．「たいひせん」の意味がよくわからない私は「たいひせんってなに？（「退避」を思い浮かべ）逃げられないってこと？　避けられない？」とあれこれ言葉を出して意味を確認しようとするが，Sは

どう説明したものかというように「うぅ〜ん，うー」と唸るばかり．私も「違うのか，んー……」と，もどかしいながらも，Sが何とか私に伝えようとする様子を受けて，どうにか理解してやりたいと思い，唸りながら考えた．Sは何度も「たいひせんがないから」と繰り返す．「たいひせんってなんだろなぁ……」と私も困ってしまった．

〈考察〉

　このエピソードを描くときに「たいひせん」をなんともなしにスペースで変換した．すると「待避線」とすぐに出てきて，どきりとした．ちゃんと意味のある言葉なんだ，と急いで意味を調べたところ，「たいひせん」すなわち「待避線」とは，単線の鉄道などで，他の列車が通過するのを待つために設けられた線路という意味の鉄道用語のことであったのだった．このエピソードがあった翌日にようやくその意味に気付いた私は，心が躍るような，「これを誰かに伝えたい」という感動を覚えた．考えてみれば，この日一日，Sは「ぼくは特急」「ぼくは16両編成」などと言って，自分を電車に見立てて部屋を走り回って遊んでいた．電車であるSは，自分の走る「はみがき」という線路上に待避線がないので，後ろから走ってきた「歌」という電車を避けることができないということなのだろうか．どういう意味合いでSが待避線という言葉を使ったのかは完全にはわからないが，歌を聴きながらのはみがきができないという状況を「待避線」という言葉を使って私に伝えていたのだった．そして「待避線」の意味に気付いた私は，Sの言わんとしていたことのニュアンスがなんとなく理解できたような気がするのだ．回避せねばならない事態が迫ってくるというSの焦りが「たいひせんがないから」にはあった．単に歌が邪魔だからはみがきができないという意味なのではなく，歌に衝突されてしまう，歌を回避せねば自分に危害が及ぶという危機も，意味として含まれていたように感じられた．Sにとってのはみがきの歌は，はみがきをする際に回避せねばならない危険なものだったのだ．「待避線」の意味を知った私は，Sが自身の心の内を表現する上で，これほどまでに的確な言葉は他にない，これほどマッチした言葉はないだろうと，ひどく納得してしまった．

　Sが「たいひせんがないからできない」と言ったとき，歌がSのはみがきを阻害しているのだろうということは，その場では漠然とわかっていた．しかし，Sにそう返してもあまりしっくり来なかったようで，何度も「たいひせんがないから」と繰り返し，一生懸命に何かを伝えようとしていた．そんなSの様子に，単純に歌があるからはみがきができないというだけの意味ではないのだとわかってはいたものの，彼の中で何がひっかかっているのかよくわからなかった．もう少しでわかっ

第5章 エピソード記述のこれから

てあげられそうなのに,と私は一生懸命Sの話を聞き,「たいひせん」の意味するところを様々な表現で「こう? こういう意味?」といったように探ったのだが,Sにはどれもピンと来なかった.「待避線」だと気付いた今では,「逃げる」も「避ける」もそれだけではニュアンスに微妙な違いがあるのがわかる.もっと鬼気迫るという意味合いが含まれていたのだろう.しかし他の言葉に置き換えるのは難しい.Sが唸って考えるのも無理はない.

　普段は,Sの言葉の意味をその場で理解して返してあげたいと思っているのに,うまくいかないことがしばしばある.なので,「もう少しでわかる」寸前にいたそのときの私は,かつてないほどに真摯にSに向き合っていた.Sがたびたび口にする,私たちには意味を読み取ることが困難な言葉とは違って,今回の「たいひせん」という言葉には,私にとっては様々に漢字を当てはめ,意味が予想できる要素が詰まっていた言葉であった(逃げる・退くという意味での「退避」や,はみがきと歌のどっちを選択するかという,比べるという意味での「対比」,道もしくは物事の境目という意味での「線」,はみがきしながら歌えるようになるために戦う場という「戦」等々).私は思いつく限りの考えをもってSに色々に聞き返した.「待避線」の存在と意味を知っていればこんなお門違いな予想や質問は立たなかったのだが,普段は発言に対して色々と聞き返すと,伝わらないと見限って電車遊びに戻ってしまいがちなSが,なんとか私に説明しよう,わかってもらおうと私に向き合ってくれた.その姿を受け,私も「「たいひせん」にはとても重要な意味があるのだ」「なんとしてでも理解したい」と強い思いを抱き,Sに真っ向から向き合った.これは,「たいひせん」の意味が分かれば,S理解やSとの関係がより深まる,という私の信念からの態度であった.結果的にはその場では意味に気付いてあげられなかったのだが,「待避線」が彼のキーワードでもある電車に関する言葉であることに気付いたときには,なんとも言えない感動に満たされた.「あの時望ましい対応ができなかった」と後悔することが多い中,今こんなに清々しい気分でいるのは,彼が私に伝えようとしていたことをまるっきりではないにしろ正確にキャッチできたという実感や,なんとかして私に伝えようとしてくれたSに愛しさを感じたからだ.ここ最近は妹のKから私へのかかわりが多く,そちらに手一杯になってしまって,あまりSにかかわれていなかった.気分を落ち着かせたいから,手持ち無沙汰だから,単にこの遊びが好きだからという理由で,Sは電車遊びに没頭しているのかと考えていたが,彼は電車遊びの中で私の想像するところ以上にいろいろな考えを巡らせていたようだ.久しぶりにSと密にかかわることができた喜び,そんな中でSの中の大事な一端を発見したこと,それをもうすぐで理解できそうなところまできていたこと,そして,思いがけず「たいひせん」の意味

に気付いたことが，私にこのエピソードを即座に描かせる原動力となった．

　後日談になるが，このエピソードの次の観察の日，Sに「待避線の意味，わかったよ！」と伝えた．するとSは少しいたずらっぽくニヤリとしながら，「マック（マクドナルド）の待避線，あるよ」と私に返した．まるで私に，新たな問題を出して「待避線」の意味をしっかり理解しているか確かめようとしているような，どこか楽しげな様子だった．そんなSの様子から，私は何の疑いもなく「あぁ，マックには寄り道できるんだ」と理解した．前回のエピソード時の「待避線がないからできない」というネガティブな意味とは別に，「この待避線も持っているよ」というポジティブな意味が受け取れた．このやりとりから，S自身が何かをする行程のうちで予期せぬ事態や変更に対応するためには，「待避線」が必要だという気付きを得た．「待避線」はS自身が生活していく上での余裕の象徴とも捉えられる．

エピソード2：「みんなとおんなじ」

　※「たいひせんがないからできない」の続きのエピソード
　「たいひせん」の意味が分からないまま，聞き方を変えれば意味が掴めるかと思い，「はみがきの歌がなかったらはみがきできる？」と質問の方向を少し変えてSに尋ねると，Sは「いつもごはん食べた後，はみがきの歌が，うぅ〜，○○から，みがけないの！」と眉を寄せて困ったように訴える．私は「そういうときは，先生に歌を流さないでって言えばいいんだよ．僕はいやだって言っていいんだよ」とSが楽になれるような手段を教えるが，Sは「いえ……言えない……言えない！」と言って，ボールを抱えて体ごと後ろを向く．私は「言えないかぁ……」とどうしたものか，というように呟いた．Sは「……うたがあると，はみがきでき……」と途中で言葉を切った．「できない」と言いたくなかったのかと感じ取った私は，Sを擁護しようと「みがけなくていいよ」と返す．するとSは「あー！」と言って持っていたボールを床に叩きつけた．私の言葉がまずかったかとも思いつつ，どうしちゃった？　という意味を込めて「んー？」と聞いた．Sはボールを追いかけて「あぁ！」と言って再び投げる．「できない」という意味の言葉が嫌なのだと感じた私は，「(歌が)嫌だったらみがかなくていいよ」とできるだけ明るい声音で言った．Sは少し落ち着きを取り戻し，「ときどきなら，○○，いつもでも，みがく」と言う．「みがくの？」と尋ねると，「歌があっても，みがく．でも，たいひせんがないから，○○……」とSはうろうろしながら話した．お母さんが部屋に戻ってきて，Sの仕上げ磨きをして口をすすがせに行った．Sはお母さんにも歌があるとはみがきができない旨を伝えようとするが，お母さんは「水．ねえ．早くうがいして」と言って取り合わなかった．

第 5 章　エピソード記述のこれから

すすぎ終えて部屋に戻ってきた S が私に向かって「歌があっても，はみがき，できるようになったよ！」「ときどきでも，いつもでも，みがける！」と元気よく言った．私は先程までと正反対なことを言う S に驚きつつ，「え!?　みがけるの？そうかぁ〜……そうなのかぁ〜！」と，何はともあれ嬉しいよというように笑いながら返した．S は「ぼくははみがき，みんなと一緒に，できるよ．みんなとおんなじに，はみがきできるよ！」と一生懸命私に言う．私もそれに応えるように「そうだね．S もみんなとおんなじ！」と力強く返した．

〈考察〉

S は「できない」をとても気にしている．お母さんと 2 人で S について話しているとき，S ができなかったこと，うまくいかなかったことの話題になると耳を塞いで「あー言わないで！」「そういうこと言わないで」と言って嫌がる．自身でも「言えない！」と言って背を向けたり，「はみがきでき……」と後ろに続くであろう「ない」を切る等，S 自身に認めたくない自分があることに改めて気付く．また，できなくても S をちゃんと認めているよ，という意味で「みがけなくていい」と返すと，「できない」が嫌いな S は怒ってボールを投げた．「あぁやっぱり（「できない」という言葉そのものが）嫌なんだ」と改めて思った私は，責めているのではないんだということを伝えたくて，しなくていいという意味で「みがかなくていい」と返した．すると S は落ち着きを取り戻し，再び自分の思いを冷静に訴え始めた．ちょっとした言葉の違いではあれ，（「できない」と言われることに対してか，「できない」自分に対してか）イライラをボールにぶつけてしまうほど，S は「できない」を気にしている．これまで S が受けてきた周囲の接し方には，S 自身が「できないことはいけないこと」と受け止めざるを得ないものもあったことだろう．こちらに責める気はなくても，私たちからの「なんで？」「どうして？」という疑問そのものが，S に「できない自分」を突きつけて苦しめる言葉だったのかもしれない．

S は私に対してと同様にお母さんにも訴えるけれども，お母さんは特に受け答えもせず軽く流してしまった．その対応が気になりつつも，常に一緒にいる大人からしてみたら「まともに取り合っていられない」という気持ちがあるのだろう，と複雑な思いになった．S が私たちに伝える言葉は意味が掴みにくいことが多い．そんな中でも私はできるだけキャッチしようとするのだが，日常で共に生活していると，わからないから，と S の声を軽く流してしまいがちなのかもしれない．私たちにまともに取り合ってもらえないことのほうが多い S は，普段どんな思いを抱いているのだろうか．

口をすすぎ終えたSは，「いつもでも，ときどきでも，はみがきできるよ」と，最初とはうってかわったことを私に話した．ほんの数分の間に彼の中で何があったのだろうと疑問に思ったが，Sが自分で前向きになれたこと，それを私に「できるんだ」と半ば宣言のように伝えてきたことが，私にとっては喜びであった．「たいひせん」を作ったからできるようになったのだろうか．わからないことはたくさんあるが，Sが自身の成長を私に見せてくれたことに対して，私は手放しで喜んだのだった．
　しかし，Sの最後の「みんなとおんなじ」という言葉に私ははっとさせられた．Sがみんなと同じなんだと訴えてきた，認めてほしいという気持ちがあるのだと咄嗟に思い，Sがそう思っていることに対して切なさを抱きつつも，すぐに言葉を返さなければと思った．それは，ここでしっかり返してあげなければ，はみがきができるようになったSを否定してしまう，私は心から認めているよという気持ちが伝わらないかもしれないという思いからだった．しかしそんな「ねばならない」の思いだけではなく，私の「Sもみんなとおんなじ！」は，Sの認めてほしいという気持ちを真正面からしっかり受け止めよう，これがSの「はみがきができるようになる」への第一歩になるんだという確信を持って，Sの口調に合わせて力強く返したのだった．
　できるようになったという事実は喜ばしいことだが，その背後にある「みんなとおなじ」という言葉がSから出てきたことに切なさを感じた．現在，一般保育園への移行ステップ中のSだが，そこでの生活の中で，みんなと違う，みんなよりできないとS自身が思わずにはいられないことがあるのだろうか．「みんなと一緒にやりたい」と「できない，やりたくない」という両義的な気持ちに揺れ，それでもなおSは身近な大人とのやりとり，自分についての大人同士の会話，自分の扱われ方の中で，私たちが根底に持っている「高機能自閉症の子への対応」を感じ取り，劣等感を積み重ねてきたことは，想像に難くない．私たち大人は，そんなSを全て受け止めてあげられるような，嫌なことがあっても立ち直れるような，Sを癒す「家」であるべきだと，このエピソードを通して強く思った．
　このエピソード1の内容を口頭でお母さんに伝えた際，Sが「待避線」のことを伝えようとするがお母さんは取り合わなかったという下りで，お母さんは「え!?（Sが）そんなこと言ってた!?　全然聞いてなかった」と話した．「何か喋ってたような気はするんだけど……いかんなぁ〜……」と苦笑していたのだが，Sの言葉が聞こえていなかった自身に対する驚きと，どこか疲れたような様子が見受けられた．このエピソードの当日はSの声に耳を傾けないお母さんに「なんで聞いてあげないの？」と責める気持ちでいたのだが，Sに取り合わなかったのではなく，それ以

前にSの声がお母さんに届いていなかったのだ．目先のことに集中していると周りの声が聞こえなくなることは大いにしてあり得るが，はたしてこれはそれだけで説明できるのか．お母さんのこの発言によって，お母さん自身の心の奥底に潜む闇の一端が露わになったように思った．

(4) 私からのコメント

「たいひせん」がないから歯磨きができないと感じる一方で，でも頑張って皆と一緒に歯磨きができるようにならないといけないと思うSくん．それに気づけたと思うHさんと，それになかなか気づいてくれないお母さん．たった一事例ですが，自閉症圏の子どもが抱える「生きにくさ感」や「困り感」と周囲が抱える「生きにくさ感」や「困り感」が透かし彫りに見えるような二つのエピソードだったと思います．「たいひせん」がないと安心できないSくんに対して，私たち大人は他の子どもと同じように行動することを願い，それが実現されれば発達したと喜び，それが実現されなければ問題だとみなしてしまいがちです．そういう大人文化の中でSくんはこれからも生きていかなければならないのですが，しかし，皆と一緒が実現されることが本当にSくんにとっての「発達」なのでしょうか．大人の観点からではなく，Sくんの幸せの観点から発達を考え直す必要があるのではないでしょうか．このような問いを私たちはこのSくんの事例から突き付けられたような気がします．

この二つのエピソード記述を読んだ直後の私の感想は以上のようなものでしたが，少し引いて振り返って見ると，いくつか考えさせられることがありました．

まず第1は，高機能自閉症と言われている子どもの「生きにくさ感」や「困り感」がこの事例からかなりはっきりと見えてくる思いがしたことです．第2に，高機能自閉症と言われている子どもの状態像が時間経過とともにかなり変容するということについてです．第3に，私の主張する関係障碍という考え方は，子ども本人ばかりでなく周囲の家族をもそこに巻き込んで，家族もまたさまざまな「生きにくさ感」や「困り感」を抱くことになることをいうものですが，その点についても，この事例はいろいろと考えさせられるものがありました．そして第4に，Sくんが皆と同じようなことができるようになることを私

たち大人は願い，それを発達だとしてきたのですが，しかし他方で，それはこの自閉症圏の子どもには大きな無理を求めていることにならないかという疑問です．以下に順を追って見ていきたいと思います．

1) 自閉症圏の子どもの「生きにくさ感」や「困り感」について

「生きにくさ感」や「困り感」という概念自身，いろいろな理解があり得ます．行動科学の枠組みで言えば，例えば，トイレに行きたいのに行きたいと言えないのは，その子にとっては困ることだろうから，だからトイレ・カードを用意してそれを掲げればトイレだと告げたことになり，困り感は低減される，と考えるわけでしょう．この場合，その本人の内面でどのような「困り感」が感じられているかは問わないまま，外部の人間から見てその子の「困り感」はこうだと考えていることになります．私は，このように本人の内面＝主観における「生きにくさ感」や「困り感」を問うことなく，外部の者に推測できて，行動的な問題解決が比較的容易にできそうな場合を，子どもの「困り」と表現し，子ども本人が内面において感じている困難を「生きにくさ感」や「困り感」と表現して区別してはどうかと考えています．「生きにくさ感」というのは，「これが」と特定できないような漠然とした息苦しさや，馴染めなさや，圧迫感がいま自分の中にあることを指し，これに対して，「困り感」はその「生きにくさ感」が何かに凝縮されて，「これが」と言えるようなことを指すと，差し当たりは区別してみてはどうかと考えます．

実のところ，自閉症の診断基準は本人が何に困っているのかという観点から考えられているわけではありません．あくまで健常な子どもとの比較において，むしろ大人が共に生活する上で困るような事柄，つまりコミュニケーションが取れない，こだわり行動から気持ちを切り替えられない，言っていることがわからない，等々が障碍の内容として考えられていて，本人がどんなことで困るのか，何が難しいと思っているのかが診断基準に反映されているわけではありません．実際，障碍を抱えた本人が自分の体験を綴った書物を別にすれば，子ども本人の「生きにくさ感」や「困り感」は，これまでほとんど取り上げられてこなかったといっても過言ではありません．例外は，そのような子どもに身近に接した関わり手が，それを間主観的に感じ取ってそれを言葉にしたものが

散見されるだけなのが現状でしょう．

　そのような現状に鑑みるとき，エピソード 1 は，書き手が一種の「アルキメデス的体験」をしたかの如く興奮気味に書いているように，「たいひせんがない」というＳくんの表現は，彼が何に困っているかを読み手に分かりやすく伝えてくれている感じがしました．歯磨きの折に，保育園では音楽を鳴らし，子どもたちはその音楽に合わせて「シャカシャカ」と歯磨きをするのですが，Ｓくんはその音楽に追い立てられ，その音楽が自分にぶつかってくるような圧迫感を感じるのでしょう．追い立てられても，そこに「待避線」があれば，いつでもそこに逃げ込めるからぶつからなくて大丈夫なのですが，それがないから，だから歯磨きができないということを訴えているようなのです．

　電車好きのＳくんは，ビデオの映像の電車が向こうから接近してきてゴーッと目の前を通り過ぎていくときに，体を捻じ曲げるようにして，その通過を体感しているようだったとＨさんはゼミ発表の折に語っていましたが，自閉症圏の子どもの多くが独特の知覚様式，おそらくは鋭敏な相貌的知覚の様式をもっていて，通常なら，リズムに合わせて歯を磨くところで，その音楽が何か圧迫するように迫ってくるらしいことが想像できます．そして，おそらく，この歯磨きと音楽の関係ばかりでなく，高音域の人の声や低音域の人の声が苦手だったり，人が真正面から接近してくることが苦手だったり，暗い所が苦手だったり，雷が苦手だったりと，感覚的，知覚的な次元でたくさんの苦手なことがあるらしいことが，自閉症圏の子どもに関わる人たちの証言に窺われます．

　安心して逃げ込める場，「待避線」はまさにその「苦手なこと」を一時的に避けることを可能にする何かなのだと思いますが，いろいろな圧迫感や何かしら迫りくるものを感じたときに，多くの自閉症圏の子どもがそのような「待避線」を持っていないと考えれば，そこから彼らにさまざまな「困り感」が生まれ，それに対処しようとして，パニックをはじめさまざまな「問題行動」が生まれてくる可能性が考えられます．そしてそのように考えれば，従来のソーシャル・スキル・トレーニングのような対処法でこのタイプの障碍のある子どもに接していって本当によいのかという疑問が膨らみます．

　このように，本人の内面で感じられている「生きにくさ感」や「困り感」や「苦手感」を私たちが如何に分かってやれるかが自閉症圏の子どもに接すると

きの鍵を握ると思うのですが，そのことの一端が，このエピソードに顕著に表れているという感じがしました．私たちが自閉症圏の子どものことがなかなか分からないと思うとき，実は彼らはもっと深刻なかたちで，自分の思いが周りの人に分かってもらえないと思っているに違いないのです．そこを丁寧に押さえることなく，大人からみた子どもの「困り」を取り除く手立て，例えばソーシャル・スキル・トレーニングのかたちで考えられているものが，いま支援の具体的なかたちだとされているようですが，それが本当に子どもの支援に繋がるものなのか，それともそれは大人の対応のしやすさを目指すだけのことなのかという議論も，今のエピソードは深く考えさせるところがあるように思います．

　そしてもう一つ，そのような「生きにくさ感」や「困り感」が障碍に固有のものと固定的に考えると，なぜ時間経過の中でそれが「卒業」されていくかが理解できなくなります．それをどのように考えればよいのかも難しい問題ですが，ある程度，そのような場に慣れてきて，それほど怖いことにはならないという経験を積み重ねれば，不安をベースにした先の独特の感覚的，知覚的な鋭敏さが弱まると考えることができ，そうすれば，時間経過の中で，比較的安定してすごせるようになること，しかし，突然の予期せぬ出来事に晒されたようなときは，生来的な鋭敏さが再び前面にでることも生じる，というふうに考えていくことができるかもしれません．

　いずれにしても，彼らの生きている世界がどのようなものであるかを，いまのエピソードのように関わり手が丁寧に描いて初めて，子どもの内面的世界がようやく見えてくるのではないでしょうか．

2) 時間経過の中での変容

　〈背景〉にも書いたように，3歳前後の頃，Sくんは教科書に書いてあるような難しい状態像を呈していました．その時点で見れば，診断基準にぴったり当てはまる感じだったと思います．しかし，教科書に書いてあるような典型的なその状態像は，時間経過の中でどのように変化するのでしょうか．もしも脳の障碍から直線的にそのような状態像がもたらされているのなら，脳の障碍が改善されない限り，状態像に大きな変化は期待できないはずです．しかし，多

第5章 エピソード記述のこれから

くの自閉症圏の子どもは診断後の時間経過の中で，たいていは状態像の大きな変化を見せます．Sくんも例外ではありませんでした．院生のHさんは，現時点では，いわゆる健常な子どもに比べればいろいろな点で違うところはあるだろうけれども，実際に関わっていて，3歳ごろのような関わりにくさは今はあまり感じられないこと，こちらが分かろうと努めれば，かなりの点でSくんが何を求めているか分かるようになったこと，一緒にいて何か取り付くしまがないという感じはもうなくなったことを述べ，少なくとも自分とSくんとの関わりの中では「障碍がある」という実感はなくなったとまで述べています．

　おそらく第三者から見れば，Sくんには健常児との違いは明らかにあるでしょうが，身近に暮らしていると不都合はそれほど感じなくなったのだと思います．Sくんが分かり易く変化したのか，関わる側の間口が広がって関わる側にSくんが分かり易くなったということなのかは判然としませんが，とにかく3歳ごろの関わりにくさが大幅に変化し，そこにSくんの言語表現も入ってきて，随分と関わりが取り易くなったというのは，幾分割り引いて考えても，まず間違いないところではないでしょうか．エピソードを読んでも，確かに，独特の世界を持っているらしいことは分かりますが，同時に，かなりSくんの世界が見えてきて，関わる側に関わり易くなったというのはあると思います．

　そこから翻って考えれば，関係を取りにくいと大人の側が思っていたあいだは，Sくんも分かってもらえないと思うことが多く，関わり手が分かり易くなったと思えるようになったことは，Sくんにとっても周りの大人が分かり易くなったということでしょう．いずれにせよ，いわゆる「発達障碍」の子どもは時間経過の中で状態像を変化させていきます．そして，そこに，発達障碍の「障碍」を，発達性の障碍（時間経過の中で累積されていく障碍）と関係の難しさの中で拡がりをもっていく関係性の障碍との両面を考えなければならないと私が主張している理由があります[注36]．

　これまで，診断の入口のところでの診断基準が前面に出て，状態像が時間経過の中で変容することについては必ずしも十分に議論されてきませんでした．現時点で示される負の状態像がすべて脳の障碍からくるような乱暴な議論だけは避けて，脳の障碍から派生するのだろうと思われる世界の知覚の仕方の特異性が，周囲の対人関係に難しさをもたらし，その困難が，子どもにも関わる側

にも「生きにくさ感」や「困り感」を生みだして、それが時間経過の中で累積する面と(発達性の障碍)、関わりの中での困難が拡がる面(関係性の障碍)に結びつく結果、現時点での状態像がもたらされたのだという、障碍についての関係発達論的な理解を考慮してみてはどうかと思います．

3) 関係障碍の概念から保護者の問題を考える

「関係障碍」という概念そのものはいろいろな研究者が用いますが[注37]、親の関わり方が負の様相をもつので子どもに負の状態がもたらされるという意味合いで使われることが多いように思います．しかしそうだとすると、まるで親が悪者で、親のせいで子どもに負の状態がもたらされたかのように聞こえますが、私の言う意味での関係障碍は、子どもの障碍を起点に、関係をもつ営みそのものが難しくなって、それゆえ双方に負の状態が生まれることを言うものです．どちらが原因でどちらが結果だという議論ではありません．

このエピソードの場合も、院生のHさんは自分がSくんの下に感じることが、なぜ母親に感じ取れないのか、叔母であるからかえってイライラ感も募り、いつのまにか叔母を悪く見るようなところも生まれていたようです．それに対して私は、おそらくそれはSくんが幼い時から積み重ねられてきたSくんとの難しい関係の中で、お母さんにはそうするようにならざるを得なかった面があったのではないかとHさんと話し合ってきました．3歳までのところで、ごく普通に関わったのでは関わりが取れない場面が無数にあり、関わりを取ろうと焦ればますますイライラが募って、そうならないためにはSくんとのあいだに距離を置き、そこで何も感じないようにするしかないところに自然に追い込まれ、それがいつのまにか「作られた症状」になって、現在に及んでいるところはないかと私には思われたのです．これはこれまで私が障碍のある子どもをもつ何人もの親御さんたちと交わした対話の経験の中から導かれた一つの仮説だと言えば仮説です．つまり、関係の取りにくさというのは、双方に負の経験として累積され、かつまた拡がる可能性があり、それが双方の現在の状態像に深く関わっているのではないかということです．

このことが上の二つのエピソードにも窺えるように思われました．お母さんがSくんの言うことを聞いていなかったり、取り合わないことがあったりす

第5章　エピソード記述のこれから　　291

ることを，院生のHさんはいぶかしく思っているところがありましたが，Hさんの卒業論文に取り上げられた3歳頃の様子からすれば，何を言いたいのか分からない，何を求めているのか分からないというお母さんの苛立ちは，とても強かったに違いありません．その分かりにくさへの苛立ちを抑えるためには，いつのまにか「取り合わない」「聞かない」態度が一種の防衛機制として作り出されていった可能性があります．ここではこれ以上立ち入ることはできませんが，事例研究は本来，そういう障碍のある本人に関わる人の心の襞にまで分け入るようなアプローチが必要なのではないでしょうか．これも，手前味噌を懼れずに言えば，そこに迫るには，エピソード記述がその最上の方法ではないかと思われます．

4)「みんなとおなじ」への願いとその怖さ

エピソード2から，Sくんが皆と同じように歯磨きできることもあること，できないと思われるのは嫌なことが分かります．Sくんの気持ちの中で「みんなとおなじ」という気持ちが生まれることは，集団の中で「私は私たちの一人」として生きていく上で大事なことですが，それを手放しで喜んでしまってよいのでしょうか．手放しで喜ぶことの延長線上で，一つのことがこのようにできるようになったのだから，次はこれでしょう？　というように，次々に健常な子どもと同じことを求め，「やればできる」式の発想をすることに引きずり込まれてしまっては問題です．

もちろん，周囲の期待を感じたり，周囲と同じようにしてみたい気持ちが子どもの中に生まれたりして，子ども自身に「みんなとおなじ」を喜び，それを誇らしいと思うこと自体を問題にしようとしているのではありません．子どもの周りにいる大人として，子どもに「みんなとおんなじ」を求めて欲しい気持ちと，それが実現されればそれを喜ぶ気持ちが生まれるのは当然です．しかし他方では，やはりSくんにとっては，音楽が圧迫するように迫ってくる場合があること，どうしても苦手なことがあることを，やはり周囲の大人は認めていく必要もあると思うのです．感覚的な苦手を感じているのに，それに耐えて，音楽に合わせて「シャカシャカ」できるのがよいことと単純に考え，ひたすらそれを子どもに求めていくことは，このタイプの子どもにとって随分と負担で

あるに違いありません．そのような子ども本人の内面の「生きにくさ感」や「困り感」を見つめることなく，皆と同じように振る舞えば賞賛を与え，健常な子どもたちの世界にひたすら馴化させようと求めることはどうなのでしょうか．

　ここから先は私の子ども観や価値観に関わりますが，自分には世界がこのように見え，それゆえこういう状況は不安を感じるし苦手だ，それを周りに分かってほしいし，分かってもらえるとやはり嬉しい，そのように思って生きている子どもが発達障碍と呼ばれる子どもなのだと思います．そういう子どもの思いを理解しながら，子どもの中に結果として「みんなとおなじがいい」という思いが生まれたときに，その変化を周囲が喜ぶべきなのであって，ひたすら「みんなとおなじ」になることを子どもに目標として求めるべきではないと私は考えます．Sくんのこの二つのエピソードはそのようなことを私に訴えかけているように思われました．

＊＊＊

　いま，自閉症圏の子どもの「特性」を明らかにして，それへの対処法を考えるアプローチが花盛りです．このエピソードからもうかがえるように，自閉症圏の子どもは確かに分かりにくいところがありますが，共に生活する中で徐々に「分かる」面が増え，当初の「分かりにくさ」が時間経過の中で変化してくることも確かなように思われます．そのような自閉症圏の子どもの内的世界の問題をしっかり理解するには，いま院生のHさんがやってみせたように，まずもって自閉症圏の子どもの生きざまを克明に描き出してみることが先決ではないでしょうか．

　これまでは目に見える一般的な状態像を描き出そうとして，類型ばかりに目が行き，一人ひとりの固有性が十分に明らかにされてきませんでした．しかも，テスト場面や実験室場面での行動だけが取り上げられ，生活の場の中で，しかも身近な対人関係の中で，子どもと関わり手双方の「生きにくさ感」や「困り感」を中心にして，その機微を描き出す作業は，実は極めて乏しいのが現状です．いうなれば，「分かったような議論」を土台にして，それに屋上屋を重ねるような議論がこれまで重ねられてきたのではなかったでしょうか．その意味

では，今こそもう一度原点に戻って，生活の場の中で，子ども本人やその子に関わる大人が何に困り，何を苦手だと思い，何に躓いているかを，もう一度丹念に描き出す作業に精を出してみる必要があるように思われます．

注

第 1 章

注 1) 例えば，全国私立保育連盟の発行するブックレットの No. 8(2007c)3～31 頁には，〈「子どもは育てられて育つ」という素朴な視点から改めて「保育とは何か」を考える〉と題して，同連盟の機関誌である『保育通信』に 2007 年 1 月号から 6 月号まで連載された同じ題目の論文がまとめられています(鯨岡，2007c)．

注 2) 私の「エピソード記述」は他の人から「エピソード記録」と呼ばれることがしばしばありますが，私はこの二つを混同してほしくありません．私の場合，心動かされるエピソードを体験したその日に，自分の備忘録に書きとめられるその簡単な記録を「エピソード記録」と呼びます．これは自分の備忘録なので，忘れたくないクライマックス場面，特に子どもの心の動きを間主観的に捉えた部分や，その時に自分の胸に去来した思いなどを中心に，数行程度にまとめた記録です．こうした記録が備忘録集に書き貯められた後に，その中から，どうしても他者に伝えたいと思うエピソードを取り出して，そのエピソード記録に基づきながら，その出来事を他者に伝えるために書き直したものが「エピソード記述」です．このように，「エピソード記述」は最初から人に読んでもらうことを想定したものですから，登場人物やその出来事が起こる前後の出来事などを〈背景〉に示し，また〈エピソード〉もその出来事が読み手にイメージできるようにある程度詳細に書く必要が生まれ，また〈考察〉において，なぜそのエピソードを取り上げたのかの理由を示す必要もあります．この〈背景〉，〈エピソード〉，〈考察〉の 3 点セットをもって〈エピソード記述〉と呼んでいるので，単に保育の場面のちょっとした出来事を従来通りの経過記録や活動の記録として捉えたものをエピソード記録と呼ぶこととは，主旨が違うことを銘記してほしいと思います．それゆえ，本書ではくどくなることを懼れず，「エピソード記述」という言葉を多用します．

注 3) この点についての議論は鯨岡峻・鯨岡和子(2001)に基本的な考えを述べ，以来十年，いろいろな論考の中で言及してきたものです．昔，医療が充実していない時代には，子どもは感染症その他で簡単に命を落とす脆弱な存在でした．健康で元気であることを周囲の大人が喜び，その子の命を守ろうとする姿勢と気概が強くありました．子どもを前にすると常に何かをさせようと大人が身構える今日とは違って，元気で命あることが嬉しい，そういう存在を大事にしていこうというのが，古来からの子育

の基本的な構えだったと考えます．ここで「子育ての原点」と言っているのはそのことを指しています．

注4）　現在は保幼小連携が声高に叫ばれ，「学びの連続性」という，いかにも分かったような議論が横行していますが，そもそも，就学前と就学後に段差があるというのは，学校制度が始まって以来のものではないでしょうか．それなのに，なぜいまこの段差をなくしてスロープを作ってやるような対応を大人が考えようとするのか，私には理解に苦しみます．この点については，鯨岡(2011a)や学び論をまとめた鯨岡(2010b)の論考に私見を述べていますので，関心のある方はそれを参照してみて下さい．

注5）　私は『ひとがひとをわかるということ』(2006)において，主体概念に踏み込み，その際，子どものあるがままの姿を大人が受け止めることを「ある」を受け止めると表現し，他方で，子どもが大人になることに向かって一歩踏み出すことを「なる」に向かうことと表現するようになり，子どもという存在を時間軸において「ある」と「なる」の両義性を抱えた存在であると規定しました．「なる」は通常，目に見えて何かができるようになることと理解され易いのですが，ここでは心の面にそれまでとは違った動きが見られるようになることを指しています．例えば，後段の具体例に見られるように，それまでの，自分だけよければよいという自分中心の物の見方から，周りのことも考えてどうしたらよいかを自分なりに考えられるようになるというような心の面の変化です．これに関しては，主体という用語を解説している注9)や注10)も参照してください．

注6）　この度の保育所保育指針の改定にあたって，全国私立保育園連盟が「提言」を出すことになり，私を含めた何人かの研究委員で「提言」をまとめました．それを印刷したブックレット No. 7(鯨岡，2007b)『新しい保育所保育指針作成への提言』の第1部で，私は「保育が今，大切にしなければならないこと」と題して，その前文にあたるものを書いていますが(5～17頁)が，その中で，現在の保育を巡る状況に危機感を覚えることを訴えています．

注7）　私は『保育通信』の2007年5月号から2008年6月号までの計14回に亘って「〈エピソード記述〉を通して保育とは何かを考える」という論考を連載しました．これは2006年からスタートした保育の皆さんとの研修会から得た具体的なエピソード記述を盛り込みながら，できるだけ平易にエピソード記述のエッセンスを論じたものです．これを多くの保育者に読んでもらったことが，エピソード記述が保育の世界に拡がっていった理由だと考えています．

注8）　私にとって保育の場は私の関係発達論を組み立てるための重要なフィールドでした．本文にもあるように，島根大学時代には，私自身が保育の現場に深く関与して，それまでの保育者主導の保育を「もっと自由感のある保育」に変えようと試みたこと

がありました．しかし，今回のように京都市営保育所全体の保育を大きく動かすことにコミットすることになるとは，当初は考えていませんでした．けれども実際に保育を見て，二十年前に乗り越えたと思っていた保育を目の当たりにした気分になって以来，現在の保育の現場がこのままでよいとは思えなくなり，職員研修や巡回指導を一手に引き受けて，現場に深くコミットすることになりました．その意味では，これまでのアカデミックな研究姿勢から，一種のアクションリサーチを試みることへと私自身が一歩踏み出したといってもよいのかもしれません．

注9)「主体」という概念は本当に扱うのが難しく，『関係発達論の構築・展開』や『保育を支える発達心理学』などで既に私なりにその輪郭を描きながらも，本格的にこの概念を考察したのは『ひとがひとをわかるということ』(2006)においてでした．この本の中で，「主体」という概念は，主要には「私は私」と言える面と，「私は私たちの一人」と言える面の両義的二面性として，また，あるがまま（「ある」）を肯定してもらうことを希求する存在でありながら，それが満たされればその満足をバネにその「ある」を自ら乗り越えて，未来の大人に「なる」ことに向けて一歩踏み出す存在でもあるという，「ある」と「なる」の弁証法的な両義的存在として考えられています．この両義的な二面は，そもそも人間が自己充実欲求と繋合希求欲求の二つの根源的な欲望に住み着かれた存在であることから導かれてくるものです．そして主体をこのように考えるがゆえに，子どもを育てる大人の側の育てる営みにも，「ある」を受け止める対応としての養護の働きと，「なる」に向かおうとする子どもを導き促す対応としての教育の働きの二面という，これまた両義的な二面が必要になるという主張が導かれます．そしてそこから，対人関係は，子ども—養育者の関係であれ，子ども—保育者の関係であれ，子ども同士の関係であれ，すべて両義性を孕んだ主体相互の関係，つまり相互主体的な関係として考えなければならないとする考えが導かれます．本書においても，「主体」という概念は一貫してこのように多面多肢的な両義的概念として用いられています．第3章ではこれを図3で説明していますので本文の143頁も参照してください．本書ではこれまでに著した他の著書を半ば前提にしているので，十分に説明することなく，ここに解説したような内容を理解済みのものとして書き進めていることをお断りしておきます．主体概念については，『子どもは育てられて育つ』(2011a)にも詳しく記してありますので参照してみて下さい．

　なお，「私は私」と「私は私たち」という主体概念の両義性と「養護の働き」と「教育の働き」という保育概念の両義性は，次頁の図で理解できるのではないかと思います．

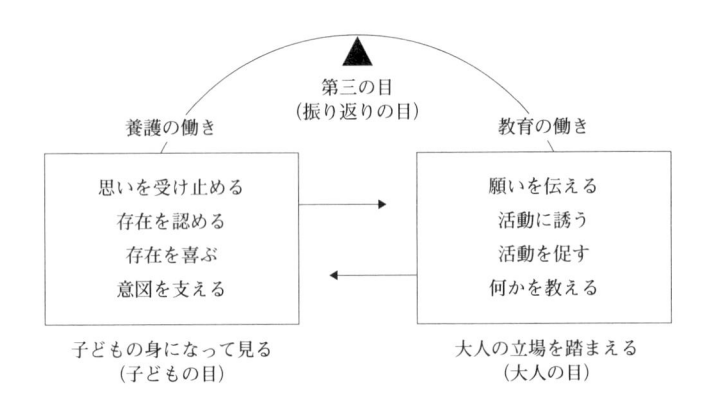

```
                          第三の目
                        (振り返りの目)
       養護の働き                       教育の働き
    ┌──────────┐                    ┌──────────┐
    │ 思いを受け止める │ ──────────→      │ 願いを伝える   │
    │ 存在を認める   │                  │ 活動に誘う    │
    │ 存在を喜ぶ    │ ←──────────      │ 活動を促す    │
    │ 意図を支える   │                  │ 何かを教える   │
    └──────────┘                    └──────────┘
     子どもの身になって見る              大人の立場を踏まえる
       (子どもの目)                      (大人の目)
```

図5 養護の働きと教育の働きは常にバランスされていなければならない

注10) 注9)を参照してください.

注11) 注9)を参照してください.

注12) 私は，これまで「心身の発達」という表現がなされているにもかかわらず，従来の発達という概念が身体面と知能面という測定可能な面しか念頭に置かず，心の面は測定できないという理由で扱われてこなかったことを踏まえ，「発達とは一人の人間の生涯過程に見られる身・知・心の面の成長的変容を指す」というふうに発達概念を定式化し直しました(鯨岡，2011a, 2011b). いま本文で問題にしている心の面の「なる」は，心の面の発達と考えてよいものだと思います. それゆえに，心の面の「なる」を取り上げた保育者のエピソードは，私にとっては心の面の発達を考えるための極めて重要な意味をもつものと考えられています.

注13) 『ひとがひとをわかるということ』(鯨岡, 2006)で主体概念を議論した際，心の面の「なる」は従来の発達の右肩上がりの肯定的なイメージと違って，時には負の現れ方をする場合もあることを認めざるを得ないと指摘しましたが，そのことが今の議論にも繋がってきています. 「おねえちゃん」であることを誇らしく思いながら，しかし，「おねえちゃん」として頑張らなければならない面も生まれ，それを両方とも自分に引き受けていくことが心の面の「なる」，つまり心の発達なのです. それが「手放しで喜べない」と書いた理由です.

注14) 私は『関係発達論』の中心の柱の一つに「心の育ち」を掲げ，それが従来の身体面や知能面の育ちしか視野に入れない発達概念と，私の関係発達論の考え方の基本的な違いの一つであると主張してきましたが，その「心の育ち」を何によって示すかに関しては，自家観察例を引く程度で，これがそれだというかたちで十分な資料を示してきたとは言えなかったと思います. ところが，保育者の書く多数のエピソード記

述の中に，心の面の「なる」を取り上げたものを多数見出したとき，これこそ「心の育ち」を告げる重要な資料であり，これこそ心の発達だと，今更ながら大きな発見をした気分になりました．この気づきが，この間のエピソード記述を読む経験の中でも，私にとって最も大きな気づきだったと言えるかもしれません．

注15) この点については，『エピソード記述入門』（鯨岡，2005a）でかなり議論をしていますので，こちらを参照してみてください．

注16) いまのエピソードでも，多くの人はSちゃんがブランコで立ち漕ぎをした行動を取り上げて，「立ち漕ぎができたのだ」と喜びますが，できた行動の事実よりも，Sちゃんが「やってみよう」と思ったことに，私はSちゃんの心の成長を見たいと考えます．それまで引っ込み思案で自分から進んで物事に取り組まなかったSちゃんの殻が破れて，Sちゃんの中に「ブランコが空いたし，わたしもやってみよう」という心が動いたことこそ，Sちゃんの心の育ちとして大事なことだったと思うのです．そしてそれが，その後のSちゃんの世界に対する前向きの構えに繋がるなら，それはまさにSちゃんの心の発達を告げるものだったといってもよいのではないでしょうか．

注17) 先般，書店で偶然，吉田章宏氏の編著になる『心に沁みる心理学――第1人称科学への誘い』(2010)を目にし，一読しました．同じように現象学の視点に立つ氏の議論には首肯する部分が多々あったのですが，取り上げられているお弟子さんたちの論考を読む限り，やはり「第三の目」観点の弱さを指摘せざるを得ません．体験を一人称で描くことの重要性を認めることと，研究の立場にとって超越論的視点が必要になることを認めることは，ややもすれば二律背反的になりやすいだけに，その両方を満たそうとする努力がやはり必要になると私には思われます．

注18) 「何を図にするか」という議論は，流れゆくさまざまな経験の中から，どこを重要な部分として取り出すか（それ以外の部分を重要でないとしていかに捨てるか）という問題であるとして，『エピソード記述入門』ではかなり突っ込んだ議論をしています．ここでは，〈背景〉もまた，読み手に自分の意図を伝えるために利用できる数多くの背景的情報の中から，これははずせない重要な情報だと思われるものを取り出すことですから，何を「図」として取り出すかが問題だと述べているのです．

注19) 『保育のためのエピソード記述入門』（鯨岡・鯨岡，2007a），『エピソード記述で保育を描く』（鯨岡・鯨岡，2009a）を参照してください．

注20) 私のこの縦断観察の結果は，『原初的コミュニケーションの諸相』(1997)，『両義性の発達心理学』(1998)，『関係発達論の展開』(1999b)，『ひとがひとをわかるということ』(2006)と多数の著書に分散されて示されていますので，いずれ一つにまとめて，一人の子どもの誕生間もない頃から3歳までの関係発達の資料として示したいと考えています．

第2章

注21) これについて，情動調律という概念はスターン(Stern, 1985)によるものですが，鯨岡峻(1999b)および鯨岡峻・鯨岡和子(2004)には子どもの負の情動を養育者や保育者がいかに抱えるかという少しスターンとは違った角度から述べられています．昨今は情動制御などといういかめしい表現が発達心理学界には見受けられますが，負の情動を抱えると言うのと，それを制御するというのとでは，大人の子どもを前にしたときの態度の取り方として大きな違いがあると思います．

注22) この養育者や保育者の対応こそ，「主体として受け止める」ということの意味だと思います．「受け止める」と書くと何か簡単なことのように響きますが，実際には，これは極めて奥の深い中身をもっていて，「存在を認める」「存在を喜ぶ」「存在を優しく包む」「傍らにいる」といった，養育者や保育者の養護の働きの複雑な内容を一括したものです．そしてこれは，カウンセラーの傾倒的，傾聴的態度とも，共感的態度ともほとんど重なる考えであると思っています．

注23) 保育に十分な関心のない心理学者が読み手となる場合，自分の持っている行動科学的な枠組みに準拠して読もうとするあまり，「こんなお話しを読まされて一体どうするのだ」という思いが先行して，最初から受け付けない態度になっている場合，了解可能性云々以前の問題になることはいうまでもありません．

第3章

注24) 例えば，数井みゆき・遠藤利彦(2005)など．

注25) 「内的作業モデル(IWM)」に関しては，Bretherton(1987)，および遠藤利彦(1992)のレビューが概要を知る上で参考になります．また内的作業モデルとほぼ同じ議論は，「内的表象モデル」という概念によってもなされています．こちらの概念はStern(1985)の著書が大きな影響を持ちましたが，これについてはCrittenden(1990)の論考も参考になります．なお，イギリス対象関係学派の議論は，患者の愛の対象についての表象，つまり内的表象を巡る議論でもあります．ボウルビイの内的作業モデルにしても，スターンの内的表象モデルにしても，両者とも精神分析出自の人ですから，それらの概念に精神分析の対象関係の問題意識が反映されていることは明らかです．クラインのような思弁的で難解な対象表象についての議論を，行動科学の記憶モデルを援用して置き直したわけですが，しかしクラインの考えの中核にある対象表象についてのアンビヴァレンスという考え方の重要性が，記憶モデルに置き換えたことによってすっかり失われてしまったことが，アタッチメント理論にとって致命的だったと私には思われます．

注26) この前後で，私は大学の紀要や雑誌に愛着問題に関連していくつかの論文を寄

せています(鯨岡, 1982, 1988a, 1988b).

注27) IWM に基づいてその後を予測することに関しては, Meins(1997), Goldberg(2000), 数井みゆき・遠藤利彦(2005)などを参照してください.

注28) AAI に関しては, Main & Goldwin(1984), Hesse(1999)を参照してください.

注29) 「繋合希求欲求」という用語は, 『原初的コミュニケーションの諸相』(1997)で初めて「繋合希求性」という概念を提出して以来, 長らくその用語のままで推移してきたものを, 2011年に出版された『子どもは育てられて育つ』(2011a)において, 初めてこの用語に置き換えたものです.「繋合希求性」という概念は, 元々, 対象関係学派の「対象希求性」という考えを私なりに換骨奪胎したものです.「希求性」の方が, その繋がりが仄めかされてよいかと思ってきましたが, 片方を自己充実欲求と名付けているので, それに合わせた方がよいのではという思いが次第に強くなり, そのように変更したという次第です.

注30) 依存と自立の両義性に関しては, 『両義性の発達心理学』(1998), 『ひとがひとをわかるということ』(2006), 『子どもは育てられて育つ』(2011a)を参照してください.

注31) この場合も, 行動的にはそっけなく見えるかもしれませんが, 母親が自身の内面的な葛藤を抑えようとして, 敢えてこのような態度や振る舞いを取っている場合があることも考えられなければなりません.

注32) ここでの議論は要するに子どもの側も母親の側も「甘え」を挟んでアンビヴァレントな感情に引き裂かれるということです. 子ども自身, 「もう大きいのだから甘えてはいけない」という気持ちと, 「だけど甘えたい」という気持ちが葛藤しています. 母親も「もう大きいのだから, 甘えてはいけないでしょ」という気持ちと, 「甘えてもいいんだよ」という気持ちが葛藤しています. 両者の葛藤する思いがいずれにしても何らかの形で表現され, また収束をみるのです. 注25)でも述べたように, 両者のアンビヴァレンスこそ, 子どもと母のあいだの甘えの本質だと思いますが, これをアタッチメント理論は本当に掬い取っているのかというのが, 本文でも述べた私の基本的な疑問です. 母親の「応答可能性」という概念では到底, このアンビヴァレンスを掬い取れないと思うのです.

第4章

注33) Stern(1985)の著書は発達研究の分野にも精神医学の分野にも大きな影響をもったものでしたが, 私は幾多の点で共感を覚えながらも, スターンの研究者としての立ち位置が見えない議論の運びには不満でした. 研究者である自分自身が「間主観的に分かる」という問題には踏み込まずに, 常に向こう側の世界にいる母と子の関係にお

いて「間主観的に分かる」を議論しようとしているからです．力動感（vitality affect）に着目し，客観的観察では迫り得ないのだと言っておきながら，自分の立ち位置が不明のまま議論するので，どこまで従来のパラダイムに対抗する気なのか，その真意が計りかねていました．同じことは Stolorow et al. (1987)で議論されている間主観性に関してもいえると思います．研究者の立ち位置を問題にして初めて，間主観性の問題は，体験する本人が一人称で語らなければ第三者が接近できない現象なのだという認識に到達することができるのだと私には思われます．またこの研究者の立ち位置の問題は，質的研究がいかにあるべきかにも深くかかわるものだと考えています．

注34) フッサールは『デカルト的省察』(Husserl, 1931/1979)で他我認識に関わる古くからのアポリアに挑んでいますが，そこで考えられているのは，リップス以来の感情移入論をベースにした議論であり，これが十分に説得的でないことは，後の現象学者たちがこぞって認めているところです．メルロ＝ポンティは，間身体性という概念や二者身体の通底性の考えを基礎にこの問題を考えようとし，また哲学者の廣松渉(1972)も，振動数の等しい音叉が共振・共鳴するという比喩によって，二者間の響き合いとしての他者理解に言及していますが，私もこれに近い考え方をしているといえます．

第5章

注35) 中でも『〈共に生きる場〉の発達臨床』(鯨岡, 2002b)に示された全盲の子どもの保育に関わったS先生のエピソード，さらに『保育のためのエピソード記述入門』(鯨岡・鯨岡, 2007a)において，自閉症のA子さんの描く一連の絵を紹介しながら，1年間に亘ってA子さんの育ちを後づけたK先生のエピソード，同じく『障害児保育』(鯨岡, 2009b)において，第2章でも取り上げたR男くんの事例を1年間に亘って後づけた同じK先生のエピソード，さらには『子どもは育てられて育つ』(鯨岡, 2011a)において，自閉症の女児が養護学校にやってきて以来の変化を後づけたM先生のエピソードなどがその代表的なものだといえます．

注36) この点に関しては，鯨岡(2005b, 2007d, 2011b)を参照していただきたいと思いますが，生涯過程で何らかの躓きが生まれると，必ず発達性の障碍と関係性の障碍が生まれ，それらが絡み合って現在の状態像を作り出しているというのが私の基本的な考え方です．子どもの発達を「育てられて育つ」という関係論の視点から捉えれば，時間軸の中で変容しない子どもはいません．症候群診断が本当にこの時間軸上での変化を捉えたものとは思われないところに，現在の発達障碍を巡る議論への私の根本的な疑問があります．そして，障碍概念を従来のように子どもの内部にある身体的な障碍(impairment)を中心に考えることが，結局は障碍を個体論的かつ第三者的に考える

ことに繋がり，本人の「生きにくさ感」や「困り感」に目を向けることを妨げてきたように見えます．その逆に，本人の生きにくさ感や困り感に目を向けると，周囲の対応のありようが視野に入ってきて，関係論的な障碍観を考えずにはおれなくなるわけですが，この点についても前掲論文や『障害児保育』（前掲）の私の分担部分をお読みいただければと思います．

注37）「関係障碍」を Sameroff & Emde (1989) は relationship disturbance と表現しています．ここでも本人視点というより第三者的視点からの disturbance（差し障り）が前景に出ていて，私が主張するような本人や家族がその内面に抱える「生きにくさ感」や「困り感」が取り上げられていないのは残念です．

あとがき

　本書は 2005 年に出版した『エピソード記述入門』(東京大学出版会)の姉妹編にあたるものです．第 1 章でも触れたように，前著では「関与観察とエピソード記述」という，私の方法論および方法的態度を整理して述べるという色合いが強く，人の生きざまに接して心揺さぶられた人がいかにエピソードを描くかという関心が前面に出ていたと思います．前著に対して当初「エピソード記述の方法論入門」という書名を考えていたことに，そのことが表れていました．それはまた，「現場」「フィールド」「実践」を標榜しながらも，学生や研究者向けの性格が色濃かったことを意味し，現に保育者をはじめ現場の方々から「難しい」「もっと平易な入門書を」という要望の声が多数私のところに届く結果になりました．それが 2007 年に『保育のためのエピソード記述入門』(ミネルヴァ書房)を書くことになった理由でもありました．

　それから 6 年が過ぎ，前著は著者の予想を大きく超える多数の読者を得る一方で，特に保育の現場を中心に，エピソード記述の取り組みがじわじわと全国に拡がりを見せるようになり，結果として私が現場の人たちの描くエピソード記述を読む機会も日増しに増えました．そのようにして他者の描くエピソード記述を私自身が読み手として読んでみると，これも第 1 章で触れたように，これまでの書き手を中心とした前著とは違う観点からエピソード記述の問題が見えてきました．つまり，書くことと読むことの両面からエピソード記述を振り返って見ることで，エピソード記述の本質が見えてきたように思われたのです．これが本書を書く基本的な動機になりました．

　それと同時に，私はここ数年の「質的心理学」の動向に疑問を抱いており，本来の質的心理学は如何にあるべきかに関して一石を投じなければという思いもありました．その問題意識を煮詰める作業の中で，私はもういちど初心に戻ってこれまでを振り返って見る必要があると思いはじめ，処女作であった『心理の現象学』(世界書院，1986 年)を久しぶりに読み返すことにもなりました．

このことが第2章に顔を覗かせています．私にとって心理学が「質的」にならざるをえないのは，「自分の体験を描く」ことが研究の中心に来ると考えるからです．それゆえに，自分の立ち位置を明らかにする必要が生まれ，読者の了解可能性を議論する地平が切り開かれてきます．本書の第2章や第4章はその意味ではあるべき質的研究の方向性を考える目論見が背景にあるといっても過言ではありません．また「初心」に含まれていた「事象そのものへ」という現象学的関心が，第3章での愛着研究への批判を動機づけたといってもよいと思います．

このように，本書は「エピソード記述を読む」という問題意識と，現行の質的心理学を超えようという問題意識が交叉する中で取り組まれたものです．読者の皆さんには，後者の問題意識も各章の文章の裏側に感じ取っていただければ幸いです．質的心理学批判の部分は先に持ち越してしまいましたが，いずれは手を付けなければならないと思っているところです．

本書も多くの人にお世話になりました．エピソードの提供など，執筆に直接ご協力いただいた方々には，氏名を本書の末尾に掲げて感謝の気持ちに代えさせていただきます．またエピソード記述の研修会に参加されて多数のエピソード記述を読む機会を与えて下さった保育関係の皆さまにも，紙上を借りて厚くお礼申し上げます．

本書が最終的にこのようなかたちに仕上がった背景には，妻和子との議論が大きな意味をもちました．「初心」を持ち出したことから懐古趣味が顔を覗かせてしまっていた下書きを妻は手厳しく批判してくれました．懐古趣味よりも人の生き様に迫ることが本来の「初心」ではなかったかとの妻の批判に得心がいって，下書きを大幅に書き改めることから本書は成ったのでした．毎度のことながら，共同研究者である妻和子にも心より感謝します．

最後になりましたが，東京大学出版会の後藤健介氏には，前著に引き続いて丁寧な編集の労を執っていただきました．心より感謝申し上げます．

2012年1月　鯨岡　峻

参考文献

Ainsworth, M. D. S. (1966). Object relation, dependency and attachment: A theoretical review of the infant-mother relationship. *Child Development,* **40**, 969-1026.

Ainsworth, M. D. S. (1967). *Infancy in Uganda: Infant Care and the Growth of Love*. Harvard Book List.

Ainsworth, M. D. S. & Wittig, B. (1969). Attachment and exploratory behavior in one-year-olds in a strange situation. In Foss, B. (Ed.) *Determinants of Infant Behavior.* New York: Wiley.

Ainsworth, M. D. S., Blehar, M. C., Waters, E., & Walls, S. (1978). *Patterns of Attachment*. Hillsdale, NJ: Erlbaum.

Blankenburg, W. (1971). *Der Verlust der natürlichen Selbstverständlichkeit*. Ferdinand Enke Verlag. (木村敏 訳 1978 自明性の喪失 みすず書房)

Bowlby, J. (1951). *Maternal Care and Mental Health*. Geneva: WHO.

Bowlby, J. (1960). Separation anxiety. *International Journal of Psychoanalysis,* **41**, 89-113.

Bowlby, J. (1969). *Attachment and Loss, Vol. 1: Attachment*. New York: Basic Books. (黒田実郎ほか 訳 1976 母子関係の理論Ⅰ：愛着行動 岩崎学術出版社)

Bowlby, J. (1973). *Attachment and Loss, Vol. 2: Separation*. New York: Basic Books. (黒田実郎ほか 訳 1977 母子関係の理論Ⅱ：分離不安 岩崎学術出版社)

Bowlby, J. (1980). *Attachment and Loss, Vol. 3: Loss, Sadness and Depression*. New York: Basic Books. (黒田実郎ほか 訳 1981 母子関係の理論Ⅲ：対象喪失 岩崎学術出版社)

Bretherton, J. (1987). New perspectives on attachment relation: Security, communication, and internal working models. In Osofsky, J. (Ed.) *Handbook of Infant Development* New York: Wiley.

Cassirer, E. (1929). *Philosophie der symbolischen Formen*. (生松敬三・木田元 訳 1971 シンボル形式の哲学 岩波書店)

Crittenden, P. M. (1990). Internal representational models of attachment relationships. *Infant Mental Health Journal,* **11(3)**, 259-277.

Deutsch, H. (1944). *Psychology of Women, Vols. 1, 2*. New York: Grune & Stratton.

遠藤利彦(1992). 愛着と表象——愛着研究の最近動向：内的作業モデル概念とそれをめぐる実証研究の概観. 心理学評論, **35(2)**, 201-233.

Fairbairn, W. R. D. (1952). *Psychoanalytic Studies of Personality*. London: Tavistock. (山口泰治 訳 1985 人格の対象関係論 文化書房博文社)

Fairbairn, W. R. D. (1954). *An Object Relation Theory of the Personality*. New York: Basic Books.

Freud, A. & Burlingham, D. (1943). *Infant without Families*. New York: International Universities Press.

Freud, A. (1969). *The Writings of Anna Freud, Vol. V: Research at the Hampstead Child-Therapy Clinic and Other Papers*. (牧田清志・黒丸正四郎 監修 牧田清志・阪本良雄・児玉憲典 訳 1982 ハムステッドにおける研究 上・下 岩崎学術出版社)

Freud, S. (1916-1917). *Vorlesungen Einfühlung in die Psychoanalyse*. (懸田克躬・吉村 訳 精神分析入門 フロイト著作集 I 人文書院, pp. 5-383)

Freud, S. (1919). *Trauer und Melancholie*. (井村恒郎 訳 悲哀とメランコリー フロイト著作集 VI 人文書院, pp. 137-149)

Freud, S. (1923). *Das Ich und Es*. (小此木啓吾 訳 自我とエス フロイト著作集 VI 人文書院, pp. 263-299)

Goldberg, S. (2000). *Attachment and Development*. London: Arnold.

Guntrip, H. (1973). *Psychoanalytic Theory, Therapy, and the Self*. London: Karnac Books. (小此木啓吾, 柏瀬宏隆 訳 1981 対象関係論の展開――精神分析・フロイト以后 誠信書房)

廣松渉(1972). 世界の共同主観的構造 勁草書房

廣松渉(1989). 表情現相論序説 勁草書房

Hesse, E. (1999). Adult Attachment Interview: Historical and current perspectives. In Cassidy, J. & Shaver, P. R. (Eds.) *Handbook of Attachment Theory, Research and Clinical application* (pp. 395-433). New York: Guilford Press.

Husserl, E. (1931). *Méditation Cartesiennes*. Paris: Collin. (船橋弘 訳 1979 デカルト的省察 中央公論社)

Husserl, E. (1938[1954]). Die Krisis der europäischen Wissenschaften und die transzendental Phänomenologie. *Husseliana Bd. VI*. Den Haag: Martinus Nijhoff. (細川恒夫・木田元 訳 1995 ヨーロッパ諸学の危機と超越論的現象学 中央公論社)

数井みゆき・遠藤利彦(編著)(2005). アタッチメント――生涯にわたる絆 ミネルヴァ書房

Klein, M. (1932). *The Psycho-Analysis of Children*. London: Hogarth Press.

Klein, M. (1934). A contribution to the psychogenesis of manic-depressive state. In *Contribution to Psycho-Analysis, 1921-1945*. London: Hogarth Press.

近藤恵(2010). 関係発達論から捉える死 風間書房

鯨岡和子(1982). 報告書 松江赤十字附属乳児院

鯨岡峻(1982). 母子関係の諸相(I) 島根大学教育学部紀要 第 16 巻 人文・社会科学編, pp. 89-106

鯨岡峻(1986a). 心理の現象学 世界書院

鯨岡峻(1986b). 母子関係と間主観性の問題 心理学評論, **29**(4), 509-529
鯨岡峻(1988a). 愛着するということ 教育と医学(慶應通信), **36**(2), 23-29.
鯨岡峻(1988b). 初期母子関係の発達と愛着の問題 島根大学教育学部紀要 第22巻 人文・社会科学編, pp. 27-43
Kujiraoka, T. (1989). Some consequences of the absence of attachment figure: The development of an institutionalized child and his reared environment. *Annual Report, 1987-1988*. Research and Clinical Center for Child Development, Faculty of Education, Hokkaido University, pp. 33-47.
鯨岡峻(1997). 原初的コミュニケーションの諸相 ミネルヴァ書房
鯨岡峻(1998). 両義性の発達心理学——養育・保育・障害児教育と原初的コミュニケーション ミネルヴァ書房
鯨岡峻(1999a). 関係発達論の構築——間主観的アプローチによる ミネルヴァ書房
鯨岡峻(1999b). 関係発達論の展開——初期「子ども‐養育者」関係の発達的変容 ミネルヴァ書房
鯨岡峻(編著)(2000). 養護学校は, いま ミネルヴァ書房
鯨岡峻・鯨岡和子(2001). 保育を支える発達心理学 ミネルヴァ書房
鯨岡峻(2002a). 〈育てられる者〉から〈育てる者〉へ——関係発達の視点から 日本放送出版協会
鯨岡峻(編著)(2002b). 〈共に生きる場〉の発達臨床 ミネルヴァ書房
鯨岡峻・鯨岡和子(2004). よくわかる保育心理学 ミネルヴァ書房
鯨岡峻(2005a). エピソード記述入門——実践と質的研究のために 東京大学出版会
鯨岡峻(2005b). 発達障碍の概念とその支援のあり方を考える 教育と医学 (慶應通信), **53**(12), 4-12.
鯨岡峻(2006). ひとがひとをわかるということ——間主観性と相互主体性 ミネルヴァ書房
鯨岡峻・鯨岡和子(2007a). 保育のためのエピソード記述入門 ミネルヴァ書房
鯨岡峻(2007b). 保育が今, 大切にしなければならないこと 保育通信ブックレット「新しい保育所保育指針作成への提言」(全国私立保育連盟), No. 7, pp. 5-17
鯨岡峻(2007c). 「子どもは育てられて育つ」という素朴な視点から改めて「保育とは何か」を考える 保育通信ブックレット (全国私立保育連盟), No. 8, pp. 3-31
鯨岡峻(2007d). 発達障碍とは何か——関係発達の視点による「軽度」の再検討 現代のエスプリ (至文堂), 474号, pp. 122-128
鯨岡峻・鯨岡和子(2009a). エピソード記述で保育を描く ミネルヴァ書房
鯨岡峻(編著)(2009b). 障害児保育 ミネルヴァ書房
鯨岡峻(2010a). 保育・主体として育てる営み (双書あたらしい保育の創造) ミネルヴァ書房
鯨岡峻(2010b). 幼児教育のいまと未来 そだちの科学, 14, 14-19

鯨岡峻(2010c)．関係障碍としての発達障碍 臨床心理学，増刊第2号，50-55 金剛出版
鯨岡峻(2011a)．子どもは育てられて育つ──関係発達の世代循環を考える 慶應義塾大学出版会
鯨岡峻(2011b)．間主観的現象をどのように認識するか FOUR WINDS, vol. 4, 3-12 乳幼児精神保健学会
黒田生子(2008)．人工内耳とコミュニケーション──装用後の日常と「私」の変容をめぐる対話 ミネルヴァ書房
Lacan, J.-M.-E. (1960). *L'ethique de la psychanalyse, 1959-1960.*（小出浩之ほか 訳 2002 精神分析の倫理(上・下) 岩波書店）
丸山圭三郎(1984)．文化のフェティシズム 勁草書房
Main, M. & Goldwin, R.（1984）. Adult Attachment Scoring and Classification System. Unpublished manuscript. University of California, Berkley.
Meins, E.（1997）. *Security of Attachment and the Social Development of Cognition*. East Sussex, UK: Psychology Press.
Meins, E., Fernyhough, C., Wainwright, R., & Clark-Carter, D.（1998）. Security of attachment as a predictor of symbolic and mentalising abilities: A longitudinal study. *Social Development*, **7**, 1-24.
Merleau-Ponty, M.（1945）. *Phénoménologie de la perception*. Paris: N. R. F.（竹内芳郎・小木貞孝・木田元・宮本忠雄 訳 1967-1974 知覚の現象学 1・2 みすず書房）
Merleau-Ponty, M.（1962, 1964）. Les sciences de l'homme et de la phénoménologie, Les relations avec autrui chez l'enfant. Les cours de Sorbonne 1962. *L'Oeil et l'esprit*. Paris: Gallimard.（滝浦静雄・木田元 訳 1966 眼と精神 みすず書房）
Merleau-Ponty, M.（1964）. Merleau-Ponty à la Sorbonne. Résume de cours. *Bulletin de Psychologie,* **236**(**xviii**), 104-334., (1988). Cynara.
Newson, J.（1977）. An intersubjective approach to the systematic description of mother-infant interaction. In Schaffer, H. R.（Ed.）*Studies in Mother-Infant Interaction*. New York: Academic Press.
Newson, J.（1978）. Dialogue and development. In Lock, A.（Ed.）*Aciton, Gesture, and Symbol*. New York: Academic Press.
Sameroff, A. J. & Emde, R. N.（Eds.）（1989）. *Relationship Disturbances in Early Childhood*. New York: Basic Books.
Spitz, R. A.（1945）. Hospitalism: An inquiry into the genesis of psychiatric condition in early childhood. *The Psychoanalytic Study of the Child*, **2**, 53-74.
Spitz, R. A.（1950）. Anxiety in infancy: A study of its manifestations in the first years of life. *International Journal of Psychoanalysis*, **31**, 138-143.
Stern, D. N.（1985）. *The Interpersonal World of the Infant*. New York: Basic Books.（丸田俊彦 訳 1989 乳児の対人世界 岩崎学術出版社）

Stolorow, R. D., Branchaft, B., & Atwood, G. E. (1987). *Psychoanalytic Treatment: An Intersubjective Approach*. The Analytic Press. (丸田俊彦 訳 1995 間主観的アプローチ——コフートの自己心理学を越えて 岩崎学術出版社)

Sullivan, H. S. (1953). *Conceptions of Modern Psychiatry*. New York: Norton & Company. (中井久夫・山口隆 訳 1976 現代精神医学の概念 みすず書房)

Sullivan, H. S. (1954). *The Psychiatric Interview*. New York: Norton & Company. (中井久夫・松井周悟・秋山剛・宮崎隆吉・野口昌也・山口直彦 訳 1986 精神医学的面接 みすず書房)

Trevarthen, C. & Hubley, P. (1978). Secondary intersubjectivity: Confidence confiding, and acts of meaning in the first year. In Lock, A. (Ed.) *Action, Gesture, and Symbol*. Academic Press. (鯨岡峻 編訳著 1989 母と子のあいだ ミネルヴァ書房)

Trevarthen, C. (1979). Communication and cooperation in infancy: The beginning of intersubjectivity. In Bullowa, M. M. (Ed.) *Before Speech: The Beginning of Interpersonal Communication*. (鯨岡峻 編訳著 1989 母と子のあいだ ミネルヴァ書房)

Wallon. H. (1934). *Les origins du caractére chez l'enfant*. Paris: Presses Universitaires France. (久保田正人 訳 1965 児童における性格の起源 明治図書)

Werner, H. (1948). *Comparative Psychology of Mental Development*. New York: International Universities Press. (園原太郎 監訳 鯨岡峻・浜田寿美男 訳 1976 発達心理学入門 ミネルヴァ書房)

Werner, H. & Kaplan, B. (1963). *Symbol Formation*. New York: Wiley & Sons. (柿崎裕一 監訳 鯨岡峻・浜田寿美男 訳 1972 シンボルの形成 ミネルヴァ書房)

Winnicott, D. W. (1965). *The Maturational Processes and Facilitating Environment*. London: The Hogarth Press. (牛島定信 訳 1982 情緒発達の精神分析理論 岩崎学術出版社)

吉田章宏(編著)(2010). 心に沁みる心理学——第一人称科学へのいざない 川島書店

索　引

あ 行

愛着　7, 116, 117, 123, 125, 132, 134, 144, 151, 156, 161, 166, 167, 169, 178, 179, 180, 247, 248
　——現象　7, 151, 164
　——する　7, 116, 132, 133, 136, 137, 141-145, 148
　——対象　116, 118, 119, 123, 124, 133, 134
　——理論　116, 117, 119
アタッチメント　116, 117, 119, 127
　——研究　7, 116, 123, 126, 132, 144, 146, 151, 152, 161, 164, 171, 247
　——行動　116, 130
　——理論　116, 137, 143, 156, 167, 168, 180, 243, 248, 300
甘え　7, 116, 117, 123, 132, 134, 142, 144, 156, 161, 166, 169, 178, 179, 180, 247, 248, 301
甘える　116, 132, 134, 136, 137, 138, 141, 142, 143, 145, 147, 148, 163, 170
「ある」　27, 28, 32, 246, 296, 297
アンビヴァレンス　131, 301
アンビヴァレントな思い　131, 301
生きられる還元　79, 82, 83, 85, 86, 87, 90, 91, 94, 105, 107, 246, 247, →現象学的還元
依存と自立　135, 144
依存への道　142, 169
一人称の記述　4, 7, 9, 38, 48, 71, 204, 205, 226, 230, 235, 236, 245
「いつも、すでに」　185, 192
インタビュアー　47, 251, 252, 257, 259, 260, 261, 262, 274
インタビュイー　251, 252, 257, 260, 261, 262, 274
インタビュー　244, 249, 250, 251, 252, 256, 257, 258, 261, 262, 274
ウィニコット，D. W.　118
ウェルナー，H.　187, 188

受け止める　31, 43, 300
エインズワース，M. D. S.　119, 125, 126, 128
『エピソード記述入門』　4, 12, 39, 46, 49, 53, 57, 63, 65, 108, 109, 247, 250, 251, 252, 256, 298
応答可能性　129, 137
臆見（ドクサ）　82, 83
音声的符牒（vocal marker）　197

か 行

語り合い　47, 244, 249, 250, 264, 271, 274, 275
カッシーラー，E.　187, 188
カテゴリー性　232, 233
カプラン，B.　187
間意図性（inter-intentionality）　198
関係性の障碍　285, 289, 290, 302
関係発達論　1, 4, 13, 76, 95, 117, 138, 143, 144, 146, 147, 158, 161, 167, 170, 178, 247, 248, 275
還元　→現象学的還元
「身に被る——」　85
観察者＝研究者の立ち位置　146
間主観性　48, 182, 183, 184, 193, 194, 197, 301, 302
　第1次——　197, 200
　第2次——　198, 199, 201
間主観的現象　183, 190, 192-194, 196-198, 200-202, 205, 211, 219, 221, 231, 235, 236, 248
間主観的な関係　144, 204
間主観的に分かる　8, 48, 114, 182, 183, 192, 201-203, 205, 215, 216, 219, 220, 224-226, 229-233, 237, 239-242, 248, 249, 301
感受する身体　185
間情動性　194
間情動的（inter-emotional）現象　197
間身体性　193, 197, 302
間身体的（inter-corporal）現象　193, 194,

197, 198, 200, 248
感得（する）　186, 190, 200, 204, 210, 219, 230, 235
ガントリップ, H.　118
関与観察者　13, 202, 203
関与観察とエピソード記述　39, 44, 45, 59
虐待問題　130, 170, 171, 180
客観的な記録　5, 38-40
キューブラー・ロス, E.　97
共感覚　188, 191
共同主観　84
　──性　186
協力者　47, 244
クライン, M.　117, 300
経過記録　5, 21, 41-43, 62
繋合希求欲求　138-143, 151, 155, 156, 161, 164, 166, 169-171, 180, 247, 297, 301
現象学　4, 18, 79, 80, 118, 299
　──的還元　79, 80-83, 85, 91, 107
高機能自閉症　221, 278, 284, 295
交叉様相的　190, 191
行動科学の枠組み　44, 46, 48, 128, 146, 194, 196, 198, 199, 202, 204, 207, 237, 286, 300
呼応性　192-194, 197, 200
黒衣　9, 19, 40, 44, 247
心が揺さぶられる　5, 63, 69, 75, 111, 246
心の池　110, 239, 247, 249
心の育ち　27
こだわり行動　122
言分け　232-235
個別具体性　53, 56, 244
　──の事象　52, 55, 57
固有性　56-58, 64, 88, 110, 112, 208, 210, 219, 226, 233, 244, 247, 248, 251, 256-264, 273-275
根源的自信　169
根源的信頼　135, 169
根源的不信　170

さ　行

「させる保育」　4, 11, 14, 16, 18, 21, 27, 31
サリヴァン, H. S.　201, 202
3項関係　199
自己肯定感　32, 121, 124, 125

自己充実欲求　138-141, 143, 151, 169, 247, 297
自己性　120, 121
自信　32, 168, 231
施設児研究　118, 119, 123-127, 170, 179
自然的態度　80, 83, 84
しっくり感　164, 170, 207, 208
質的アプローチ　60
質的研究　12, 48, 55-57, 128, 144, 146-148, 200, 238, 245, 302
児童養護施設　123, 217
死の受容　97
自明性　59, 72, 84, 86
重要な他者　117, 119, 124, 125, 127, 129, 135-140, 144, 151, 152, 164, 165, 167-169, 179
主観的解釈　208
主体　140, 142, 143, 195, 231
　──概念　13, 296-298
　当事──　38, 57, 185, 186, 193, 194, 198, 200-205, 232, 239, 263
情動調律　67, 191, 197, 299
情動の舌　185
初心　3, 60
自立への道　142, 168
事例研究　244, 276, 277, 291
信頼関係　26, 27, 74, 128, 129, 155, 163, 169, 170, 220, 222
『心理の現象学』　3, 15, 18, 79, 83, 86, 87, 247
スキナー, B. F.　125
スキンシップ　121, 124
スターン, D. N.　188, 197, 299, 300, 301
スピッツ, R. A.　118, 124, 179
生活世界　2-4, 11, 15, 17, 20, 50, 55, 59, 73, 83
　──的意味　56, 75, 92, 99, 247, 260, 275
生気情動　188
精神分析理論　117
相互主体的な関係　76, 133, 140, 141, 184, 297
相互信頼　169
相貌の知覚　187, 287
ソーシャル・スキル・トレーニング　287, 288

疎外　3, 11, 15, 16, 18, 19, 33, 74
ソルボンヌ講義録　90

た　行

体験の記述　7
第三の目　47, 257, 299
対象　117
対象関係論　117, 300
通級指導教室　221-223
テクスト　53, 72-74, 226, 245, 257, 274
ドイッチュ, H.　118
同期性　192-194, 197, 198, 200
同型性　186
同型的　187, 190, 191
当事主体　38, 57, 185, 186, 193, 194, 198, 200-205, 232, 239, 263
透明な観察者　199
「として」　208, 209, 214, 219, 237
共に生きる　112-114
トレヴァーセン, C.　193, 197, 199, 200

な　行

内的作業モデル(IWM)　116, 129-132, 137, 143, 147, 156, 159, 165, 166, 171, 300
内的世界　117
成り込み　185
「なる」　11, 23, 27, 32, 36, 43, 74, 246, 296
ニューソン, J.　197
人間存在の根源的両義性　140, 166
能力発達　11, 16, 246

は　行

〈背景〉　49, 52, 54, 59, 62, 66, 71, 88, 111, 239, 240, 241, 252, 275
発達障碍　250, 251, 275, 289, 292, 302
発達性の障碍　289, 290, 302
発達の目安　2, 3
パラダイム　54, 56, 183, 209, 236, 301
反証可能性　109, 236
反省的意識　85
比較行動学　117, 119
人見知り　179
非日常的な経験　76
表情世界　187
廣松渉　189, 302

フィンク, E.　81
フェアバーン, W. R. D.　4, 118
フッサール, E.　4, 90, 91, 302
フランクル, V.　107
ブランケンブルク, W.　18, 84-87
フロイト, A.　118, 119, 123, 124
フロイト, S.　118
文脈依存性　56
分離不安　147, 179, 180
保育記録　28, 39
保育者アイデンティティ　39
保育者主導　2, 14, 26
保育所保育方針　13, 14, 16, 296
保育日誌　21, 39
保育の質の向上　12, 70
保育の振り返り　12, 70
方法的態度　85, 117
ボウルビイ, J.　116, 118, 119, 123-125, 129, 300
ホスピタリズム　120
ほどよい　113, 140
ホモ・パシエンス　107
丸山圭三郎　232

ま　行

身に被る還元　85
無関与な観察者　199, 201
メタ意味　64, 67, 72, 73
メラニー・クライン　117, 118, 131
メルロ゠ポンティ, M.　81, 90, 118, 193, 302
問題行動　287

や　行

養護の働き　27, 32, 297
予断　80, 81, 82

ら　行

ラカン, J.　118
力動感　38, 48, 187-191, 193, 195, 200, 203, 204, 207-209, 214, 219, 224, 229-232, 233-235, 239-241, 249, 301
力動的知覚　187
了解可能性　12, 52, 55, 92, 108-110, 112, 113, 204, 207, 210, 211, 244, 247, 300

両義性　13, 140, 142, 143
ロゴス中心主義　233

わ　行

分かち合われる　184, 236
分かる　182
　間主観的に——　8, 48, 114, 182, 183, 192, 201-203, 205, 215, 216, 219, 220, 224-226, 229-233, 237, 239-242, 248, 249, 301
「私は私」　31, 141, 273, 297
「私は私たち」　31, 142, 283, 297

ワロン，H.　193

A〜Z

AAI（Adult Attachment Interview）　130, 144, 145, 147
IWM（Inner Working Model）　129-132, 137, 143, 147, 156, 159, 165, 166, 171, 300, →内的作業モデル
SSP（Strange Situation Procedure）　119, 123, 125-128, 132, 144-148, 151, 152, 159, 165, 166, 180

執筆協力者一覧

伊藤貴子	樺山みちる	石田裕美	貞本真由	上村奈津美	島嵜万梨子
今村奈津子	黒田生子	有田　恵	渡部千世子	藤井真樹	足利秀子
加納裕代	坂本佳澄	藤田陽子	高山公子	仁志やよい	星野奈々恵

著者紹介　**鯨岡　峻**（くじらおか・たかし）
1943年生まれ，京都大学大学院文学研究科修士課程修了，京都大学博士（文学）．京都大学名誉教授，中京大学心理学部教授．主要著書に『心理の現象学』（1986年，世界書院），『両義性の発達心理学』（1998年），『関係発達論の構築』『関係発達論の展開』（いずれも1999年，以上ミネルヴァ書房），『〈育てられる者〉から〈育てる者〉へ』（2002年，日本放送出版協会），『エピソード記述入門』（2005年，東京大学出版会），『ひとがひとをわかるということ』（2006年，ミネルヴァ書房），『保育・主体として育てる営み』（2010年，ミネルヴァ書房）ほか．訳書に『意識と言語の獲得』（メルロ＝ポンティ，共訳．みすず書房）ほか多数．

エピソード記述を読む

2012年3月9日　初　版

［検印廃止］

著　者　鯨岡　峻

発行所　財団法人　東京大学出版会

代表者　渡辺　浩

113-8654 東京都文京区本郷 7-3-1 東大構内
電話 03-3811-8814　Fax 03-3812-6958
振替 00160-6-59964

印刷所　株式会社平文社
製本所　島崎製本株式会社

© 2012 Takashi KUJIRAOKA
ISBN 978-4-13-012106-4　Printed in Japan

Ⓡ〈日本複写権センター委託出版物〉
本書の全部または一部を無断で複写複製（コピー）することは，著作権法上での例外を除き，禁じられています．本書からの複写を希望される場合は，日本複写権センター（03-3401-2382）にご連絡ください．

エピソード記述入門
実践と質的研究のために

鯨岡　峻［著］　　　　　　　　　　　　　　　　A5　2800円

フィールドでの人との関わりと，エピソード記述の練成とを，絶え間ない相互の往還の過程としてとらえ，いきいきした生の場面を公共的な表現へとひらく方法を論じる．実践とは不可分の，真に質的な研究へと入門者をいざなうテキスト．

序章　なぜ，いまエピソード記述の方法論なのか／第Ⅰ部　エピソード記述に向けた授業の組み立て（1章　関与観察するとはどういうことか・2章　フィールド体験と簡単なエピソード記述の試み）／第Ⅱ部　エピソード記述の練成にむけて（3章　エピソードが描けないという悩みの出所・4章　エピソードが立ち上がるとき）／終章　エピソード記述の目指す「質」とは何か

発達臨床心理学　［講座臨床心理学5］　下山・丹野編	A5	3500円
心理学研究法入門　南風原・市川・下山編	A5	2800円
多文化間カウンセリングの物語(ナラティヴ)　マーフィ重松	A5	2900円
育ちと学びの生成　［質的心理学講座1］　無藤・麻生編	A5	3500円

ここに表示された価格は本体価格です．ご購入の際には消費税が加算されますのでご了承下さい．